THE NEXT BIG STORY

下一个大故事

穿 越 各 种 可 能 之 地

CNN节目主播、特约记者
索莱达·奥布莱恩
罗斯·玛丽·阿斯 著

达真理 译

南方日报出版社
NANFANG DAILY PRESS
中国·广州

图书在版编目（CIP）数据

下一个大故事 ：穿越各种可能之地 /（美）奥布莱恩(O'Brien,S.)，（美）罗斯·玛丽·阿斯(Rose Marie Arce) 著 ；达真理译. — 广州 ：南方日报出版社，2015.3
ISBN 978-7-5491-0939-5

Ⅰ. ①下… Ⅱ. ①奥… ②罗… ③达… Ⅲ. ①奥布莱恩，S.—自传 Ⅳ. ①K837.125.42

中国版本图书馆 CIP 数据核字（2015）第 018082 号

原书名：The Next Big Story
作者：Soledad O'Brien

XIAYIGE DAGUSHI
下一个大故事 ：穿越各种可能之地

著　　者：（美）奥布莱恩，（美）罗斯·玛丽·阿斯
出版发行：南方日报出版社
地　　址：广州市广州大道中 289 号
责任编辑：刘志一　郑　颖
装帧设计：肖晓文
责任技编：王　兰
责任校对：阮昌汉
经　　销：全国新华书店
印　　刷：广州市怡升印刷有限公司
开　　本：889mm×1194mm　1/16
印　　张：12.25
字　　数：200 千字
版　　次：2015 年 3 月第 1 版
印　　次：2015 年 3 月第 1 次印刷
定　　价：32.00 元

投稿热线：（020）87373998-8503　读者热线：（020）87373998-8502

网址：http://www.nanfangdaily.com.cn/press　http://www.southcn.com/ebook

发现印装质量问题，影响阅读，请与承印厂联系调换。

献给我的妈妈、爸爸和布拉德，

他们对我的鼓励和支持从来没有过丝毫的动摇，

尽管有时我并不值得他们如此地期待。

目录 CONTENTS

引言

我很不舒服地挤在一辆小型手动挡汽车里，汽车正沿着巴塔哥尼亚高原的边缘从阿根廷进入到智利。此时已是午夜时分，在夜幕下矗立着的高大树木，树叶凋零，树皮剥落，看上去像是令人毛骨悚然的妖怪。汽车在蜿蜒曲折的道路上忽左忽右地不断爬升，路边是一片鬼气森森的树林。

我被CNN从海地调往智利去报道那里的地震。在二十四个小时的时间里，我乘飞机经过迈阿密、巴拿马、利马、圣保罗、布宜诺斯艾利斯和巴里洛切，现在来到了这条山路上。我的计划是走陆路进入到灾区，因为智利的机场都已经被关闭了。最终汽车向左转了一个急弯后爬上了最后一座大山的山顶，一个巨大的白色圆球升起在天空，照亮了沉沉夜色。我从来没有看见过这么大、这么圆、这么近的月亮，她悬浮在寥廓的黑色天空上，像是一座为旅人指路的灯塔。

作为一名记者，我的旅程会把我带到那些景色美丽但灾难深重的地方，我永远不会知道，在过了下一个拐弯口后我会遇见什么事或什么人。我只知道作为记者我有特别的机会到别处去见证那些危机中的人们，我会跟随一轮明月的指引前往一个未知的世界。几小时之后，我将在智利康塞普西翁的街道上行走，我会看见抢劫者被高压水枪所驱赶。我将在路边度过不眠的长夜，因为余震仍在不断地发生。我将通过卫星电话告诉世界这里急需援助。我将再次见到人们在灾难中得到救援，这种救援不是来自某个国家或某些机构，而是来自陌生人的善良，他们决定竭尽全力伸出援手。我会实时记录下人们在困境中互相帮助的最新感人事例，我已经在遥远的泰国、新奥尔良和太子港做过类似的报道。坏事发生后总会有好人出场，这是我在长岛史密斯顿学到的人生课程，而且它在我的成长过程中不断地得到验证。在我追踪报道下一个重大事件的脚步中，所到之处都能见到这样的情景发生。人们有着难以置信的行善本能，假如可以选择的话，他们会去做好事，并且会从坏事中找到做好事的机会。

我本人也有过许多次这样的机会，我很感激能得到这样的机会。我是一个混合人种联姻家庭出身的孩子，在一个白人居住的郊区长大。有时人们把我们看作是在逆境中长大的孩子，然而不管怎样，我的移民父母亲坚信我有实现美国梦的潜质。我被赋予了一个充满多种可能性的人生。我的经历使我有了这样一种冲动，我想去了解我周围的人们是怎样抓住他们的人生机会，以及当美梦成真时他们又怎样与别人分享他们的幸运。

有太多的时候我常常在前一分钟感到沮丧失望，而在下一分钟又变得兴高采烈。在康塞普西翁，我看见有些成年人，他们本人和家庭在地震中幸免于难，但他们却跑到购物中心去趁火打劫偷窃手机。而隔着一个街区，一队志愿者正在通宵达旦地清除障碍以救出困在建筑废墟中的陌生人。你可以做一个盗贼，也可以成为别人的救命恩人，这取决于你的选择。这样的故事也经常出现在我的报道中。

我是一个幸运的人，我就要离开危机中的智利。我搭乘一架秘鲁警察的运输机回家，飞机快速飞过安第斯山脉上寒冷的天空。在极度寒冷中我被冻得浑身疼痛，飞机巨大的噪音搅得我心神不宁。但是美丽的月亮把一线月光照进舷窗，在困境中总会有鼓舞人心的东西出现，这取决于你以怎样的心态去看待周围的环境。我想起那些在建筑废墟中抬起沉重石块的人们，他们去帮助的并非是与他们有着某种特别关系的人。我关注那些能揭示出人生美好的旅程。我经常试图回想起那美丽的月色，是她引领我回家，然后又送我出发去完成下一项使命。

第一章　永不停步

我十一岁，我姐姐艾斯黛拉十四岁，我们正在一家照相馆里，想拍一张可以送给父母当礼物的照片。照相馆坐落在长岛斯密斯顿的大街上，离我们住的地方不远。摄影师说：“抱歉我无意冒犯你，请问你是黑人吗？”我沉默了片刻，头脑里反复思忖着他的问题，我想不出来他提这样的问题是什么意思。我姐姐反应比我快得多，她立即对摄影师反唇相讥：“你冒犯我们了吗？问我们是不是黑人就是冒犯我们？”摄影师的年纪大约在三十岁左右，但是在我们看来他已经很老了。他长着深棕色的头发，个头高大。他是一个白人，而我们两人是混血女孩，想拍一张照片作为周年礼物送给父母。这是1977年，我这个个性开朗乐观的女孩突然感到自己的心情变得沮丧起来。

我站在姐姐的身影下，竭力想弄明白为什么这个男人听起来并无恶意的话会使我感觉自卑和难堪。摄影师虽然彬彬有礼，但是他却损害了我这个女孩的自信心。“假如我冒犯了你们，请原谅……”为什么他称呼我们黑人就是冒犯了我们呢？我是黑人，也是拉丁裔人，我有一半是白人，因为我父亲是澳大利亚人。这种情况在斯密斯顿并非典型，但这不是我的错。我的全名有点长，我叫玛利亚·德·拉·索莱达·特丽萨·奥布莱恩，我新结识的朋友们很快就会叫我“索丽”。我是一个孩子，所以当我在写字母“i”时会在上面一点的地方画上一个小小的心型。我的头发向后梳成一个发髻，我穿的衣服就是十一岁的孩子常穿的那种。摄影师的口气里有一种东西使我感觉到自己做错了事，特别是他说问我是不是黑人并不是有意冒犯我的时候，我不明白为什么做一个黑人就会让人感冒。

我感觉到了别人可能会因为我的人种而讨厌我，这是我记得的第一次。这件事在我心里掀起了波澜，但艾斯黛拉却全力出击了，我对她在十四岁时就能如此明确地表达出她的愤怒留下了深刻的印象。她已经敢于对一个成年人发出猛烈的抨击，她对这件事的愤怒大大超过了我。“假如我冒犯了你请原谅……”“我们不需要听到这样的胡扯，是摄影师这样说的吗？”艾斯黛拉对我做了一个“我们走”的手势，我们离开了照相馆。

我想，我永远停不下脚步的人生就是从这一天开始的。有一段时间我经常躲开别人的评头论足和白眼相看，在商店里有些人会说：“你不会是黑人吧？黑人都是贼和杀人犯。”哼，把这件外套放下走吧。我并不在乎买不成东西，我只对他们的行为感到恼怒和疑惑不解。我为自己的身份感到自豪，我觉得自己很适合住在这个郊区小镇。当有人对我做了一些卑劣的事情后我会很生气，这些人使我明白，并不是每个人都是以我看自己的眼光来看待我的。我总是对人们怀有善意，所以有这种情况发生时我会很吃惊，我会想好久试图去弄明白，这到底是不是他们的本意，然后我会拒绝接受这种侮辱。我是一个居住在中产阶级长岛的中产阶级女孩，但是我青年时代的生活就像孩子们在学校操场上玩的躲避球——你在移动中就不会被击中，这样你就可以存活下来玩下一场，并且最终成为赢家。

有一天我穿过大厅去上六年级的科学课，有一个八年级的大男孩朝我走来。“如果你是黑人，你的嘴唇为什么一点也不厚？”他问道。要命的是我不仅听到了他说的话，还感觉到自己在拼命想一个答案，似乎这是一个必须回答的问题。他的语气里并不带有敌意，就在我匆忙赶到另外一个教室去的时候他向我提出了这么一个问题。他并不比我大多少，甚至一点也不可怕。就是这么一个男孩，他沙棕色的头发飘拂在他眼前，像是汽车挡风玻璃上的雨刮器。我快步走过他身边，不知道是什么原因记住了他短袖衬衫的颜色。到今天差不多有三十一年过去了，我仍能从一群人中间把他认出来。那一天我只是紧闭嘴巴脚步不停地走开了，我不是要给他面子，而是要赶去上课。

到现在我已经做了二十多年记者了，我从一个新闻报道的现场赶往另外一个现场，我的生活节奏很快。我就是那个斯密斯顿女孩的成人版，不同的是我现在总是在走近某些事件而不是逃离它。我逼迫人们去认真考虑他们在访谈中要说的每一句话。没有任何东西能阻挡我。我不是那种对坏事耿耿于怀的人，但我不能容忍做坏事的人。我属于看到“半个杯子是满的”那种人，坚信一定存在着可以使问题得到圆满解决的方法。我并非被毫无来由的乐观主义所驱动，我只是不能忍受我们生活中的那些鸡零狗碎的平庸。我认为人生是美好的，生活中存在着让我们去克服困难，获得成功的机会。我把人生看作是一连串的胜利和成功。我的这种感觉来自胸部碰触到终点线的那一刹那，小小的三角旗帜在跑道上空猎猎飞扬。

我以优异成绩从学校毕业，在那里，我半白半黑的混血身份意味着我首当其冲成了被人取笑的对象。我像姐姐艾斯黛拉一样进入哈佛深造，事实上我们家的六个孩子进的都是哈佛。大家认为我是一个成功的记者，我制作了有关种族题材的纪录片还得了奖，这样的题材极具挑战性。我还写书，发表演讲，嫁了一个好丈夫并且生了四个健康的孩子，在有线新闻网络主持电视节目。在大厅里遇到的那个八年级男生没能阻止我前进的脚步，无论他成了怎样的人，他的生活变得怎样，他曾经以一种错误的方式对待了我。无论他对我有着怎样的臆断，我用我自己的成功来证明了他的错误。

我取得成功不但是因为我做出的努力，还因为我的经历造就了我而不是妨碍了我。我知道我没有必要停下脚步来面对我在人生旅途中遇到的每一次不公，我只要坚持朝前走就能取得成功。愤怒是一种健康的心态，假如我能把愤怒变成动因而不是让它郁积腐烂，它能给我以教益。我的经历对我的记者生涯有帮助，它们能帮助我识别出那些和我没有共同点的人。我不会让愤怒在我内心找到一个发酵场所，不会把它搁置在我心底，等到有人来把它激发出来，就像沙漠里遇到水的一棵野草。我知道如果让愤怒占了上风，那么每一个以错误方式待我的人都会付出代价，就像我在1977年遇到的那个摄影师一样。“假如我冒犯了你们，请原谅……”

就这样，我为自己找到了一种推动自己前进的策略，我认为这是一种很好的选择。在这个国家里有一件事情是肯定的，那就是在一件坏事的近旁你总能找到真正美丽的东西。假如你在每一个痛苦的时刻都停下脚步，那么你永远也到达不了你的目的地。

我妈妈和爸爸早在我出生之前就开始采取这种人生策略，他们在自己的生活中远走高飞。我的父亲爱德华·艾弗莱姆·奥布莱恩，或者人称“泰德”，来自澳大利亚昆士兰的一个名为图沃姆巴的乡村小镇。他家里拥有一座工厂，家人要他在工厂里担任化学工程师。他不愿意受到在家族工厂工作的束缚，于是离家去了美国。他先在印第安纳普度大学学习，后来进了巴尔的摩附近的约翰霍普金斯大学。

我的母亲艾斯黛拉·卢克莉西雅·玛奎蒂·曼迪塔在十四岁时就开始了她的旅行。她出生在一个古巴的穷苦黑人家庭，她渴望学习，想逃离天气炎热，充满种族偏见和闭塞的前卡斯特罗古巴。她与奥布莱特修女院取得了联系，这是一个非洲裔罗马天主教妇女组织。她来到了这个组织设在巴尔的摩的机构学习，并在这个机构里长大成人。当她遇到我父亲时，她正在约翰霍普金斯大学的一个实验室里工作。

我爸有着橄榄球运动员的体魄，他曾经是橄榄球运动员，直到七十七岁时他仍在打橄榄球。他有着象牙色的皮肤，脸上总是带着淘气的微笑。我有一些爸爸穿着橄榄球T恤的旧照片，虽然照片上的人多达七十个，但我总是能通过他脸上的笑容立刻把他从人群中找出来。我觉得我很像他。他年轻时就头发稀薄，但他是个英俊的男人。

我妈妈的皮肤有着椰子壳的颜色，她的眼睛大而明亮。她把她乌黑发亮的头发朝后梳理，那时烫发和卷发是很时髦的事情，我妈就是一个赶时髦的女人。妈妈年轻时脸颊饱满，脸上总是带着微笑，她是一个天生的美人。我父母的言谈举止就像那些来到异国他乡另谋生路的移民，随着时间的推移他们的口音不再那么重了，但总是还有那么一点儿。当时他们两人分别到教堂去做弥撒，爸爸让妈妈搭他的车，妈妈拒绝了。我妈妈是那种每天都去做礼拜的女人，她拒绝上车是因为她不认识这个男人，由此也能看出她的为人。但是我爸坚持要请她上车，我能想象他从车窗里探出头来给我妈说着那些逗趣的小笑话，带着可爱的澳洲口音和迷人的微笑，有一天她终于答应了。

他们的恋爱就像我自己在学校里经历过的那样，是一种逃避种族歧视的游戏。他们到处跑来跑去，想找到一个能为一对年轻的黑白情侣提供服务的地方。那是1958年的巴尔的摩，他们走到许多地方都会有人对他们侧目而视，有人会起身走人，或走过来对他们说一些侮辱性的话，但是有更多的地方根本就不接待他们。这一切并没有难倒他们，我妈能做得一手好吃的古巴菜，在第一次约会时因为没有地方接纳他们，她就把我爸带回了家。所以我妈经常劝告我们要好好学习烹饪。

当他们决定结婚时，他们的教堂不答应。在1959年的马里兰黑人与白人结婚是不合法的。有一位律师询问他们，是否愿意成为挑战种族间通婚禁令的判例，他们婉拒了，他们不愿意让自己的婚姻成为一桩案例以至妨碍他们的前程。他们开车到了华盛顿特区，在那里白人与黑人通婚是合法的，他们结婚后又回到了巴尔的摩。

我的父母亲决定不住在华盛顿特区而回到巴尔的摩居住，为此他们担了不小的风险。就在一年前，有一位弗吉尼亚的黑人妇女米尔德里德·吉特和她的白人丈夫理查德·勒文到华盛顿特区去结了婚，就像我的父母亲一样。他们回到弗吉尼亚去居住，有一天晚上警察破门而入逮捕了他们。他们成为了一件判例，直到1967年美国最高法院在弗吉尼亚的勒文一案中否决了种族间通婚的禁令。但是到这时我父母亲结婚已经差不多有十年了，他们已经把家搬到了长岛的斯密斯顿，正抚养着六个孩子。

我妈妈对她那个时期的生活不太愿意多说。“日子要过下去，今天过完有明天，接下来还有后天，”她喜欢这样说，也是这样做的，我们也就这样跟着她过日子。她在婚后一年内就怀上了我姐姐玛利亚，然后在离开巴尔的摩以前又有了第二个女儿塞西莉亚。我哥哥托尼，然后艾斯黛拉，后面接着的是我，都出生在长岛。我弟弟奥莱斯特是在澳大利亚出生的，当时我们利用整年的休假去探望爸爸在澳洲的家人。“在生活中，每一件事情都要朝前看。”妈妈说。

他们离开巴尔的摩后迁往了斯密斯顿，这是长岛上的一个高尚郊区社区，居民大都是富裕的白人。斯密斯顿沿着北海岸延伸，它的故事是美国历史的一部分。从表面上看，生气勃勃的斯密斯顿具体体现出移民们之所以要投奔美国的原因，这是一个用美国精神塑造出来的地方。当地的学校都是一流的，小镇上有着许许多多的历史故事。这个国家最伟大的地方是我们有一个用岁月积淀起来的过去，你是什么时候，从什么地方来到美国都不要紧，无论是好是坏，这个国家的过去和信奉的原则同样属于你，这就是美国之所以能变得别具一格的原因。你有怎样的长相，用什么方式说话都无关紧要，只要你立足在此地你就成为了一个美国人。我像那个八年级男生，或者那个照相馆里的家伙，或者其他任何人一样是不折不扣的美国人，我参与到了他们的历史当中，他们无法来阻挡我。

在斯密斯顿的主要十字路口上有一座巨大的蓝绿色公牛雕像，这是纪念斯密斯顿建镇的雕像。我开车经过这座雕像无数次了，但只是到了最近才知道雕像的名称叫做维斯博。传说维斯博属于一位名叫理查德·斯密斯的早期移民，他曾经与原住民打赌，说他能骑在公牛背上穿越一片大到能建起一个城市的土地。他赢得了这片土地并建起了这座城市，所以今天才有了这个以他的名字命名的城市，而公牛的雕像则矗立在这座城市的中心。

斯密斯顿的学校都是以原住民部族的名称来命名的，如我读初中的学校是奈萨夸克，我就是在这个学校里被人问起嘴唇的事情。奈萨夸克是众多部族中的一个，这些部族沿着长岛海岸搜寻蛤蜊，他们不仅吃蛤蜊肉，还把贝壳串起来做成贝壳项链。然后来了斯密斯和荷兰人，原住民差不多都消失得无影无踪了，但是原住民祖先的名字却变成了城镇的名字如蒙托克和曼哈顿。当然还有许多成为了学校的名字，我们就是在学校里学会了记住我们共同的根源。奥布莱恩是美国历史的后来者，这并不要紧。我父母选择斯密斯顿作为他们来到这片希望之地的桥头堡。斯密斯，荷兰人和原住民曾在海湾边上辛勤劳作，还有那头雄壮的公牛，现在这片土地也属于我们。

在我成长的过程中并没有意识到我父母迁移到斯密斯顿这件事有任何意义，这不过是我们的家园。假如你告诉我他们有政治动机，我会把这当作笑话——我们是很典型的郊区居民，像郊区城镇的大多数人一样生活。我不知道他们在创建我们的家园时经历过些什么，作为一个青少年我对这些事情也并不关心。我知道他们曾参加过一个黑人家庭的团体，这个团体的宗旨是促进他们融入社会和提高住房质量。我妈妈觉得这是一个结识其他黑人家庭的很好方式，因为在斯密斯顿黑人家庭很少。我颇有感情地回忆起这个团体，我们在斯密斯顿的一个小公园里聚会。今天在这个地方有一个色彩斑斓的社区体育馆，那时这个体育馆是没有的，但是有修剪得很平整的草地，有公园桌椅和举办野餐会的空间。

在斯密斯顿没有足够多的黑人家庭可以形成任何种类的批评性群体。但我们遇到了一些黑人，其中有我在学校里的最好朋友——希弗埃·昂莱，她是我们学校里唯一与我没有血缘关系的黑人孩子，她的人生也在不断的迁移当中。我在幼儿园就遇到了她，我们双方的父母都鼓励我们的友谊。她像我一样被人认为与众不同，这是我们两人成为朋友的原因之一，即便我们之间的话并不多。希弗埃从某个小小的方面来说比我好一点，她来自百慕大，那个地方似乎比我妈妈的祖国古巴更有异国情调。而且她可以回到家乡去看望亲戚，去看一看每个人都像她一样的地方，我却和我的五个兄弟姐妹一起被牢牢地钉在了斯密斯顿。

我浓密的头发像乱草丛一样难以梳理，这使我感到很沮丧。我妈妈会帮我编起辫子，我就把辫子解开来束成一个马尾辫。希弗埃把她的头发紧紧朝后拉，看起来好像是她的头发在拉着眉毛。我们并不把长着黑头发并且长得与别人不一样看得很严重，但是我们也意识到了自己的种族问题。希弗莱的叔叔曾经坚持在填写表格上有关人种的问题时写下“人类的种类”这个词，但是她试了几次却并没有发现有什么两样。希弗莱和我并不会像别人喜欢看我们那样容易引起别人的注意。到了高中的时候，在每天大多数的课上我们两人是分开的，我们一有机会就会交流眼神并报以微笑。没有人真正看见我们，他们只是朝我们看。

斯密斯顿是孩子们成长的好地方，但是就像其他许多美国城镇一样，它有时有着分裂的人格。当我的姐姐塞西莉亚还是一个青少年的时候，她得到了在某个民事权利组织里实习的机会。这是一个对她成长有利的好机会，她从事的是有关女性非传统角色的研究。她记得她接触到了一些指控警察使用暴力的文件，在这些案例里有黑人讲述了警察是如何对待像我们一样的黑人的，从此以后我们甚至从来不愿意与警察说话。

我们都有好朋友，我会穿过整个镇子到白人女孩家里去骑马，吃晚饭，或者在院子里玩上一个下午。然后有一天我在朋友家里，在吃晚饭的时候坐在朋友的小妹妹身边，“我为什么要坐在这个黑女孩旁边呢？”朋友的妹妹问，就在这一刻我看见了我家乡的另外一面。

我的兄妹们也感觉到了这一点。有一个人在学校里走到塞西莉亚面前说，“我在公路上见到了你的父亲和弟弟，他们正在换轮胎。”他其实是看见了另外几个黑人，但是他认为这些人一定是我家的人，他们对于黑人的见识就是这样有限，凡是黑人一定都是亲戚！当我父母刚搬到斯密斯顿来的时候，白人不愿意把他们的房屋卖给黑人，我父母只能从一位富有而开明的慈善家手里买了一块土地，他们省吃俭用在这块土地上建起了一幢平房。斯密斯顿离爸爸工作的州立大学很近，交通也很方便，这就是我们在这个双重人格的镇子上买下土地的原因。

但是我也确实知道，有时我父母与其他一些黑人家庭一起在斯密斯顿狭窄的马路上游行，他们手挽着手唱歌和呼喊口号，为的是反对住房方面的种族隔离。我妈妈现在说，她不觉得他们做成了许多事情。由于我父母的积极参与，这个团体里的人要我爸爸做团体的头领。我爸爸记得，当时他认为有人比他更合适当头领。由于没有很好的领导人，团体里纷争不断，我爸妈最终退了出来。在斯密斯顿他们有六个孩子要抚养，他们已经足够忙了。也许要抚养我们是最充足的理由。我们在街道上行走，有时人们看着我们，好像我们长着两个头，也好像我们完全走错了地方。我们总是对他们置之不理。

那个时代在斯密斯顿悄悄发生的丑恶事件只是到了最近才被披露出来。1985年斯密斯顿开始加入一个由联邦政府投资的住房计划，人们把这个计划称为

“八条”，其内容是允许低收入人群申请住房券，这种住房券可以用于支付房屋租金，支付比例高达三分之二。这个计划帮助了穷人，也有助于消除当地的种族隔离，但是在斯密斯顿只有已经成为了当地的居民后才能提出申请。在这个镇上已经有超过90%的人口是非西班牙裔白人，所以这种对居住地的要求意味着有色人种人士在迁入到斯密斯顿时再也得不到帮助。1997年，美国住房和城市发展部告知斯密斯顿，这样的政策有“种族排外”的效果，但是斯密斯顿却对此无动于衷。

到了2007年，有一个民事权利团体觉得这是一个案例，于是对斯密斯顿提出了团体诉讼。这次诉讼的提出是代表了像考利妮·瓦格斯这样一批人。考利妮是一位有两个孩子的拉丁裔母亲，在附近的工人阶级城镇奥克代尔长大，是一个波多黎各家庭的唯一孩子。她的父亲乔治在斯密斯顿的动物控制中心工作，她记得父亲的同事们经常开车带着他父亲到镇上的一些地方去兜风。“把这块地方给乔治吧，他能和那种人打交道。”她记得他们会这样说。但是他父亲并没有把这些话放在心上，他在斯密斯顿周围巡游，想找一块适合抚养孩子的地方。她的父母都是在曼哈顿的西班牙黑人区长大的，能搬到长岛来居住对他们来说是向上迈了一大步。当他们搬迁到奥克代尔时，他们把斯密斯顿当作他们在美国阶梯上的下一个台阶，考利妮就梦想着有一天她能在斯密斯顿有个家。她父亲认为在斯密斯顿工作就是朝着他们梦想的实现走近了一步。

考利妮在奥克代尔的童年很像我自己的童年，这很有点讽刺意味，因为她觉得斯密斯顿是一个比奥克代尔更好的地方。她的父母都是美国人，就像所有的波多黎各人一样，尽管从文化背景来说他们是拉丁裔人。“你怎么会长得这么黑？”有人会在走道上这样问她。人们会议论她的“厚嘴唇”，还总认为她来自墨西哥。“我们过的是一种相互共存的生活，”考利妮回忆说，“我对我有金发碧眼的表兄妹感到奇怪和惊讶。我总觉得自己和别人一样，直到有人来把我归入到另外一个门类里。”

考利妮后来离开了奥克代尔，她过上了不错的生活，直到她生下第一个孩子杰斯敏。杰斯敏生下来就患有脑瘫和脊柱裂，四肢瘫痪的她只能坐在轮椅上。考利妮的婚姻破裂了，她搬到佛罗里达去和父母住在一起，但是对她的女儿来说，那里的医疗条件不够理想。她回到了长岛，找到一份薪资优厚的工作，但是她的女儿开始严重抽搐，她只能接连几个星期陪在女儿的医院里。到了2005年12月，考利妮失去了她的工作和医疗保险，成了一个无家可归的人。就在这时她把自己加入到“八条”的申请者名单上。

“八条”是走出困境的途径之一。考利妮没有住房，不可能抚养一个病儿，她不习惯贫穷的生活，以及随之而来的一切与官僚机构打交道的繁文缛节，如申请社会服务所必须填写的文件表格，还有经常开口求助带来的羞辱感觉。她被困境折磨得身心疲惫，她想到如果她能得到“八条”的住房券，她就能用儿童救助和社会保险的资助来抚养女儿。她被告知在斯密斯顿有住房券可发，要她提出申请加入到等待者名单上，一个梦想似乎就要实现了。

到了次年夏天，有人通知她前往斯密斯顿的有关部门，因为她的号码已经上去了。她还记得那一天，“我很兴奋。”她说。她记得自己是怎样走进斯密斯顿镇办公室，满心希望自己出来的时侯已经拿到了住房券，她说她把每一张文件都完整地填写好了。她在办公室里只待了儿分钟，办公桌后面有一个女人拿出一支黑色记号笔在考利妮的表格顶端写上了“不合格”几个字，还在字的外面画了一个圈。考利妮克制着不让自己失去冷静，她请了一位律师来帮助她。罗宾·纳恩是美国苏利文·克伦威尔律师事务所的一位公益律师，他参与一些有可能提起法律诉讼的案子，并陪同人们前去参加约见访谈。罗宾对斯密斯顿的官员解释说，居住地不能作为一项必要条件。但是镇当局坚持采取这样的立场，即他们可以要求申请者是已经居住在斯密斯顿的居民。他们被送了出来。

“我不知道该这么办，”考利妮说，“我活着是为了我的孩子，她是我的生命，我的一切。我带着一个病孩住在汽车旅馆里，而这个地方却剥夺了我最后一线生机。”考利妮加入到了法律诉讼的队伍当中。其他参加诉讼的人包括凯萨·特伦特，她是一个无家可归的黑人母亲，有两个孩子；还有安妮·斯密斯，她是一位残疾的黑人妇女，眼下和她已成年的孩子住在一起。斯密斯顿正试图把这些人排除到外面去。

根据诉讼材料，斯密斯顿已经发出102张住房券，其中有7张发给了黑人家庭，2张发给了拉丁裔家庭，这些人加在一起已经占去了等候者名单上的一半。当等候者名单变短了的时候，斯密斯顿就到外面去随便招募一些在斯密斯顿有住址的人，通常是一些白人来补缺。诉讼材料也揭示出当年我父母亲参加的游行所涉及到的住房事宜，简直就像一部斯密斯顿种族冲突的编年史。1971年，当地的全国有色人种协会曾要求镇当局开发适合低收入人群的住房，但是斯密斯顿的镇委会否决了这个提议，因为他们认为低收入人群缺乏对住房的“体面的拥有权”。一位名为罗伯特·布莱迪的委员公开说，斯密斯顿的问题“是新迁入的移民引起的，解决问题的唯一办法是让他们骑上自行车回到牙买加去”。考利妮正是想从附近的奥克代尔一跃进入斯密斯顿。

诉讼材料也涉及了发生在20世纪80年代的家庭纵火案。1995年有一位房地产代理商因把房产出售给黑人而遭到死亡威胁。在三一教堂的侧墙上被人涂上了“黑人滚回去”的字样。2004年有一个少数族裔家庭接到了威胁电话，并有砖块从窗外扔进屋里。次年有一个黑人家庭搬走了，因为不断有种族歧视的绰号和威胁塞进他们的邮箱。这一份充满辛酸的法律文件为我的家乡描绘了一幅丑陋不堪的图画。直到2010年夏天，一位联邦法官批准了一份为期十年的同意判决书，把考利妮和其他起诉者重新加入到等候者名单上去，并设立了一个金额为925000美元的赔偿基金。在经过这么多年无家可归之后，他们又回到了等候队伍中，以便能搬到长岛的斯密斯顿去生活。直到最近我对这些事情都一无所知。

这就是我说我的家乡人格分裂的理由之一，这个美国梦的登陆地对后来者关上了大门，这不像是美国人应该有的作为。我们的社会之所以兴旺发达，是因为它不断更新着自身的人口，新来的人们，带来了新的观念，也使我们的文化焕然一新。通过吸收那些志向高远的人们，斯密斯顿只会变得更加美好。我家乡的这种两面性完全没有存在的必要。他们可以选择拥抱新来的人们，鼓励新变化的发生，也可以排斥新人和为发展设置障碍，这是他们必须要做出的选择。我的父母为斯密斯顿做出了很大的贡献，包括养育了六个热爱美好家乡的孩子，而且这些孩子在自己的人生中取得了进一步的成功。选择欢迎外来人口融入社会的姿态能使社会兴旺发达，我们自己的经历就是一个极好的证明。我父母仍拥有着我们成长时居住过的房屋，他们会在夏天去那里消暑。我也带着孩子去老家探访，我在那里感觉到的快乐，就像当年我祈望家乡能带给我好运时感觉到的一样。

我记得的斯密斯顿，与排斥考利妮·瓦格斯的那个斯密斯顿完全不同。我的家庭接受了斯密斯顿典型的郊区生活方式，并且成为了它遗传基因中的一部分。我父亲在当地的州立学院里教机械工程。我母亲在本地的高中里教西班牙语，先在西斯密斯顿高中，后来在我就读的东斯密斯顿高中。我的父母重视教育，要我们学习他们教给我们的一切，要我们在学校里取得好成绩。他们有宗教信仰，处事严谨，对孩子管教很严。我在学习日里不可以看电视，也不可以在外面与朋友玩到很晚。我母亲抚养孩子的信条就是如此简单：“学习是孩子应该做的事情，他们要努力学习，父母供给他们一日三餐，要让他们少看电视，只可以在周末看三到四个小时，就是这么回事。”不难想象出我母亲对我的期望，“去做好你自己的事情，”这句话我母亲对我说过无数遍。

从许多方面来看，我们似乎很好地融合进了斯密斯顿的生活。我妈妈穿着非常简单，她把头发剪成短短的美洲黑人的发式。我爸爸就像你能想象到的那样，他外表整洁，穿衣打扮就像是一个大学教授。我们都把自己看成简单平常的普通人，只有走出家门时我们才会显得与众不同——在这里并不是所有人每餐都吃米饭，我们有时还吃番石榴酱和油炸大蕉。有一张我们六个人的合影能看出我们当时的模样：我们穿着20世纪70年代的条纹衬衫和有着反向条纹的裙裤，剪着蓬松的美洲黑人发式，脸上笑容灿烂，我们把身子倚靠在我家的大众面包车上。当我们走到斯密斯顿的街道上时，我们无法做到完全与别人一样。我有时觉得，这就是我父母要我们姐弟六人紧密团结的原因。我们需要互相依靠，我们之间也确实成了亲密的朋友。

我对我们在斯密斯顿的生活有着美好的回忆。我记得那些傍晚，我们收拾好了晚餐盘子后就来到了一条过道里，这条过道比寻常过道要宽上一倍，我们把这里变成了游戏室。在晚餐后我们是从来不允许外出的。我记得我们的舞会，伴随着《音乐之声》四十五周年纪念版的音乐，我们开心地旋转直到痴笑着瘫倒在地上。我至今还能听见那单调的歌词“比利，不要逞能……”，我们跟着音乐的节拍摇晃着头部和肩膀。只有在周末我们才可以看电视，我们为此立下了规矩——我们要为究竟是看《星际旅行》还是《沃尔顿家族》投票，尽管我当时还太小，不能坚持把《沃尔顿家族》这样的长片看完。不时我们中间有人会退场去睡觉，以逃避多数人的专制。

在我家门外的土地上有大片草地和迷宫般的树林，这里曾经是我们的庇护所，我们在这里玩垒球和捉迷藏，还有爬树，这些都是斯密斯顿给予我的东西。我把这些回忆存放在心里，它们能给我带来心灵的安宁，成为激励我前进的动力。这就是我的家人在地球上这片希望之地创造出来的家园，因为他们抓住了生活中的机遇。

我还很小的时候，我的哥哥姐姐们四个人结成了一帮，他们是一个接一个出生的。老大是玛利亚，她非常聪明还有点颐指气使，她不用妈妈叫就会自己去吸尘，在学校里她会去亲吻老师。我们都很敬畏她，她个子不高，精力充沛，干劲十足。她的策略就是比别人做得更好，更快，更有亲和力。老师们都很爱她，器重她的聪明，他们想要正确答案时就会把她叫起来回答问题。玛利亚进了哈佛，为我们几个弟妹打开了一扇机会之门。接下来的三个哥哥姐姐也进了哈佛，就像他们紧跟着玛利亚的脚步一样。当他们中有一个进了大学，下一个就紧接着在准备申请入学了。

塞西莉亚紧随玛利亚之后，她比玛利亚更能言善辩，她喜欢斗嘴并且善于用言辞来得到她想要的东西，她在十几岁时就表现得像一位律师。托尼是最大的男孩，他喜欢掌控一切，而我就像是托尼的女性翻版。托尼是我们兄妹当中最有运动员素质的，虽然我们都谈不上是运动迷。艾斯黛拉在上午的时候常常会心情烦躁，但是她对我却很温和，她和我之间的交往最多。她睡在我的上铺，会编出许多故事来讲给我听——神秘的谋杀案、辛巴德水手等等。她是一个有点自恋的孩子，她会画画做缝纫，但同时在科学和数学课上也表现突出，她是我认识的人当中最聪明的一个。

他们四人在斯密斯顿高中总是步履匆匆。我妈妈要他们待在一起互相照顾，他们很容易做到这一点，因为他们年龄相近自然会走在一起。艾斯黛拉二年级的时候，班级里有一个女孩打了她，玛利亚走进她的教室里，问老师她是否可以和这个女孩说话。玛利亚在这个女孩的耳边悄悄地说，假如她再欺负艾斯黛拉就对她不客气，问题就这样解决了。有一个蠢头蠢脑的男孩在巴士上说了一些侮辱黑人的话，他们四人一齐把头伸出窗外责骂他："你这个一年级留级生，你这个白痴！"

在奥布莱恩兄妹周围大约有二千七百个孩子，他们四人就占了全部黑人孩子的一半以上。但是他们四人互相支持和帮助，妈妈教会了他们不少保护自己的方法。他们总是在一起玩，只有进了教室后他们才分开。当有一位老师说了一些有关非洲的蠢话时，如果我们不在就没有人会提出异议。另外一位老师提出了种族隔离问题的辩论题，要我们当中的某一个人站在支持的一方。于是就有一位奥布莱恩——玛利亚，塞西莉亚，托尼或者艾斯黛拉会在下课时离开教室跑到大厅里来，或者干脆他们四人一起上了回家的巴士以示抗议。

他们都会跑到我们的大草坪上来，草地上的野花中长着覆盆子。我们的屋子占地1800平方英尺，他们穿过前门消失在屋里五个小小的卧室中。屋子周围有森林、马场和沙滩，我们在荆棘中筑起堡垒，我常去骑对面人家的一匹名叫草莓的马。爸爸把周围邻家的孩子们召集起来玩棒球，他总是加入到弱势的一方，所以我和奥莱斯特常和爸爸是队友，因为我们的年纪最小。

我们居住的小小社区对我们来说非常完美。在马路不远处有一个贵格教派的会议厅，我有时到那里去帮忙照看孩子。我家附近还有几家出租屋，在这个小镇上的高档街区里这种情况并不多见。我们四周有不少有钱人，尽管我们确确实实也是中产阶级。我家周围有大片的土地，像是护城河一样保护着我们。有许多高大的蓝杉树形成屏障，所以邻居们看不到我妈在养猪和鹅。我们用松散的砖块搭起烧烤炉，常春藤遮挡了墙上逐渐褪色的油漆。生活是美好的，我们只要走四分之一英里就可以到沙滩上去学游泳和划船，也不会惊扰到沙滩上的马蹄蟹。狐狸每年会有一次仓皇逃生经过此地，而狐狸身后必定跟着一连串骑马追赶的猎人。我妈妈坚持无论什么事情都要一家人一起去做，所以我的四个哥哥姐姐总是拖着我和弟弟奥莱斯特。我们小小的世界里总是充满着欢笑，笑声足以让太阳升起。

然后突然之间，似乎是发生在很短的时间里，而实际上却在长达几年的过程中，他们都走了，他们四个人一个接一个地上了大学。他们离开了家，离开了斯密斯顿和它所强加到人们身上的同质倾向，剩下的只有我和奥莱斯特，还有我们古怪的名字在一起。我们变得很孤单，难以阻吓别人或者回击别人的欺负。我们不再发起攻击，我和奥莱斯特甚至在大厅里也很少见面。奥莱斯特是一个安静的男孩，假如有人抢了他的午饭包，我会把它抢回来，这就是我们能够表现团结的机会，但是在家里的时候我们很亲密。

希弗埃还在，她有碧蓝的眼珠，但是它们都藏在一副精巧的眼镜后面。在百慕大的时候，她的表兄妹曾把她扔进海里教她学游泳，所以她懂得怎样逃生。希弗埃的感情像我一样会受到伤害，但是她也像我一样找不到原因在哪里，我们两人有着共同的痛苦。有时会有孩子走到她面前说“嗨，索莱达”，她也会针锋相对地回应说一声“嗨”，因为她认为她是代表我们三人在说话，她，我，还有奥莱斯特。希弗埃不喜欢吵架，她认为吵起架来没有人会保护我们。我很喜欢她的策略，于是就看样学样。我们知道没有家庭会请我们去做客，除非他们事先和我们说好。我们看出其中的奥妙是因为有时在做客时别人的小弟弟小妹妹会说漏嘴，说出来我们是黑人。

但是我和希弗埃两人互相来往时就没有这样的麻烦了。我有时在她家里过夜，她是家里唯一的孩子，所以我和她在一起时感觉很特别。她家有一间小小的前起居室，她父母会让我们在沙发上安营扎寨。我们朝窗外张望着，看到邻居时会哧哧地痴笑。她妈妈会用白面包做出好吃的螃蟹三明治，我以前从来没有吃过螃蟹，有时一次能吃两到三个三明治。希弗埃的妈妈说不用去担心别人，因为只要我们互相帮助就够了。我们各自按照父母教给我们的处世方式去生活，我们担心的只是我们自己会变成怎样的人。整个晚上我们都会叽叽嘎嘎地笑个不停。

上学成为了一种挑战，四个大孩子为我和奥莱斯特树立了榜样，他们在上大学的道路上为我们留下了足迹。他们被看作是一个前程光明的团体，这来自于他们优良的传承。然而父母对我们还有其他期望，那就是我们必须埋头读书，全神贯注不为外面的诱惑所分心。我姐姐曾告诫我会遇到些什么，“在那所学校里，男孩会拼命追求黑人女孩。”塞西莉亚回忆说。玛利亚和塞西莉亚不和男孩约会，她们也不去参加舞会，永远不去。

我还模糊地记得一些谈话，是有关托尼是否可以约会一个黑人女孩的。妈妈警告我们说：“一个男孩可能喜欢你，但是他在和你约会时就不一定会感到舒服了。”从广义上来说，我们实际上算得上是皮肤细腻的女孩，虽然我们自己并不这样认为。我们的面孔是黑色的，我们是拉丁裔人，但从我们的言行举止上并不能把我们区分出来。我们看上去是黑人，或者至少说我们不像白人。后来有些黑人认为我还不够黑，我觉得很奇怪，足够黑了又怎样？我们是在20世纪70年代的斯密斯顿长大的，我们是黑人。

直到我长大成为青少年以后，我才意识到上学是一件不容易的事情。因为我不是白人，我接受了我不能交男朋友这样一种心理预期，加上我还有对我管教严格的父母。我有驱使自己不断向前的天性，在大学预科课程中选修了生物和物理。我渐渐明白过来，我的种族不是一件好事，甚至不是一件中性的事。我试图把这样一种想法抛之脑后，我告诉自己假如我去和男孩约会，我妈会把我杀了。我比男孩还聪明，但又有谁会把这当一回事呢？他们不会知道我的聪明，因为在这个镇上人们是不会认为我聪明的。没有人拒绝我，没有这种可能性，因为拒绝本身就包含着某种希望。

我妈妈不断地告诫我说，要等到进了大学才能去谈恋爱，就是为了妈妈我也必须刻苦学习。我一心埋头读书，还积极参加课后活动——学生会、田径队——我干净利落地完成各种委派给我的任务，避免受到与人交际的诱惑。我身边总有事情在发生，如舞会运动会等等，走廊里谈笑声不绝于耳。我有朋友，我努力向前，作为一个孩子我有时也可能会不讨人喜欢。

有一个名字叫安吉拉·辛克玛尼的女孩，从名字上来看我猜想她一定是拉丁裔人。她个子不高，体态丰满，在三年级的时候就有了高耸的胸部，男孩们为了看她一眼几乎会从栏杆上跌落下来。她说有一位老师要求她穿得保守一点，这简直要把她逼疯，于是她反而招摇过市还恣意嘲笑别人。她的生活很艰难，她总是逃课，还有许多时间是在拘留所里度过的。她在本地的工厂里打工的目的只是为了逃避，这是她后来告诉我的。她请一个男孩去参加舞会，结果这个男孩却和她最要好的朋友勾搭上了。她恨斯密斯顿，但是从来没有搬到别的地方去。我想有许多人会出于各种理由不喜欢这个地方。

当我年龄再大一些的时候，我开始积极参与到各种活动中去而不再选择逃离。我是八年级学生会的主席，在田径场上我跑四分之一英里和跨栏，我的成绩不错还得过奖牌。我选修了大学预科的物理、英语、生物和历史课程。我参加扶轮社的社会改革活动，这个活动的名称是“互动”。我在乐队里吹长笛和短笛，我很喜欢自己身穿红白两色军乐队制服时的样子，尽管毛料制服穿在身上很热，但是我在观众面前演奏时的感觉很棒。经过一番刻苦努力之后，我像我的哥哥姐姐们一样成为了一个优秀的学生。我找到了充分利用时间和空间的办法，在从一件事情转向另外一件事情的追赶中，在战胜困难、取得成绩、掌控支配自己和他人的过程中，我感觉到了一种奇怪的快感。不去理会流言蜚语会让事情变得简单容易，让自己忙忙碌碌就会有归属感。没有时间来为走廊里的邂逅分心，没有时间来约会，没有时间想一想为什么，我只是不停地快步向前走。

在我心底里一直有一个问号在伴随着我的人生旅程——我是在参加一场赛跑吗？或者在这样做的人只是一个傻瓜？这个问题有时占据了我头脑里的每一个角落，让我感到苦恼不已。但是我能做的只是不断地向前走，我不会让任何青少年的愚蠢行为来伤害到我。我不会允许任何人剥夺我的希望，这种希望来自优裕的中产阶级生活，来自斯密斯顿的房屋和修剪整齐的草坪。我已经拥有太多以至不能失去，所以当有流言蜚语发生时，我学会了把它推向一边。没有什么东西能阻挡我，老天赋予我极好的记忆力，但是有人侮辱我时我会选择遗忘，而且我确实做到把这些事情忘记了。但是我妈妈却记得每一件事情，她会预先防止坏事的发生。她喜欢说：“我们和这么多人一起生活和工作，假如每天要和别人吵架，那么我们什么事情也做不成了。”我有我的目标，我不能让自己的脚步停下来。

美国是一个神奇的希望之地——假如你站在一个能抓住这些机会的有利位置上。我不认为这需要许多运气，而是需要一点策略。为得到他们想要的东西，我父母找到了自己的方法——家庭、教育和一种适合自己的生活方式。他们选择了在一个地方生活，这个地方也同样适合他们的孩子，他们努力把自己在童年时代得不到的东西给了他们的孩子。斯密斯顿是他们故事中的美国梦成真的地方：一对移民父母受了教育，努力工作，在这块神奇的郊区地方扎下了根，然后养了一堆孩子，他们的成就就像照耀在柏油车道上的阳光一样闪闪发光。

我的父母把我们带到了一个好地方，我们享有生活中所有的可能性。我学会了抓住这些人生机遇。我先为自己制定出一个计划，然后去努力工作并避开各种不利因素，我总是怀着最美好的希望。生活有时能让你雄心勃勃的计划出轨，我总是试图把握自己以避免让自己陷入到困境当中。我总是步履匆匆，我竭力不让自己注意力分散，也不让自己的希望消退。成绩总是在不断前进的过程中取得的，我没有遇到过任何真正让我遭受挫折的事情，在大多数情况下，我也从来没有让自己陷入到困境当中。我过着优裕的美国中产阶级生活，我父母从来不会让我去冒任何风险。我在斯密斯顿最后的一段日子里，有许多阳光明亮的下午和慵懒的傍晚，有兄弟姐妹们喧闹的欢笑声，有母亲煮的黑豆，有父亲永远不变的笑容和充沛的精力。我收拾起行李离开这个充满家庭温暖和进取精神的屋子，在这里，屋子前门外最高的蓝杉树是我们每年的圣诞树。这是我们家庭兴旺发达的地方。我感到这样的家庭生活是任何人都可以得到的，只要他们去努力工作和不断尝试。至少，这是美国所能给你的许诺。

但是，在我离开斯密斯顿去探索我的成年生活之前，我在我成长起来的地方上了最后一课。我借了母亲的汽车，我十八岁，借用一辆价格昂贵的汽车的年纪还小了一点。我要到妈妈的学校里去取车，她是语言教师。她戴着一顶有着鼬皮条纹的紫色大帽子，她对自己的人种心满意足，大家都已经习惯了她的古巴口音。她是一位很有自尊心的黑人女士，我也以做她的孩子为荣。她走路慢得让人受不了，但是今天我一点也不在乎。

我们走过大厅，对遇到的每个人都打招呼，直到有一件事情发生让我们停下了脚步。有一个黑人少年发疯般地从大厅里奔跑过去。这是一个几乎全部是白人的学校，有几位校监正好也在大厅里。当他遇到了校监时停了下来，校监们脸上的表情很清楚，这个黑人少年不是学校里的学生。我出自本能地要继续走过去，黑孩子脸色惊恐地站在那里。我妈妈停下脚步，我也跟着停了下来。“我想他大概是被围着他的那些成年人吓坏了，”我妈妈后来说，“所以我做了该做的事情。”于是我们站着观察，但是我突然感到着急起来，这不关我们的事。有一位校监曾经是我以前学校的校长，现在是我妈妈的上司，高大明亮的大厅里似乎有了一种压迫感，“好了，奥布莱恩太太，”这位校监对妈妈说，“我们来处理这件事情。”显然他要母亲走开。

“不要紧，”我妈妈说，“我在这里待一会。”我妈妈身高五英尺二英寸，她提着她那有花边的提包站着，她站立不动的威严样子让人害怕也让我着迷。校监们变得不安起来，男孩的眼光从校监身上又转到我妈妈身上，我能感觉到他的神态放松下来，她不会丢下他不管，这位重量级的黑人女士正尽着无声的义务来照看这位身陷困境的黑人男孩。这时校长走过来在孩子的背上拍了一下，“不要在大厅里奔跑。”他对孩子说。

我对妈妈这种微妙的实力展示感到惊奇，她一言不发就给我上了一课。有时你要把一些事情揽到自己身上，尽管这些事情并不令人愉快。我母亲使事情有了转机，她的在场就是表明：“是的，我是黑人老师，所以这就是我的事情。”她给我的肢体语言就是许多年以前我姐姐艾斯黛拉在照相馆里给我的那种。然后我们继续朝前走，我又在行进中了。

第二章　人生的开端

在我九月份的生日之前我开始了在哈佛的学生生活。我十八岁，为许多新同学的富有感到吃惊，他们开萨博车，到瑞士去度假。妈妈和爸爸给我寄来了一只精工表。我住在施特劳斯，那是坐落在常春藤院里的一座宿舍，像其他建筑一样，它有砖砌的外墙，有带小方格的高高窗户和白色横梁。有三位哈佛校友继承了一家百货公司的遗产，他们出资建造了这幢宿舍楼。他们的父母在泰坦尼克号的事故中丧身，所以他们以父母的名字命名了这幢建筑，在宿舍楼的套房里有壁炉。我以前从来没有离开过家，从来没有在一个大城市里生活过。我如此不见世面，以至在学校的第一个晚上我不敢穿过马路走到哈佛广场上去。但是最终我还是走了过去，我是奥布莱恩家第五个走在这个广场上的人。我决定像姐姐艾斯黛拉一样学医。这是我本该来的地方，但是我却完全没有感到自己在这里有归属感。

我找了一份工，我家里属于中产阶级，所以我必须打工来支付我所有的开支。我的工作是卖衣服，这家服装店是哈佛广场上只卖女装的罗杰斯商店，店里出售的就是教授夫人们喜欢穿的那些货色，有开司米套衫和天鹅绒外套等。我热爱这个地方，也珍惜有工作的感觉。我喜欢匆忙赶到店里检查一遍工作单后开始工作。我喜欢工作着的感觉，也喜欢努力工作。我还做过一份送餐的工作，这样我就有机会看见别人家里是什么样子。我也编辑过科学研究的资料，尽管我对里面的内容一无所知，但是我也无须知道，只要懂语法就可以了，我喜欢书写的工作。我帮人家带过小孩，我是医科大学的预科生，所以在夏季得到了助理护士的证书。我每小时的工资超过6美元，这是很高的工资，因为其他人的工资只有每小时3美元。我还在一家药店里工作过，我感到自己正走在一条通向医生职业的道路上。

我逐渐创造出一片属于自己的天地。我开始有了社交，这是我以前从来没有的。我试着去看曲棍球比赛，参加宿舍里的跑步俱乐部，打橄榄球直到摔坏了膝盖骨，从此也结束了我在竞技体育方面的生涯。我到马路对面的一所学校里去做志愿者帮助孩子。我对大学生活渐渐地适应了。来到多人种的地方生活真酷，一个全新的世界在我面前打开了。哈佛是一个大地方，但是我让它变得温婉宜人。这里有来自四面八方的青年，我的室友包括一位来自密歇根的亚洲女孩，一位来自德州拉瑞多的墨西哥裔有钱女孩、一位来自纽约斯卡斯代尔的律师女儿，还有一位来自伯克利的女孩。我去参加黑人学生联谊会的聚会，加入了黑人女学生会。大学是一个海纳百川的地方，我只是一半黑人，但是仍被视为黑人大家庭里的成员。我与别人不一样不要紧，差异性突然变成了一种优势。很明显我在高中的时候没有人认为我可爱，但是到了大学里，我突然变得富有异域风情和漂亮迷人。我开始和男孩约会——白人、亚洲人、波多黎各人和黑人，我开始放慢了生活的脚步。

我学会了选择好朋友，我对好人有好感，对那些自命不凡的家伙不屑一顾。在哈佛有太多的人，他们在将来会把这个学校的名字印在他们的名片上。人们喜欢好高骛远，有些人认为读了哈佛就能使他们高人一等，当然是他们自己以为的高人一等。我不觉得自己比任何人高一等，我接受的不是这样的家教。我是来自长岛郊区的中产阶级孩子，我的父母是移民，要支付所有的大学学费对我们来说并非易事。有人说我们能到哈佛读书就是与众不同，我不认可这样的说法，我不是这样的，我知道我不是。我来到这儿是因为我学业优秀，哈佛喜欢学业优秀的人；我是女性，哈佛需要女性；我是有色人种，哈佛需要更多的有色人种。有三位奥布莱恩已经从哈佛毕业，还有一位仍在读，而另外一位正要开始她在哈佛的旅程。我并非因为与众不同才来到这里，我一点也不特别。我只是来到了这里。

当我进入哈佛时，艾斯黛拉仍在哈佛读书，她也是一名医大预科生。我去听过很多堂的科学课，把许多时间用在学习上。我做过“剥糖果纸的人”，这是一种老式的尝试药物的方法。后来我和艾斯黛拉一起上有机化学课，我还算能勉强学得下来，但她却是真的学会了。她知道怎样去推理公式，我却只能把这些乱七八糟的东西统统塞进脑子里。我要把这些东西全都背下来，这可不是一件好玩的事情，艰苦乏味的学习常常把我搞得意气消沉。我开始意识到我不能去申报医学院，我决定放弃这样一种生活，我对临床医学缺乏激情。

突然我感到很失落，到读完四年大学的时候，我不可能去继承一项事业或一份秘密财富。我身负着家庭的厚望，我父母的家里已经肯定会出现两名律师，一名医生和一名商人。我没有目标意识，所以我现在应该确立我的目标，父母已经为我没有确定自己的人生方向而感到担心。这时我已经搬到了卡伯特楼，这幢房屋上有一块盾形徽记，上面有三条逆流而上的鱼儿，它使我又想起了泰坦尼克号。我在医大预科再花力气也不会有希望，我必须为自己另外找一个专业。

我参加卡伯特楼学生会主席的竞选，当选后我就可以负责一些社会活动。我跑到各个宿舍去拉票，对每一个人都表现得很友好。有一间宿舍里有几个长相英俊的男孩，他们每个人都承诺投我的票，其中包括一位名字叫做布拉德·雷蒙德的曲棍球队员。他长着沙棕色的头发，我见到他的那一天他待我很热情。我们当时各自都和别人约会，我们两人的关系中并没有挑逗暧昧的成分。他喜欢说“行”，他见到我甚至不会从沙发上站起来，但是我很喜欢他，他就是有这样的魅力。我们两人经常各自在忙着自己的事情，他做事很讲究策略，他是一个脚踏实地的人。很快他就成了我的朋友，直到后来我们在盼望第一个孩子降生的时候，他才向我承认他当时并没有投我的票。

我在大学低年级的时候在WBZ电视台得到了一个实习机会，这是在波士顿的一家电视台。这个实习机会对我在哈佛的学习并没有帮助，但是我立刻喜欢上了这个地方。强势彪悍的新闻编辑室主任不会把我们这些自命不凡的常春藤大学生太当回事情，他们只是需要一些端咖啡送复印的人。我懂一些西班牙语，所以我加入到他们每周的西班牙语节目《中心》当中。这是我第一次走进新闻编辑室，这对我来说是一个不可思议的地方。编辑室里的电场超强，每个人都忙忙碌碌，他们一起来完成新闻播报这个复杂的过程。这样的场面有点像电影《星际旅行》里那些难忘的场景，克林贡人进入到画面中来，这些带电的外星人从太空中渐渐走近，他们正赶往某个地方去完成一桩使命。与我年纪相仿的年轻人在大厅里快步走动，他们把四分之三英寸的录像带塞进录像机里去倒带。这是一种从磁带到磁带的编辑，把录像带塞进机器，转到大橡皮轮子，按下按钮红灯闪烁，然后就可以开始编辑了。

当我走进新闻编辑室的那一刻起，我就知道自己再也不会回到在哈佛当学生的那种生活中去了。这对我来说很重要，人生的转折正在发生。把新闻播报出去，把人们想要知道的新闻告诉他们，这样一种感觉无与伦比。到了节目开播的那一刻，主播在一个小小的演播室里开始对整个波士顿说话，这样的情景简直令人心醉神迷。

我利用我医大预科生的背景去参加了医学部的面试，医学记者是珍妮·布莱克，她需要一个制片助理。她在WBZ是强势人物，这意味着如果我和她一起工作就有机会进入新闻编辑室。珍妮四处奔走，她带着一种运动员特有的目标意识，好像每一天都会有紧急情况发生。她羽毛状的头发用吹风机吹干，一道浓眉精心修剪过，脸部的每一块骨骼都轮廓分明。她在业务上是多面手。我走进她的办公室时穿着精心挑选的红色套装，手臂上挎着一个漂亮的意大利手提包，我浑身上下透着自信，虽然我自己并没有感觉到这一点。直到今天她仍然记得我当时的模样，她问我当前最重要的医学新闻是什么，我说："我想是艾滋病。"她的眼神立刻放光了。

我面对着一连串需要做出的决定，最重要的是我需要在生活中找到一个新方向，我真的很想得到这份工作。我告诉她我要做出决定，珍妮记得我说过诸如此类的话，"我必须在今天晚上决定，我是不是还去上医学院。"我记得我自己是说，我会在一个星期里做出决定。但是我确切无疑地表达出这样一种意思，即这份制片助理的工作对我来说至关重要。她走过大厅来到了助理新闻主任的办公室，宣布他们不能让我走，他们雇佣了我。

我告诉哈佛我不回来上课了，我只差几门课就能毕业了，但是我有了新的生活目标，我想成为珍妮·布莱克这样的人。在电视台有些人见到她有点畏惧，因为这个女人总是铆足了劲。我很敬佩她，当她看着镜头的时候立马就像有重大新闻要播报。她非常聪明，有直觉，老练，有一种街头智慧，她是一个追求完美的人。她不是在走路，而是像被一阵飓风裹挟着前进，她在生活中展翅高飞，像超人一样攻克障碍。她为自己制订工作日程，如果一桩新闻没有人愿意去采访，她就会主动接受下来，她甚至不用去请求上司的批准。她一接手某项工作就飞奔出门去完成使命，我对她所具有的明确的目标感深感敬畏。

珍妮是报道艾滋病的第一批记者之一，她看见一个引人入胜的人间故事正在铺陈开来，她见到的是人类被神秘的病毒所侵害，好像一部恶魔瓦解人类生命的医学推理小说。当时还没有人做这方面的报道，她从上司那里得到了全权委托，在艾滋病魔的肆虐当中开始了她的报道旅程。她追踪报道了整个被毁灭的社区，她预见到了人们感染艾滋病后的痛苦，她揭露了最近有人兜售蛇油作为治疗艾滋病良药的骗局，她所做的一切深深地吸引了我。在她后来所做的有关HIV和艾滋病的五百个报道中，我参与了其中的一半。我就是那个坐在办公桌边上打电话、递磁带，为珍妮安排好各种杂务的女孩，这样珍妮就可以到外面去拍摄新闻而没有后顾之忧。我学得很多很快，她总是在行动中，而我总是紧随其后。

有时候我告诉我的实习生，不要小看去为别人取一件干洗衣物，或者端一杯牛奶咖啡这类杂事，正是这些琐碎小事让你有机会走进门去与人打交道。我有时把写好的便条拿到珍妮的办公桌上去，她会对我说这份报告要快点出来，那件事需要关心一下，或者不要忘了安排某个约见等等。我对便条如此依赖，有一天我在一张便条上写道“卡罗琳死了”，我不知道珍妮正在关注这个人。珍妮在报道卡罗琳的故事，她患有艾滋病。她看着我，对我的无动于衷感到惊讶，也为我把效率看得高于人性而感到震惊。卡罗琳不只是一则报道，她是一个人，我永远也不会忘记这件事。到后来珍妮开始信任我的工作，她相信我做出的判断，我成了珍妮的影子，她到任何地方都带着我。

在大多数下午我们开二十分钟的车到当地医院去，她在医院里吃午饭。我们走进餐厅去排队，她每次都要金枪鱼三明治，然后我们坐下来吃饭并对所有的医生说“哈罗”。我坐在那里翻动着难吃的食物，等着她找到爆料人。有些人在打吊针，他们穿着的医院罩衣在身后裂开，有时露出后背来，我想这是你要接近医生所必须付出的代价。食物软塌塌的很难吃，到处是药物的气味。我经常感到肚子饿，因为我受不了在那里吃东西，我又不敢惹珍妮生气。有一天上了车后我发作了，我告诉她我们不要再在医院里吃午饭了，我受不了，我决不会再到那里吃东西了，我如此忧心忡忡是因为我确实想把这份工作做下去。她听了大笑起来，她告诉我她并非是在那里找线人，而是喜欢吃那里的金枪鱼三明治。她就是这么一个古怪的人。

我从珍妮那里学到的最重要的东西是决不要把个体看成整体，这其实并不是一个很难接受的观念。我还是个孩子的时候就深受其害，人们只看我的肤色，还相信围绕着肤色产生的各种奇谈怪论。她从来不对我发表长篇大论的说教，来教我新闻报道不应该用粗线条来描绘人，她只是自己不会这么去做。

当我在WBZ工作时，有一件事情很能说明她教会我的原则，即不要想当然地去看待别人。查尔斯·“恰克”斯图尔特是一家高端皮货商店的经理，他怀孕的妻子卡罗尔是一位律师，他们一起去听了分娩课后开车回家。几个小时后妻子死了，丈夫带着枪伤躺在医院里，通过破腹产生下的一个早产两个月的儿子也死了。

斯图尔特告诉警察，有一个黑人在他们遇到红灯停车时劫持了他们的汽车，并要他把车开到米勋山去，然后这个“黑人”朝着斯图尔特的腹部和卡罗尔的头部开枪。斯图尔特强忍伤痛把车开了出来，身受重伤的他挣扎着把人带到他即将死去的妻子身边。现场已经被警戒线围了起来，哥伦比亚广播公司的一个报道组正在做现场报道，他们拍摄的画面引起了巨大的反响。新闻编辑室里沸腾起来，大家全力以赴，这是一桩重大新闻。

这个事件具有所有引人注目的元素——种族、阶级，以及神秘的谋杀。我当时正在新闻编辑室工作，所以我全身心地投入进去，这是许多年以来轰动波士顿的最大一件新闻。警察纷纷出动，在罗克斯伯里一带设卡盘问路人，搜寻那个“黑人”嫌犯。警察宣布他们已经找到了他们想找的人，我们的新闻编辑室实时报道着事件的最新进展。也有提出质疑的人，我只认识在新闻编辑室里的四位黑人，我们电视台里黑人并不多，他们认为斯图尔特的故事靠不住。人们设想这个“黑人”一定以为斯图尔特是警察，因为他有手机。但是如果他是警察，怎么会在波士顿让怀孕的妻子坐在汽车的前排开车？这些质疑的声音在报道中似乎并没有引起很大的反响。新闻报道像是赛马一样，但这是真实的生活。争抢新闻是一件容易让人上瘾的事情，因为大家都想知道真相。

然后事件的真相开始披露出来。斯图尔特的兄弟马修坦白，是他帮助斯图尔特演了这出戏，因为斯图尔特不想成为父亲，也害怕妻子丢了薪水。因为他的谎言，一个黑人险些丢了性命，黑人社区被激怒了。斯图尔特在谎言被揭穿后的次日跳桥自杀。

珍妮带着我去报道另外一桩新闻。我们开车来到了一个无家可归者的棚屋外，这个地方在波士顿市立医院对面，就在太平间的上方。故事很简单，有许多HIV带菌者失去了他们的家，他们是免疫系统出了问题的病人，但他们和患有肺结核和其他传染病的人一起住在棚屋里。我们要采访的人就睡在一张超薄的床垫上，盖的是一床深绿色的军毯。

我们约见了吉姆，珍妮是通过艾滋病行动委员会找到他的。他看上去不像有病的样子，尽管脸色有点苍白。他灰白色的头发乱蓬蓬的，留着教授般的大胡子。他是个白人，头上戴着一顶帽子，还戴着一副镜片很厚的眼镜。他身上穿着一件皱巴巴的T恤，外加一件外套。他提着廉价的公文包看上去就像是一个赶着去上课的哈佛教授。这个棚屋只能在晚上睡觉，到了早上就有人把他们赶出去。

吉姆现在站在街上，我们对他说“嗨”，他的脸上呈现出笑容。

珍妮相信只要有一个人就能做出一篇大文章，她不需要有许多戏剧性的情节或者惊世骇俗的文字，只要一篇真实的有个性的报道就能打动读者的心。吉姆无家可归，他生着病，他以前还是一个使用静脉注射的吸毒者。珍妮似乎在顷刻之间就喜欢上了他，我也有同样的感觉。他是个很有亲和力的人，他看上去就像是一个态度温和的普通人，既非弱不禁风也非无家可归。他很担心自己的健康，他的肺部很脆弱，他不想和有病的人待在一起。他是一个可怜人，珍妮说，他看上去就像是你的一个熟人，她想对他的故事做更多的报道。

吉姆白天的时候在街上闲逛，他常要去找有洗手间的地方。他有时会有激烈的药物反应，“我服用药物后会出汗，还有其他反应和腹泻，我总是尽量使自己避免尴尬，很难找到一个能让我休息一下的地方。”他说。

我们与吉姆一起在街上行走。他每两个月可以收到一张46美元的福利支票，他会到塔可钟快餐店去买一份玉米煎饼，两份炸玉米卷，再加一瓶百事可乐。余下的钱他要用于买洗发水、牙膏，还有乘巴士回到棚屋去的车票。吉姆原先在一家百货公司当结账员，但是因为病假太多被辞退了。吉姆的故事在珍妮头脑里萦怀不去，她有时会想他的事情直到深夜，我也是同样。他没有地方可以用洗手间，但他患有腹泻。“那你怎么办呢？”珍妮问道，“你病得这样厉害，但是连一个洗手间都找不到？”在棚屋里挤满了像吉姆这样的人。珍妮为能让吉姆的故事有一个圆满的结局而走火入魔，她的同情心如此强烈使她心力交瘁，这种同情心在她的文字中流露了出来。读者们喜欢和信任珍妮，她关心吉姆，于是她的读者们也关注起吉姆来，我只是站在一边观察。

关于吉姆的报道在电视上播出了，我看了，还有许多人也看了，公众的反响强烈。人们在究竟哪些人会得艾滋病这个问题上展开了热烈的讨论，争论中的人几乎丧失了理智——到底有哪些人得了艾滋病？哪些人又会被感染上？珍妮不过是报道了一个在街上流浪的人，他想找到一个可以让他使用卫生间的地方，她的报道使人们不能再对吉姆这样的人视而不见。我看着这则报道上了电视的屏幕，我想到了吉姆，他在阴沉寒冷的波士顿街头行走，想找到一个可以使用卫生间的地方。珍妮对吉姆的报道是对的，他可能是我们当中的任何人，这就是为什么人们会如此关注这则报道的原因。

珍妮正在写一本书《危险时刻：怎样防艾滋保健康》，我为她做一些材料方面的准备工作。艾滋病危机是随机事件叠加的结果，是生物世界对脆弱的人类发起的攻击。有一个在天主教家庭长大的人，他得了艾滋病却继续保持性生活。有一个男同性恋者在家人发现他得病后把他赶了出来，我们在采访他时他流下了眼泪。不断有人在得病，必须要有避免这种悲剧发生的方法，父母要有保护自己孩子的措施，珍妮把这种需要写进了她的书里。她的书中写到了六名剑桥的高中生，其中有一位名叫本·阿弗莱克的孩子只有十五岁。“我希望能有机会变成别人，我很想看到故事的结局，我不想死。”他说道。他当时只是芸芸众生当中的一个，这意味着这样的事情也可能发生在你我的身上。“会因为蚊子叮咬得艾滋病吗？打喷嚏、接吻会得病吗？”珍妮的书里写到了这样一些问题。

书中还写到了一位名叫艾丽森·格茨的人，她是在纽约花园大道长大的，是格茨百货商店创始人格茨的孙女。她从她第一位男友身上感染了HIV，然后她勇敢地选择了面对公众。父母们惊恐万状，这样的事情也有可能发生在他们的孩子身上。艾丽森用发生在自己身上的故事告诫其他孩子，她还给予他们实用的建议。我很感谢所有的医生和研究者们。

由于这本书，珍妮有机会出现在奥普拉脱口秀中，艾丽森·格茨也参加了。我们一起乘坐豪华轿车前去，我特意把自己打扮得漂漂亮亮的。艾丽森是个伶牙俐嘴的纽约上东区女孩，她有点骄傲自大目中无人。她讲了自己的故事，珍妮告诉观众她写的是一本非结论性的有关防治艾滋病的书，观众听得很入迷。WBZ的新闻主任允许我去，但是叫我不要让别人知道，他要我放低调一些，因为我只是一个低层次的制片助理，而且他给了我一天的带薪假期让我去坐在脱口秀的听众席上。我坐在那里被摄入了镜头，所以我上了电视，大家都知道我去了。我对珍妮敬畏有加，我明白了我应该怎样来走自己的人生道路。

第三章　寻得一席之地

我本该是1988级的大学毕业生，毕业后再到医科大学学习几年，然后去找一份体面的工作，但是我却在波士顿WBZ电视台找到了一份每小时工资6美元的工作。我生活在一个充满可能性的世界上，我追随着一个接一个的人生机遇奔跑，我牢牢把握住美国精神的精髓：努力工作和敢冒风险自会有意想不到的回报。我又开始快速转动起来，我把新闻编辑室看作是一艘神秘的星际航船。我在格子间曲折的走道上奔忙，头顶上灰尘迷蒙的灯光照在记者们的身上，他们随时会站起身来出发去做报道。我梦想能让他们为我发声，能成为他们当中的一员。我感到我的生活像是影片中的旁白——简洁明了的叙述性旁白。我的生活中充满了进取的精神。新闻编辑室里充斥着各种信息，这里的决策极其迅速，场面看似混乱无序，还充满着紧张的气氛，我热爱在这里的每一分钟。

我申请参加一个名为“少数族裔作者培训”的课程，珍妮听到这个消息后大声叫了起来，这意味着我们不能再在一起工作了，但是她还是帮助我得到了参加培训的许可。她具有那种久经考验的能力，这种能力是女性要在电视事业中取得成功所必须具备的，她也在我身上看到了这种动能。一开始电视事业并没有准备接纳她，那么这个行业现在是不是准备接纳我了呢？她教我要学会坚强，在周围人们的眼光中也许我们是一些“强硬”的人，但其实这是一种坚强的品性。这个培训课程会教我如何为电视片写作，电视台有增加“少数族裔”人员的政策，这是我的一次机会。

通向媒体世界——和其他世界——的门开得更大一些了，女性在挤进来，黑人和拉丁裔人也在挤进来。像其他行业一样，新闻行业在雇佣人员的时候需要人员的多元化，也更注重他们的才能和眼界，他们不再像以前那样看重人际关系和传统了。这不仅与机会平等有关，还因为新闻业本身需要多元化的人员来报道这个多元化的世界。但是这种情况并非是在一夜间发生的，而是来之不易。我的这种感觉与一对混合人种的夫妇——比如我父母——手挽着手在美国的街道上行走时可能感受到的一样，每一个人都在看着他们，他们会把手挽得更紧，同时也渴望着人们让他们自由地行走。

我从新闻业阶梯的底层出发，但是我的目光却投向了顶端。我撰写电视短文，那种能大声读出来的文字。我的文字直奔主题用事实说话。我的正式职衔是“少数族裔作者培训人员”，所以我对自己的角色很清楚，你一旦被挂上了“少数族裔”的标记，就会走上一种奇怪的历程。有时我感到自己的头脑里总是有个问号：你为什么到这里来？是因为种族的关系吗？还是因为你有什么技能？我把每一天都看作是去参加入职面试，我会在斟酌再三后才把自己的想法说出来。上司对我的要求不高，但我自己把标准提高了。假如遇到问题我会提出来，这是一种巧妙的自我推销手段，我要让人知道我是一个胜任工作的人，但是当我犯了错误时我会很苦恼。我很想知道要踏上一个台阶该做些什么，我为自己开列出了长长的目标清单，我不断设立和调整着对自己的期望。

当约翰·肯尼迪总统在1961年颁发10925号行政命令时，我还没有出生。他呼吁政府合同商采取“确切行动”，以保证公司在雇佣员工时不带种族偏见，并且在所有的员工入职后都能得到公平的待遇。1964年颁发的《民权法案》废除了公共机构如学校里的种族歧视，并推行了黑人的选举权。一年之后，11246号行政命令强化了各项行政举措。我出生于1966年，是黑人，拉丁裔人，移民的孩子，还是一个女孩，这些行政命令就是为了像我这样的人所颁发的。林登·约翰逊总统说过，世纪“疤痕”是不会轻而易举地就被擦掉的。他承诺创造出一个新世界，在那里“平等不仅作为一项权利和理论，也要成为事实和结果”。

在电视台工作的有些日子里，我会觉得美国是一条已经倾覆了的平底船，而我是救援队的一员，正跳进水里想把船身翻过来。我胸前戴着标志牌，以这样一种踌躇满志的姿态在新闻编辑室里到处走动。我知道自己是个开拓者，我懂得不可能只做好眼下的工作就会有升职的可能，我需要证明自己有能力获得这样的机会，我为自己能得到这样的机会心存感激。美国是一个机会之国，但是机会也并非是无限的。

美国新闻编辑协会每年统计少数族裔在新闻行业中的从业人数，目的是取得某种平衡。1978年少数族裔在新闻从业人员中占3.8%，而在总人口中占20%。到了2010年少数族裔在新闻从业人员中占了13.2%，但是在这22年的时间中，美国的少数族裔在总人口中上升到了34%。在广播业中这个百分比要高一点，但是增加值却比较小。广播电视新闻主任协会公布的数据表明，在1990年少数族裔员工占全部从业人员的17.8%，到了2008年这个百分比是23.6%。这个国家进步得很慢，就像波士顿的情况一样。当我在1988年开始我的职业生涯时，我知道我面对着一个充满机遇的世界，我也知道我只有极其优秀才能获得成功。

我年轻的职业生涯开始得跌宕起伏，有些时候我的表现会让每个人留下深刻印象，然后我会突然感到自己微不足道。我是一个所谓的少数族裔培训员，但是有一天我竟然把马丁·路德·金的生日和忌日搞错了。到后来我的新闻主任从他的办公室里给我打来电话，要我不要太苛求自己了。一年转眼就过去了，我被提升为“作者/副制片”。我被安排做一档上午的节目，这是我早期职业生涯中几桩需要把我的睡眠时间完全颠倒过来的差事，我被搞得疲劳不堪。这档节目的播出时间是从早上五点至七点，我的工作时间是从凌晨两点到下午两点，我长期处在疲劳状态。我靠吃炸面圈和咖啡来让自己保持清醒，每天早上我的眼睛都像被粘住一样张不开来，我从来没有能从容地洗完一个澡。有时我朝远处眺望，目光时而清晰时而朦胧。但一旦有新闻发生，每个人的注意力都会立即集中起来。

但是在某种时间段里难得有新闻发生——有时会有小火灾或者交通事故。我累得不行，就把头伏在键盘上打瞌睡。唯一发生的事件是缓缓升起的太阳，我看着主播们带着永远不变的微笑在脱稿的情况下无中生有地向观众提出问题来。苏联垮台了、突然爆发了新闻潮，主播们用问一些最普通的问题来打发时间。我一边观看做记录，一边在心里想“这个我也能做”。在这段时间里我几乎没有社交，也很少有上镜的机会，日子就这样糊里糊涂地过去了。布拉德有时会请我去参加派对，通过他我走进了另外一个世界。大多数参加聚会的年轻人是哈佛毕业生、投资银行家和法学院的学生，他们和我年龄相仿，但是他们看上去比我更年轻。他们眼睛闪亮，欢笑，喜欢畅饮还忙于约会。我不做这些事情，我想的是能找到一份白天的工作，我心里有了一个计划。

珍妮劝我不要烦恼，她对我说，新闻业不能算是一份工作，也不是一种名声。你的工作时间会很长，不可能每天都有高潮，更平常的是艰苦的劳动。你经常会受到情感上的折磨，还常常会一事无成。你的生活总是被别人的快乐和痛苦所干扰，你做的许多事情看起来只是一种简单的重复。学校开学了你要去做报道，孩子不肯好好学习你又要去做报道，还有丈夫杀了妻子，妈妈杀了孩子，房屋失火了，飞机失事了等等。国会不可能批准任何事情，当下的政治、刑事、社会活剧要有人来演绎，你就是这个演绎人。虽然你不想这么做，但是实际上你还是做了。

我试图用不同的方式来报道新闻。报道新闻并不难，大多数人做事都有一种模板，有时你听到有人开了一句玩笑，你就已经知道了这桩报道的大致情况了。“我们到达时，悲剧降临到某城的一户人家，在清晨的大火中这家人损失惨重。”这样一段话配上大火从窗户冒出的镜头，接着有消防队员和邻居的简短评论，再接下来就是房屋烧成焦炭的镜头，以及火灾发生原因的分析，加上家庭成员对损失情况的评估，然后把画面交回给演播室里的主播。

随着我报道的新闻越来越多，我越来越意识到我们不一定要用这种方式来报道新闻。我们会习惯去听相同的声音和相同的新闻，我们忘了每一件新闻都是不一样的，每一桩悲剧和每一个胜利都有着自己的个性。在我们国家里有太多的人，他们的想法和观点从来不为人知，他们有话要说，诀窍在于善于倾听他们。我渴望着有自己报道新闻的机会。

珍妮介绍我认识了全国广播公司NBC的科学记者鲍勃·巴兹尔，有时我为他拍摄电视片供NBC夜新闻使用。我在外面到处收集素材，珍妮帮我租了一间公寓，租金是600美元。这是在马尔波罗街上的一间地下工作间，马尔波罗街是波士顿最浓密、最漂亮的街道。我觉得自己爬上了成功的顶峰，尽管我几乎付不起房租。鲍勃像珍妮一样也在报道艾滋病，但是对于这种快速进化的病毒，他更关注的是科学方面的内容。在国际上对于到底是谁发现了艾滋病有争论，这样的争端很有戏剧性。关于艾滋病到底是怎样传播的争论也很激烈，有一段时间人们觉得这种异变病毒会像普通感冒一样在人群中传播。对于医学报道来说，这是一个千载难逢和极具挑战性的好机会。珍妮不断促使我把关注的重点放在人身上，因为这样的报道不仅有关一种在快速变异中蚕食人类健康的疾病，也有关被损毁的生活，有关向弱势者提供的公共服务，有关我和珍妮遇到过的像吉姆那样的人。虽然珍妮是我的导师，她也成了我最好的朋友。

我做的工作有足够的成效和说服力，以至鲍勃雇我做了研究员和现场制片人，我搬到了媒体业的中心——纽约。布拉德也住在纽约，所以我有时可以去看他，悠闲地度过我们两人在一起的时光，尽管我经常出差工作繁忙，布拉德也要在每周工作上百个小时，我们两人成了亲密的朋友。他像是我的指路标，我把我在工作和生活中遭遇到的挫折和沮丧向他倾诉。我已经有了自己的处世方略，但是约会却不在这个范围内。我一个人住在苏荷区汤普森的一间简陋的单卧公寓里，位置在王子街和斯必林街之间。我把房间粉刷成黄色的，房屋的租金是每月1050美元。房间里到处是蟑螂，电灯一开它们就到处乱爬，我只能在房间每一个角落撒上消毒剂。房间的形状很古怪，所以我只能把床放在所有东西的中间，但是我在这个城市里有归属感。

人们来自四面八方，每个人看上去都有自己的奔头。在周围的艺术家和嬉皮士当中，我似乎是一个很一本正经的人。我穿着漂亮的套装和平底鞋到办公室里去，在我上午去上班的时候街上常常空无一人，早上八点半对住在我这个街区的人们来说实在是太早了。我在洛克菲勒中心工作，这座大楼矗立在洛克菲勒广场上，像是一座国家纪念碑。在溜冰场和金色的普罗米修斯雕像旁边有许多国家的旗帜在飘扬。整个曼哈顿像是一条巨大的终点线，一顶马戏团的大帐篷，所以有许多来自长岛的人们会到这里来找出路。对于我来说，曼哈顿是一个在高处的城市，是造梦的地方。

到全国广播公司上班的第一天，我和NBC著名主播简·波利同乘一部电梯，我激动得喘不过气来。我在走廊里奔走忙碌，制作那些在电视网播出后每个人都会看到的新闻报道，我有机会见到一些大主播和大新闻。我知道自己想到电视上去播报新闻，我知道我能做好。我想成为一个像珍妮那样的人。我遇到了一些能帮助我达到目标的人。作为鲍勃的现场制片人，他把我派到全国各地去，我总是带回来同样的东西：一则以人为中心的新闻报道。

我飞往菲尼克斯去报道一个带B型链球菌的男人，他的家人说，他们曾经看着他慢慢死去，因为细菌在吞噬他的生命。他有两个年幼的孩子。但是他活了下来，现在能靠着义肢行走，因为他的两条腿已经被细菌吞食了。他的一只手也是用的义肢，虽然他不能再和他的孩子们一起玩球，但是他活了下来。鲍勃的关注重点在于科学，他问的是医学上的“为什么”，而我关心的是人性。我从鲍勃那里学到了许多——有点像是在上大学，但有时我希望自己能做得与众不同。

电视是团队的工作，一则新闻的播出会有不少于半打的人在一起工作——摄像师、调音师、编辑、制片人等等，但是电视记者在这个队伍中首当其冲。假如我能得到这份工作，我就能以自己想要的方式来演绎故事。有一天我在电梯里遇见了艾琳娜·纳赫马诺夫，她正负责一个名为“发展才智”的人事计划，这就意味着对那些想上电视的人来说，她是一位守门神。她神情严肃，穿着很有品位，像是纽约常见的公司行政人员，显得很有权势的样子。在电梯行驶的两分钟时间里，她问我下一步有什么打算，我毫不犹豫地告诉她，我想成为一个电视记者，我对这个想法既喜欢又有一点害怕。她说她认为这个想法是可以实现的，然后她以高层行政人员特有的优雅姿态走出了电梯。我们就说了这么些话，我很有感触。

1992年，布拉德搬到了加利福尼亚，他离开后我开始思念他，因为他总是出现在我的生活中。有几次我们外出旅行，但实际上我们还只是朋友。我突然感觉到了他留下的空缺，这有点奇怪，因为我们还只是朋友。我可以给他打电话，他鼓励我做好自己的事情。我感到很孤独，虽然我的家人就在一小时的车程之外。我有五个兄弟姐妹，有许多同事，但是我感到茫然如失。我飞往旧金山去为鲍勃做新闻，布拉德到机场来接我。我们一起来到了费尔蒙特酒店的提基酒廊，在这个酒吧当中有一个水池，乐队的舞台就漂浮在水池上，样子俗不可耐。我突然感到这就是我的约会了，我们无须再等到其他时候。我感觉就像和家人在一起那样舒适自在，我要对他说的话说不完，他是那么喜欢听。

我们到北边去用晚餐。我们在外面待到很晚，我们两人有那么多话要互相倾诉。我知道自己疯狂地爱上了他，并且会一直爱下去。我没有任由这段恋情发展是因为我有太多的事情要做，我对我该如何走自己的人生道路还有太多的困惑。然后我把注意力转向了电视，他也正计划在他的金融职业生涯中再迈上一大步。我与别人有过约会，他也是一样。当我在约会中遇到一些男人甜言蜜语慷慨大方时，我会很讨厌他们。布拉德是个讲究效率的人，他相信做事要有策略，他总是有自己的计划。他也是一个很冷静的人，他会仔细思考我说的话，然后给我一个考虑周全的答案。他是人格健全的活榜样，他追求完美，诚信待人，富有同情心，并且工作刻苦努力。他的眼神有点淘气，使他看上去像是在微笑，尽管有时他并不在微笑。他外貌俊美皮肤白皙，是完完全全的美国人长相。他没有一点自负，对财富和美貌也不甚关注。他对我的外貌或职业并不很在乎，我虽然算得上漂亮但是不像那些我在派对上遇到过的女孩。他很高兴有我这样的朋友，他为我们自己建立起了标准。布拉德是一个极简主义者，他不喜欢浮夸的东西，对他来说没有什么是了不得的事情。他很乐意住在一个让他感觉舒适的地方，无论地址在哪里都不要紧。他开着一辆老旧的本田车，喜欢住在比较边缘的地区。他从不向人吹嘘他上过哈佛，或者他曾经当过运动明星。许多年后我会在出席正装晚宴时穿着不到位，因为他不会想起来提醒我应当穿上礼服。

人们恋爱会有许多理由。我出生在一个实实在在的家庭，我的家人组成一个牢固的团队。我从我父母那里学会了应该怎样看人。如果你要找的是终身伴侣，那么就应该有真实的基础。人们常常会寻找与自己相似的人——相同的种族，相同的阶层，相同的学校，还有相同的抱负，所有这些对我父母来说都无关紧要。我爸爸是个好人，他讲究实际，富有爱心，不会做戏，他是我的好朋友，好父亲。他是一个白人，一个澳大利亚人只是一种有关他的属性。我妈妈有上进心，有目标，忠实并且追求细节完美，我爸爸爱上她就是因为这些。他爱她热爱家庭，热爱上帝，她有着那种移民特有的精神。她是黑人，来自古巴，家里很穷这些事实对我爸爸来说都是小事一桩。在一个移民国家里生活是一种富有魅力的挑战，你应该透过人们的表面去认识他们，你看见的每一张脸都有一个来自遥远地方的故事，都做出过毅然决然的人生决定。一个男人脸上的爱尔兰式红晕、雀斑和他的红色头发可以讲述一个故事，这个故事与他的祖父突发奇想决定到美国去谋生有关。你可以对这个人生出无数的联想，但是外表并不能告诉你这位祖父的孙子的内在是一个怎样的人，他是在另外一种历史背景下的环境和梦想中成长起来的，你需要看清楚的是这个人的内心。

不难看出我为什么选择布拉德做我的丈夫，在生活中他像我一样总是在不断地向前走，他下定决心要做一件事情然后就会去做。在我们恋爱的后期他建议我搬到加州去，我没有工作，没有车，没有钱，但这些都没有关系，美国生活会为你提供无限多的机会去做得更好，你得到的总能比你现在所拥有的更加光彩夺目。有时你要为自己的选择付出代价，我要布拉德，他会像赛场上的粉丝一样为我高喊加油，他把我看成是一个具有无限能力和潜能的人。虽然我在纽约有自己的制片人职业，但是我想和他在一起。

在全国广播公司，我把每一天都看作是我上班的第一天，我确保让每个人都知道我的下一步打算。我想成为一个记者，我参与记者的实践，也确保每个人都看得见我的实践，人们开始称赞我。我经常与珍妮保持电话联络，我把我做成的磁带送给她看，她要我做报道时压低音调，咬字不要太重。我会请求鲍勃给我建议，他的话不多，但是当我着手准备与布拉德结婚时他突然爆发了，他也是一个让我难以舍弃的好人。我开始把布拉德排入我的计划中。总会有一些人在我周围，这是我达到目标的一种策略。假如你告诉人们你想要什么，他们会帮助你实现你的目标。我住旅馆时经常带着艾琳娜·纳赫马诺夫的书，我是她的一个忠实的读者，她也把我的简历研究得很透。我写作，我看着镜子中的自己用声音工作，我还经常观察着其他主播们。

珍妮对自己想要成为一个怎样的记者有她自己的想法，她顽强，不屈不挠，永不言败，她是一个随时愿意帮助别人的女人。珍妮告诉我她曾梦想能为一个电视网络工作，但是她最后决定不去追求这个梦想。“这样我会经常在旅馆里睡觉，用旅馆里的那种小块肥皂洗澡。”她说。她想待在波士顿，她结了婚，但她相信我能达到事业的顶峰。在20世纪70年代有许多女性想成为杰西卡·塞维奇那样的人，杰西卡坐在NBC演播室里，她有着记者的强韧和混乱的私生活，她还有着女主播的典型发式，实际上她为女性创造出一种职业榜样。到电视网络工作意味着一种成功，但是珍妮放弃了成为一名主播的前程而当上了一名医学记者。以前没有人做过这样的工作，珍妮是一个很纯粹的记者，这就是她对待生活和工作的态度。珍妮从我身上看见了她自己，她每天都会给我忠告，有时是一些劝诫，有时态度很严厉：“你用这种方法试试看，”她会对我说，“多做几遍直到把它做好。”她就是用这种方法让我，或者从某种程度上也让她自己，朝着成为电视网络主播的目标又走近了一小步。

许多年后，有一次我在为我女儿塞西莉亚洗澡，珍妮也在。我四岁的女儿问珍妮为什么她没有孩子，我打断了女儿的话说：“她有，她是我的电视妈妈！”我看见珍妮的眼睛湿润了，我的心被深深地打动了。

有越来越多的女性受雇于电视网络，我知道以前的情况并非如此，我当然觉得这样不对，不公平，不正确，不可忍受等等。我认为现在的做法很有代表性，是一种打了“星号”的美国式希望——我们许多人都忘记了社会契约中的这么一条：女性能把一种特有的情感带到工作场所中，这在新闻业中也一样。我们从事那些被认为是女性适合去做的报道：教育、老人、福利、孩子等，这些都成为了严肃新闻报道的内容。某种人性意识进入到新闻报道中，报道对象与观众之间的距离拉近了。女性能得到的回报是在桌上有了一席之地，仅仅是一席之地。

这样一种模式在我遇到的每一种职业中都有重现。美国是一块希望之地，它标榜自己是一块任何人都能取得成功的地方，但这只是从某一种意义上来说，而不是从其他许多别的层面上来说的。能取得突破的总是一个人，第一个这个，第一个那个，这样的人打破陈规创造出一种新的现实。但是大多数人在他们的一生中只是试图跟随在这些成功者的后面，他们只朝着成功的方向走了一段路。他们得到了机会并且去尝试，他们努力过了，他们比那个落在最后的人走得远一些，然后他们给下一个正在努力前行的人让出路来。这也许会让你感到痛苦，感到愤慨，或者你也可以把自己变为一个像珍妮那样的人，为下一个女性让出路来并且用力推她一把。

有一天我打破了玻璃天花板，我得到了一份在KRON的工作，这是全国广播公司在旧金山的一个电视台。我收拾起六大帆布包的行李穿越整个美国搬到了旧金山。我搬进了一间工作室，房间里有一个窗台朝着布什街。我能听见汽车开上桥的声响，大桥连接着旧金山和奥克兰，这种交通噪音每天很早就把我吵醒。我这间小公寓的租金是每月600美元，但是我每周只工作四天，挣的钱少了。在纽约我只是一个想当记者的现场制片人，现在我在三千英里之外，房间住得小了，钱也挣得少了，每天清晨还有烦人的交通噪音，但是我就要当主播了！

在新闻编辑室里，我见到了一些熟识而友好的面孔。WBZ的新闻主任斯坦·霍普金也在这里。气象学家是珍妮丝·赫夫，她是黑人，待我很友善，我问她应该到哪里去做头发时感觉很自在。有几位记者是种族或民族的少数族裔——贝尔瓦·戴维斯、伊莎贝尔·多隆、维克·李，他们都尽全力来支持我。他们也是很有才华的人，他们温暖的友情给了我许多安慰。

但是我也经常感觉到这里的人们不太喜欢我。没有人会这样说出来，但是他们不认为我是一个合格的主播，他们的眼神里流露出疑问，好像是在问我为什么会到这里来。他们的举止让我感到自己像是偷了什么东西。在我心里，我到这里来确切无疑是为了当主播，但是我以前在NBC只是一名制片人。我知道自己能写很好的报道，但是我不知道应该怎样对着镜头去播报新闻。

当我还在WBZ工作时，帕姆·摩尔是那里的一名记者，现在她已经当上了KRON的晚间新闻主播。帕姆清楚地告诉我，她认为我出镜早了一点，她的意见是对的。这里刚发生过作者的罢工，有些职员被解雇了，而我是事件发生后的第一个新雇员，担当了三分之一其他雇员所做的工作。我很年轻，是少数族裔，人们从中解读出了某种东西。我试图把注意力集中在努力工作上，自愿去参加半夜火灾的报道。我也许做得不好，但是我愿意去做，对于当一名主播我还有许多东西要学。

伊莎贝尔·多隆是周末主播，她曾经与杰拉多·里维拉一起到一所由福特基金会赞助的学校里去学习，学校的宗旨是增加在电视新闻行业中的少数族裔从业人员。她抓住了这个机遇，她在1974年因报道帕蒂·赫斯特绑架案得过艾美奖。

在她走过来的那个年代里，女性一般不参与这种内容的报道，然而她去做了。她也做过有关哈维·米尔克谋杀案和里根总统的报道。她不止一次创造出女性中的第一，拉丁裔中的第一。在KRON，她做了一个有关她儿子的系列报道，她遗弃了这个儿子，结果儿子送去被别人收养。这个报道非常有力，充满感情。当时女性不多，少数族裔也不多，当你看到一个像你一样的人取得了成功会有一种不一样的感觉。我朝伊莎贝尔看齐，梦想成为一个像她那样的人。

我非常努力，但我必须做得更好。两个星期后我被派出去做我第一次的现场报道，我把事情彻底搞砸了。我的报道现场是在一个酒吧里，旧金山巨人队已经进入了决赛，这里的每个人都喝醉了。就在我开始报道时有人在我屁股上抓了一把，我一下子惊呆了，像傻瓜一样朝着摄像机干瞪眼。后来摄像师录制了人们快乐地谈论巨人队的镜头，然后把画面交还给我让我结束报道，我把话说得咕咕哝哝口齿不清。报道很快就结束了，但是我却感到时间很漫长。回到电视台后上司把我叫进办公室，当我走过新闻编辑室时感到简直无地自容。上司建议我辞职，他说我应该到圣巴巴拉去试一试，要犯错误可以到一个影响小一点的地方去。我用投币电话给鲍勃·巴兹尔打电话，这样没有别人会听到。他要我做深呼吸，他说："你不要辞职，不管发生了什么事情都要坚持住，这种职位不是随随便便就能得到的。"他说得对，我坚持了下来。

我仔细回放我播出的每一段录像，观察我在镜头中的表现。我在《今天》节目开始前做三十分钟直播，每天做五次短时间的新闻实时播报。我活跃在播出的节目中，我能感觉到自己有了改进。我很年轻，薪水低廉，这在任何行业里都是一种机遇。我知道我并不是天生聪明，但是我愿意付出比别人更多的艰苦努力。有人建议我把摄像机看成布拉德，我觉得这样做很荒唐于是就大笑起来，尽管我在镜头前还是很紧张。我在NBC的朋友萨拉·詹姆斯告诉我，要把直播看作是给妈妈打电话。"记住，她不蠢，但是她看不到你能看见的东西，解说要清晰详细。"好像我还不够紧张，要我去想我的母亲，但是我还是尝试了。

我学会了不要说得太多，只要把重点放在我要表达的头三行字上面。我发现自己过多地穿黑色的衣服，黑色上了镜头不好看。我在等候的间隙会感觉很尴尬——在这个间隙里记者往往在采访观众。为什么在报道当中我会像无关紧要的人一样对着镜头说话？我听着自己的声音感到很不喜欢，觉得一点不像我的声音。我还是坚持把重点放在头三行字上面，我把某人当作叙述的对象，我只说发生的事实，我尽量把事情简化。有一天，谢天谢地，我终于不再听见自己的声音，我能从容自若地说话了。

我一直不喜欢我在镜头里的形象，总觉得自己不靠谱。我觉得自己像是一个替补队员，一个多余的人，是那些在不适当的时候走进镜头里手舞足蹈的讨厌家伙。我渴望自己成为一个不出镜的记者，这看起来似乎不可理喻，但却是我在这段时间里的真实想法。

我在做一个有关海湾大桥疾风的报道时要人们走得远一些，后来在杂货店里有一位老太太告诉我，她为我做了祈祷，还说她希望我到室内去工作。在加州里士满市举办建市九十周年庆祝活动时，我去做活动的节目主持人。我身穿绿色天鹅绒上衣和黑色裙子的套装，去了之后因为他们不认识我不让我进场，我是节目主持人他们却在名单上找不到我的名字。

许多年后，我作为一名电视网络的记者走在“相见纽约”化装舞会的红地毯上，有超过两百名摄影记者高呼着我的名字，闪光灯亮成一片，他们把布拉德挤到了一边。我徐徐走向前去，脸上摆出给狗仔队拍照的灿烂笑容。人们知道我的大名，但是我仍然感觉自己是那个穿着绿色天鹅绒上衣的女孩，这个女孩永远存活在我心里。在那些婀娜多姿的模特儿身边我觉得自己算不上特别漂亮，但是我竭力使自己举止优雅端庄。在红地毯上被人拍照似乎是一种自我实现，但事实上却不是，这些照片从来没有在任何地方出现过，我从来没有足够时尚，或者足够八卦，即便是在我的职业生涯中被人摄入镜头的时刻。假如我有幸坐在好莱坞巨星乌玛·瑟曼身边，人们不把我的镜头剪掉就算是我的运气了。外貌能帮助你得到或失去某些东西，美貌有时也可能会出卖你。

从某种方面来说，电视是时尚行业的一种延伸，因为我们是记者，大家都对这个事实避而不谈。我感到很自信，我能够出镜是由于我的能力，但是在电视行业里，外貌总是起到一定作用的，这也就意味着我要确保我的外貌能够支持我而不是败坏我。我必须表现出我相信自己是有才华的，自信的，我长得漂亮但我的外貌并不是我取得成功的主要原因。我需要有一种姿态，不要让人们因为我的外貌而妨碍了他们听我的报道。

好消息是，在这个国家里任何人都可以被认为是好看的，因为事实上没有一种标准的美国人长相。美国人的审美中有一种独特的东西，就是人们认为美貌与人的境遇有关。牙膏广告中的金发碧眼美人也许会宣称她们是最美的，但是芭芭拉·史翠珊和莉娜·霍恩也自有她们的一片天地，她们的嗓音美妙所以她们也变得美丽起来。南茜·克里根、米歇尔·奥巴马和杰西卡·坦迪也自有她们施展的空间，或者她们各自在人生中的高潮一刻变得光彩照人。

在美国成功是美丽的，同样可以被认为是美丽的还有恶名、权势、暴露、姿态、才华和聪明。在美国，美丽不仅是蓝眼珠和马鬃般的金发。在高中期间我是一个书呆子，生活在一个人们不愿意与有色人种约会的地方，每当想到外貌时我就会变得很沮丧。但是一旦离开了家乡后，我就变得富有异域风情了。这种差异的原因不在于我本身，而在于旁观者、时机和我的自我展示。人们有着由不同人种和民族的外貌混合在一起后，呈现出不同种族间和平共处和社会和谐的希望。我正好有这样的机遇，美国需要用我的面孔来反映她的灵魂，这是人们需要我站出来的时刻。

1993年我在KRON做电视直播，当摄像机对准我的时候，我感觉到自己像在畏缩躲避。到了2000年，我在NBC做周末主播，那一年被《人物》杂志评选为“最美丽的人”，我觉得自己时来运转了，他们声称我代表着美国多人种融合的未来。但是就在他们为我拍照的那一天早上，我因为怀孕而腹痛如绞。我是因为我的美貌而被人照相，遇到这样的情况很有喜剧性。他们给了我一杯葡萄汁和红色的胶质软糖，这样我看起来比我自己感觉到的更可爱一些。我穿着迷人的拉链皮裤，吹鬈了长头发。我可以算得上美貌，但还不能说非常漂亮，当然作为一个新闻主播我也可以算是足够迷人了。

但是在我进入KRON早期的那些日子里，工作态度对我来说很重要。每天上午我像一缕阳光那样走进KRON的办公室，我从来不会把不悦放在脸上。我从来不发牢骚，对每个人都说“是”。我喜欢做报道，于是我把注意力集中在报道上面。摄制组的人喜欢我，我努力工作并且愿意拜他们为师。这在电视行业里很关键——一位有经验的摄影师能教会你有关报道的一切事情。我坚持去做“惩罚性”的清晨时段报道，虽然这时并没有许多观众，但我还是做得非常投入。我开始以主人翁的姿态出现在电视台里。

有一天我在走廊上走过时见到了一群人，其中有一位像我一样也是每周工作四天的年轻记者，在新人里她应该可以算是我的竞争对手。他们都在开平权法案雇员的玩笑，我微笑着从他们身边走了过去。他们起初都很开心的样子，但突然间就变得尴尬起来，这是因为我的出现，我就是他们所说的平权法案雇员。我气愤异常，我想提醒他们去看一看我的简历，我曾经在电视网络做过制片人，我刻苦努力地工作，取得了不俗的成就。但就在这一刻我陷入了疯狂，我感到很难堪，这不仅是种族歧视的问题，这简直就是肮脏下流。

我陷入了沉思当中。我已经二十六岁了，总是在快步朝前走。我沉浸在电视报道中，或者至少我有时把自己当作报道中的人物。十二岁的波莉·克拉斯在参加睡衣晚会时被人持刀绑架了，有成千上万的人出动去寻找她，在这个事件中电视起了重要的作用。警察遭遇到了该案的嫌犯，当时他的汽车陷入到泥地里，但是警察却把他放走了，后来人们发现这个小女孩被勒死了。我们一直在报道案件的最新进展，直到后来警察发现了嫌犯，我也在电视上做了报道。这样的故事成为我职业生活中的面包和黄油。

在三个月的时间里，我被任命为东海湾分部的负责人。或者更准确地说，他们把我派到了奥克兰，我是那里唯一的记者，于是我就理所当然地委任自己为负责人。布拉德开始在巴克莱上商学院，这样我们就离得更近了。我在那里整整做了三年的记者，全身心地投入工作。我告诉布拉德我相信我们会结婚，他说他觉得自己就是我要嫁的那个人，但是我感到自己的态度有点吓着了他。我们开着他那辆本田车走遍了加利福尼亚——索诺玛、纳帕谷、太浩湖。我告诉他我来到加州是因为他的缘故。他经营着自己的生意，所以总是很忙。我们从来没有同居，这是出于我所受过的家教，我的父母来探访时，我们把他在我家里过夜的痕迹清除得一干二净。

我们都是低调实在的人，于是有一次当我们两人在一起用晚餐时我告诉他，我觉得他应该向我求婚了，他照做了。直到他向我求婚，我们两人之间一直像是在跳着一场舞。然后很快就到了1995年，这一天，我父母在斯密斯顿的家门口的草坪上来了135位客人，当时的气温是华氏98度，酷热难耐。我穿着有珠状饰物的白色婚纱，我母亲因为我到教堂里去的时侯没有穿连裤袜而有点生气，但是她对布拉德拒绝穿礼服却没有意见。从参加婚礼的客人可以看出我的成长过程：鲍勃和珍妮都来了，还有从加州飞来的我的同事。我穿着盛装站在草坪上，这里是我童年时代的家园。布拉德以前一直住在门罗帕克，我离开了在旧金山的公寓，我们一起居住的第一套公寓在东海湾曼达纳大街上，就在美瑞特湖边上。我为自己能生活在奥克兰感到欣喜，我热爱我生活中的每一分钟，我突然变成一个非常幸福的人。

第四章　发现自己的声音

奥克兰在美国最多元化的地区中排名第二。当我搬到奥克兰去住的时候，这里已经是可卡因、饶舌音乐和地震的中心地带。我的上司从来没有想到我会搬到奥克兰去住，但是假如我要像珍妮教我的那样去报道奥克兰的社会生活，我就必须到那里去生活，那是一个会发生有趣故事的地方。但是我搬到那里去确实引起了公司上层的疑惑。有一天东海湾大桥封闭了，所有的行政人员都抱怨他们必须开车经过奥克兰来上班。我的分工是报道社会生活，但是我的上司看不起这里的居民。这有点种族歧视的意思，但更像是基于社会阶层的划分，事实上在奥克兰有许多穷人。我把我的意见说了出来，我提醒大家居住在这里的人们是我的报道对象，他们听得眼珠子直打转。

即便如此，每天晚上回到公寓里的时候，我都会朝卧室里看上一眼，以便确认我的电视机还在那里。邻居们都不错，但是他们的举止也比较粗鲁。我很高兴能住在这里，因为这样有助于我了解我的社区，这是一个复杂的地区。我走到外面去，我热爱由于各种文化碰撞到一起而产生的看似混乱的局面，当我看见人们互相发生冲突时会畏缩不前。我到这里来有我的理由，人们喜欢怎样说都可以，但我是来报道贫困，报道深层次的城市生活，报道穷人生活的艰辛，以及城市强加到弱势群体头上的许多不公平待遇。

有一个身穿粉红色衣服的人抢劫了一辆富国银行的卡车，我主持了事件的报道，这个家伙猜得很对，人们只记住了衣服的颜色。当孩子们离开父母被儿童保护部门的人员接走时，他们尖叫起来，我在现场。半夜里发生了火灾，我又在现场。美国的大多数地方都像这样，与我生活过的宁静祥和的斯密斯顿完全不一样。在这个国家里有这么多看起来像我一样的人生活在这样的地方，这就是现实生活。

奥克兰像美国的有些社区一样是开放在幽暗中的花朵。人们经过奥克兰市区时看见的只是城市的弊病，但是她有来自另一个时代的永恒的美丽。高大的红杉林已经被马路上奔跑着的汽车所取代，而漫无边际的带围栏的农场已经变成了城市的郊区。小小的村落建立起来了，来自中国和拉美的移民们在这里插上了他们的旗帜。当人们看到现代移民社区在这里扎下根来时，在公园里还能找到幸存的红杉树和亘古不变的湖泊。我喜欢人类文化的大杂烩。我在湖边跑步时朝着加州州长杰里·布朗挥手。我感觉到海湾上吹过来的凉风驱走了炎热，带来了花香。

在KRON，有些记者像看待动物一样看待贫困社区里的穷人。有些人说电视台的好日子已经过完了，他们只是懒散地发布一些报刊发表过的消息，再加上一些照片。我每天都报道一桩新闻，或者被派去通宵报道夜间的火灾。我在那些蜿蜒曲折的马路上做直播，这些我熟悉的马路能引领人们走进贫民区。我想要进入到一些社区，这些社区里的家庭为了安全、教育和基本社会服务而苦苦争斗。但是我只是一个正在实践直播新闻报道的年轻记者，还没有足够的影响力和手段来有效地推广我的报道。

奥克兰到处是冰毒加工厂，至少KRON的调度室是这样认为的。我报道冰毒加工厂，冰毒清剿，冰毒火灾。甲基苯异丙胺是一种作用显著的毒品，它能引发大脑分泌出过多的多巴胺。为了制造冰毒，人们把鼻用减充血剂和麻黄素加在一起烧煮，并且使用一种从锂电池里提取出来的有毒化学剂。这种加工过程生产出一种被称为“冰块”的粉末状小块，它是如此简便，以至厨房和汽车间都成了毒品加工厂。问题在于，如果在生产过程中不小心，这种加工厂很容易引发火灾，我发现自己就报道过许多次这样的火灾。甲基苯异丙胺的流行并非只是在穷人当中，每一个想要逃脱现实生活压力的人都可能加入进来。冰毒在奥克兰烧煮出来，但是有在全美国蔓延的趋势。我们的报道清楚地表明，我们并不能有效地遏制毒品，或者试图把人们从生活负担带来的压抑中解救出来，但是我们促进了有关法律的实施，这些法律有着饿狮般的凶猛。警察召开记者招待会宣布他们最近的清剿成果，就像角斗士高举着敌人被割下的头颅。我感觉从这里面应该能发掘出更多的故事。

KRON不是那种报道穷人生活艰辛的电视台，大多数本地电视台都不是。我们报道警察、学校、儿童失踪和犯罪。在KRON电视台我试图提出，我们应该比报道最新发生的悲剧做得更多一点。去向别人说教不是一个好主意，我的提议并没有取得什么效果，而且我在行业里也还太年轻，我想还是自己先干起来再说。有些故事很吸引我，但是我不知道应该怎样去讲述、发挥或报道它们，我没有导师在身边。有时我感到失落和恼怒，我周围有许多人，他们值得当地电视台给予更多的关注。

奥克兰的街区按照社会阶层而不是种族来区分，或者说人们更容易从街区来判断居民的阶层。美国人对穷人有着一种矛盾心理，他们不知道应该去同情还是鄙视那些运气不佳的穷人，尤其是当他们陷入困境的时候。有些中产阶级的黑人憎恨穷人，还有些工人阶级的拉丁裔人憎恨穷人，如此等等。穷人中间也分出了许多层次，有工作的穷人，犯罪的穷人，以及他们之间的各种等级。人们除了他们的收入以外有更多的维度，但是“收入”在奥克兰这种地方很重要，对于从外部观察奥克兰的人来说也很重要。我希望我的报道能够说清楚，为什么警察不恰当地把关注重点放在冰毒加工厂里烧煮冰毒的人，而不去起诉那些中产阶级的吸毒者，他们每天早上仍旧可以打扮得衣冠楚楚地去上班。

我感觉到了自己的局限性并且感到很沮丧。我想要达到目标，但我还太年轻，不能朝别人发火，我憋着一肚子气结果使自己意气消沉。在工作时人们说的有些话让我感到窝火，但是我不能发作，我总是竭力克制自己。我知道假如我发了脾气人们会来劝说我，我会争辩一番，但结果会因为去报道另外一起火灾，或者另外一桩谋杀案而不了了之。我把心思集中在报道上面，通过不断实践，我的水准有了提高。虽然有了进步但是我想做得更好，我要成为一个真正优秀的人。

我感到自己在1996年教师罢工的报道中找到了做记者的感觉。这次时间长达五个星期的罢工最初是因为教师的工资和班级里学生人数的多少引起的。开始时，在奥克兰52000名学生中有80%待在了家里，而在教师当中罢课的人数占了70%。学校试图通过雇请代课教师来维持上课，这些人在工会的眼里就是工贼。罢工的起因令人心酸，因为教师的工资明显过低，孩子们挤在学生过多的教室里上课。在这些学生中有全美国表现最差的差生，而学校拿不出资金来改善教育，结果造成老师不教了，学生也不学了的局面，一场罢工使整个奥克兰陷入了瘫痪。

我在外面风餐露宿对两方面进行采访。社区的孩子们无所事事跑到我的办公室里来，我从附近的商店里买来图书送给他们。有几个孩子告诉我，在他们的一生中从来没有拥有过一本图书。父母们试图在教堂和社区中心里教育他们的孩子，但蛮横的奥克兰当局不允许他们进入公共建筑。有教师开始在家门口上课，这是住在社区里的好处。这样一种危机就在我周围发生着：我看见家长们每天早上东奔西跑想知道该怎样做，他们担心孩子连这种权宜之计的课也上不了；我看见教师们用每年30000美元的工资养家糊口维持生计。这是我第一次在一桩新闻报道中对两方面都做了深入的发掘，我对我做深度报道的技巧有了信心。我在报道中分析了教育现状不尽如人意后面的政治背景。最后达成和解的方案是把教师的最低工资提高到30524美元，这是一场没有赢家的战争。奥克兰学校的困境也是许多其他城市学校面临的困境：资金不足，员工不足，并且还要探索一种合适的教育方式。奥克兰和全美国许多其他地方的家长们会提出质疑：为什么希望让孩子在当地公立学校里接受基本教育会成为一种奢望？

同时我感到在KRON身陷泥潭，新闻主任清楚地向我表明我永远不会有机会成为一个主播，我觉得自己是一个多余的女人，我感觉沮丧是因为我的技能得不到长进。这是1996年，我在奥克兰KRON当记者的职业占用了我全部的时间。当时有一个六岁的黑人男孩受到指控，因为他用一根木棍攻击了一名拉丁裔婴儿。我追问为什么他这样年幼就要上法庭，得到的回答总是技术性的，比如是因为有关法律的规定，或者没有别的地方可以解决这样的问题等等。

我第一次见到他的时候，他身穿一条棕色的短裤，这条太大的短裤一直长及他的脚踝，这种衣服本应该是给青少年穿的。他不该来到这个地方，但他显然也很好奇。有一天他走进法庭，对着绘制法庭肖像的画家挥着手：“你是在画谁啊？”他很有礼貌地低声问道。“你。”画家告诉他。他显得很高兴但又有点吃惊，他很想看到画家的画作。他没有一点头绪，不知道这一切都是在为他而忙。

男孩受到的指控是企图谋杀和入室抢劫，因为他和两个八岁的男孩闯进屋里抢劫了一个大圆盘。婴儿的名字叫伊格纳西奥·小贝穆德斯，他的年龄只有四星期，他颅骨骨折并有颅内出血。起诉人说这名六岁的儿童应该知道他在做些什么。我采访了婴儿的父亲，他和他的妻子玛利亚·卡门带着他们另外一个孩子到商店里去，但是把这个婴儿留在了家里，因为婴儿在咳嗽，而且晚上外面很冷。这位父亲说话语调温和字斟句酌，他说他同情那些犯错孩子的父母，他们的生活也因此陷入了困境，法庭审判其实并不能带来更好的结果。我感到惊奇的是他的话说得很平静很流畅，我想在他的眼神里找出一丝愤怒来，但是没有成功。

我在做直播，有一群黑人在我身后高声呼喊，场面非常令人震惊。他们并不是朝我叫喊，而是对着白人的媒体发出尖叫，他们甚至没有提到那个男孩。对这样重大的刑事案件报道自有规矩，各种插播内容的播出遵循着一种节奏。我是上午时段的记者，他们要我使用手头各种现成的素材——来自前一天晚上的录音和图片——而把当天做的报道留到下午播放。现在现场事件发生了变化，我必须增加一些报道，然而到了第二天上午所有的播出内容都会发生变化。我发现自己总是想做得足够好，因为没有时间给你去反复思考。我们与报纸记者互相追逐竞争，我们比报纸要挖掘得更深一些。像所有其他记者一样，我总是在寻找事件背后的原因。甚至男孩的律师也说，要想查明男孩做了还是没做是不可能的，因为他的年纪太小，他的供词一直在变化当中。

一个小男孩结果被定性为沾染了奥克兰人所熟知的各种社会弊病，对此我并不感到吃惊。他是个六岁的幼儿园重读生，他的邻居和老师说他有点亢奋，尽管从很大程度来说他只是一个普通的孩子。他二十六岁的母亲是一个单身的儿童看护员。人们说他家里像是一个破烂的贼窝。他父亲在孩子四岁的时候头部中弹身亡，他家里很穷。有一位叔辈祖父对媒体说他是孩子当中的恶魔，他说这个孩子沉溺于玩《忍者神龟》的游戏，他记得有时这个孩子夜里在外面待得很晚，而家里却爆发出尖叫声。这个家庭功能紊乱到了已经难以做理性分析的地步，我并不完全相信这些话，我希望能了解究竟发生了什么，为什么会发生，我想知道真正的原因。但是我做不到。在法庭发现孩子还不具备受审的能力后，他被送到了一个问题儿童的寄养所。

一年之后这名受伤的婴儿还是不能站立起来，并且经常会抽搐，他父亲伊格纳西奥仍拒绝谴责肇事者。这个事件中最令人伤感的是，所有涉及到的人们没有一个有情感冲动来对他们所处的悲惨境遇发出呼喊。这就是美国最贫困社区的丑陋一面，有时最可怕的事情在这里也变得稀松平常。

1996年，全国广播公司推出了MSNBC，这是一个旨在与CNN竞争的二十四小时有线新闻网，是与微软公司合作创办的，这时人们预测互联网将成为未来的新闻提供者。一年之后，戴维·博曼来到加利福尼亚建立起一个MSNBC工作室，他是一个头发茂密，声音粗哑的人，他戴着眼镜，脸上总是带着灿烂的微笑，看上去像是一个态度友好的校车司机。他在面试一档教育节目的主持人时，应试名单上的女记者排成了长长的一串。他想要从中找出最富有激情的一位，并给她配上一个态度严肃的男搭档来负责技术方面的工作。出于某种原因，我的名字也出现在他的名单上，戴维的想法是只要他还在城里就会来约见我。他要从他所在电视网络的下属子公司挖人是一桩摆不上台面的事情，所以我们在克里福特酒店用早餐时私下约见。他对于他要创办的事业充满热情，他放弃了为我配男性主播搭档的想法。他向我提供了一个职位，为硅谷的MSNBC主持《现场》这档节目，我为此激动万分。除了其他各项优点，戴维还是一个和蔼可亲的人。看起来他觉得我非常优秀。

在我们的节目播出的两天之前，戴维趴在地板上安装控制室里的设备，他是一个相信自己亲力亲为才能把事情做好的人。我搬到了波特雷罗山附近的一个工业区，在这里我能眺望到远处雾气重重的旧金山。我可以走着去上班，于是我就经常这样做。第三街和凯萨·查维斯街可以通往我住的街区，这个街区远离公路。移民潮使这个地区发展起来，人们当初来到这里是被淘金热所吸引，我觉得自己也是在发掘美国的金矿。布拉德在旧金山市中心的J.P.摩根工作，我们住的顶楼公寓有一个大露台，能过上这样的生活难道还不够好么？

现在我关注的重点是高科技，我暂别了奥克兰的那些有关暴戾丑恶事件的新闻报道，但是我对我的新工作还不能完全胜任，对于电视我还有其他的一些东西要学。我现在做的是主播，我也为发现频道做现场报道。我要采访嘉宾，虽然我对高科技知之不多，但是我发现自己能像观众一样向嘉宾发问，不利的一面是假如我一不小心就会看上去像个白痴。戴维创造出一个网络助手来帮助我，我的搭档甚至不是一个人，他是一个由网络专家利奥·拉波特所操纵的虚拟人物。有这么多的新鲜玩意，我不断告诫自己要简化一点，简化一点，我对于技术一窍不通。戴维像是一位骄傲的父亲一样为我的能力和热情鼓掌，我能独自把一整档节目做下来使他兴奋不已，总体情况进展得非常不错。

我仍与NBC的人们保持着联系，我给他们送录像带。有几次我在电话里接受采访，我总是请教戴维我有哪些地方做得对或者不对。我觉得NBC才是我应该待的地方，现在我只不过是一个离家的游子。电视是被发生的事件驱赶着的，你永远不可能适应它的节奏，因为总有事情在不断发生，而所有的事情都是在变化着的。对于我来说，有些事情就像戴安娜王妃去世的新闻一样重要。我正主持着一档西海岸的技术节目，MSNBC在这时推出了一档滚动新闻播报，但是此时，打个比方来说，我的节目也正在走向死亡。电视台了解到这个情况，并且意识到快速火爆的新闻报道要比我的技术节目更能吸引观众，我的节目正在逐渐失去人气。他们还是付我工资，但是我坐在公寓里无事可做，他们告诉我不要去上班了。我预见到这是一个不祥之兆，于是开始另找一份工作。他们给我的职位是MSNBC周末早新闻的播报，是在纽约的早间综合新闻，他们还告诉我在平日的时间里我可以为NBC的夜新闻做记者。在KRON的三年工作有了回报，我踏上了回家的路——我要去干一桩大事业。

这次回到NBC我已经成熟了，再也没有人可以把我晾在一边。我为MSNBC做周末主播，但是在工作日里我为NBC的夜新闻做记者，这也是一份兼职的工作。制片人是戴维·道斯，他高大英俊但是待人并不特别友好。我一直向他报告工作，但是他并不真的很需要我，所以他很少让我的报道播出。我在周末做主播，但是在平日里的工作并不多。有太多的事情可以去报道，有大部分的美国从来没有出现在任何人的新闻节目里。但是如果我不能让自己的节目播出的话，我也没有办法把我的想法付诸实施。

周末的情况要好一些，执行制片人罗布·普林斯是一位黑人，他给我播报重要新闻的机会。他把我介绍给一位资深制片人吉姆·邦迪，她也是一位黑人。似乎总是有许多有色人种人士在周末工作，他们在努力争取得到升迁的机会。吉姆·邦迪常会让我开怀大笑，我很愿意成为她的朋友。她有许多漂亮的鞋子，看上去总是光彩照人。她的穿衣风格并不是那种得体的职业装束，而是有品位加上外向奔放。她脸带微笑，口齿伶俐，她的深色眼睛有一种穿透力。她在走进房间说话时带着深思熟虑的表情，她在会议室里讲话就像在酒吧里闲谈一样轻松。我立刻就对她产生了信任感。

我们都在周末工作，这意味着没有电视网络的行政管理人员在看我们做些什么。罗布和吉姆起用了我，他们把我推上电视促使我快快成长。吉姆有一种很有亲和力的态度，“给我讲一些我不知道的事情吧。”她会这样问我。罗布要吉姆多多关照我，她照办了，并且在我以后的职业生涯中一直在这样做，我又得到了另外一位珍妮。对于女性来说，在职场中最需要的就是一位好朋友。罗布栽培了吉姆，而吉姆又栽培了我。

我替代了周末主播布莱恩·威廉姆斯，而他是NBC名主播汤姆·布洛克的后继者。这看起来不错，但是有许多人在竞争这个职位，罗布确保我成为了竞争者之一。我引起了人们的关注，在许多年的单独打斗之后，我终于在一个有影响力的职位上找到了自己的盟友和导师。但是这还不够，我还不够忙。我的观众们对我很友好，我有许多粉丝，但是这似乎还只是一个兼职的职位。

MSNBC派我去报道教皇对古巴的访问，但是莫妮卡·莱温斯基的事件发生了，我们都乱了套，这相当于又发生了戴安娜王妃去世的新闻。我对教皇访问古巴这桩重大国际新闻的报道被一位与总统发生性关系的实习生给搅黄了。但是我已经到了古巴，我母亲就是从这里出逃去寻找更好的生活。有许多移民美国的人每隔几年就会回到故乡去触摸家乡的门牌号码，回忆他们背井离乡的原因，或者去寻找他们在故乡留下的踪迹。我们不再是古巴人，政治把我们与我们的过去割裂开来了。

在这次旅行中我得知，我对于母亲的过去实在是知之不多。我的西班牙语还不足以让我与人顺畅地交流，但是人们还是走过来试图和我说话，这使我感到很为难。食物很美味，假如你能找得到的话。在这里有一种轻松随意的气氛，哈瓦那很美丽，甚至她剥落的墙面也无损于她的美貌。我是一个有点感到拘谨的美国人，我觉得这是我自己生命当中应该重建起来的一部分。我喜欢街道上跳动着的音乐节奏，乐声穿透黑夜中的迷雾，与大西洋的波涛声碰撞重合在一起。我喜欢人们温和的态度和得体的举止，他们是努力工作的人，虽然有时工作很难找到。我看见那些老爷车在街道上行驶，我走在母亲还是小女孩时见到过的街道上。在这个岛上有许多小地方充满了烧焦的烟叶味，有大洋上飘来的薄雾和时而传来的朗姆酒香。

我从来没有在其他国家有过这样的感觉，在古巴我有很多时候都感觉到，这是在奶奶卧室里的一个慵懒的傍晚。我的周围突然有了许多像我一样的人，我头发中的红色把我与过去联系了起来。我祖母曾经叫我母亲“拉·露萨”，因为她头发的颜色在夏日的阳光下好像要燃烧起来一样。我打量着周围的人们，看见了像我一样因微笑而露出的牙齿，挺直的鼻梁和长着雀斑的面孔。

我表姐有一个名叫奥莱斯特的儿子，他坐在表姐的膝盖上，穿着一件红灰两色的运动套装。我看得出这是我舅舅奥莱斯特去世后留下的印记，我最喜欢的小弟弟名字也叫奥莱斯特。

这些都是我年轻时在母亲讲过的故事中听到过的孩子，我母亲除了讲起他们，从来不喜欢多谈古巴的其他事情，我现在知道了原因。我在古巴的时候，那儿正处在“危机”当中，每一样东西都短缺。我见到我的表兄妹时感到很不开心，因为他们一无所有。他们拥抱我，捏一捏我的脸颊，但是他们的话语中却流露出一种怨恨。他们的屋子很小，他们只能挤进狭窄的空间里。他们什么都缺，但是我却无法帮助他们。我坐在他们家里成为了一种象征，假如他们能像我妈妈一样逃离古巴，那么他们今天也有可能变得像我一样。我的亲戚是不允许到我住的旅馆里来看我的，这使他们有一种羞辱感。我并不是卡斯特罗政治体制的产物，我母亲在卡斯特罗还没有来到之前就离开了古巴，我甚至不会去想一想他所作所为引起的争论。但是在亲戚们的欢声笑语和回家的亲切感当中，我找到了归属感，并为我不像母亲那样与古巴有那么多的关联而感到哀伤。

美国给你牢记过去的自由，甚至这种过去是在别的地方。我能成为一个在美国的古巴人，是因为作为美国人你可以把你想要坚守的本民族文化带到新大陆上来。我突然对我母亲的文化背景有了一些了解，她的人种、民族和根像是深植在她的内心里，而不仅仅是一种知识而已。我知道我对这个地方感觉熟悉是因为它存活在我的心里。我有一种能力，可以把我的来自移民根源的力量运用到我在美国的经历当中去。每当我们有人选择这样做，我们就丰富了我们自己身边的美国文化。我回家后又重新开始了西班牙语的学习。

到了1999年，我与杰克·福特一起主持《今天周末》节目，这是一档谈话节目，隶属于由凯蒂·库瑞克和马特·劳尔主持的《今天》节目，杰克是我早期的三个播出搭档之一。这是一档大节目，我们有几百万的观众，我一夜之间就成了名人。我不敢奢望自己能成为像凯蒂·库瑞克那样的主播，但是我真的很钦佩她。我每年挣的钱比我父母挣的钱加起来还多。我的周末总是在一档严肃的访谈节目中开始，后来这档节目的内容又延伸到了烹饪和时尚。我的任务是发展《今天》这档节目的品牌，这是美国电视中最有影响力的晨间节目。

埃利安·冈萨雷斯乘着一条木筏飘到了海边，她母亲已经在逃离古巴的路途中丧身了。是应该将他遣返，还是允许他待在迈阿密的远亲家里，这个问题在社会上引发了一场争论。联邦调查局的人员在一次清晨的袭击中逮捕了他，我把我的湿头发扎成一条马尾辫就上了镜头，我只能在插播广告的间隙抓紧时间给自己补一下妆。克里·桑德斯是报道埃利安事件的记者，他做直播，还会在飞行中见缝插针地做采访。辩论双方都对这场争论充满了激情，为埃利安该留还是该走争吵不休。我对这桩报道不是很上心，这与我所知道的古巴没有很大的关系。此外，主播的工作是一件与众不同的工作，你就好像是一个枢纽，像是机场的空管而不是飞行员。我负责管理这桩报道，但是我并不是在亲自报道它。

挑战者号航天飞机爆炸失事了，我赶到失事地点去做现场报道，并且一直坚守到星期一马特·劳尔赶到以便做更大规模的报道。我与嘉宾做访谈并保持着节目的滚动，每一件事情都做得很完美，控制非常有效，而在KRON遇到这样的场面早就乱成一团了。记者在我身边奔跑着不断带来新的消息，主播们负责着节目的播出，我很怀念当记者时的工作。

戴维·布鲁姆做了我的播出搭档，我们意气相投，既是好朋友又是竞争对手。我们两人就像是兄妹一样，对每一件事情我们都要赌点小钱，我们还一起到洛克菲勒中心的溜冰场上去骑冰上自行车，他带来的一个家伙号称是垒球冠军。我们参加狂欢节的游行，还到外面广场上去主持音乐会。在圣诞节的时候我们邀请著名摇滚作曲家和歌手艾萨克·海斯来做圣诞老人，我们还从百老汇请来了演员，我非常喜欢他们。

在这一段时间里布拉德在摩根·斯坦利工作。他的工作紧张繁忙，他正在他职业生涯的上升阶段。我有许多开心的事情，我有一张生活目标的清单，我的下一个目标是怀孕和生一个孩子，于是我就真的怀了孕。一旦我怀孕的腹部显露出来，就有完全陌生的人会走过来摸摸我的肚子。我做过一个秋千学校的报道，人们告诉我他们很喜欢这个学校。我喜欢人们的赞扬，但是也感到有点空虚，我不想因为做了一个秋千学校的报道就一举成名。我还做过海军海豹突击队的节目，为《今天》节目做了第一次的水下采访。报道取得了成功，但是没有一个人会说，他看了这个报道就因此改变了人生。

到了2000年，就在我怀着索菲亚的时候，我为自己从来没有从大学毕业而感到苦恼。并不是我需要有大学学历，只是我内心深处觉得自己应该去得到它。我离大学毕业只差一个学期，它好像是一个低垂在树上的果子，但是我却没有摘到它。吉姆派我到各种场合去讲话，我只能向别人介绍自己“上过哈佛”。我现在怀着一个孩子，在电视网络担任主播的工作，看起来我要么现在就干，要么永远也别干了。我经常和吉姆坐下来开列出我们的目标，我的目标总是诸如此类：从哈佛毕业、怀孕、生孩子等等。我已经怀孕了，但是我还是没有毕业，我的生活失序了。

我正做着一档周末的节目，我要有几天去波士顿上课，我的大姐玛利亚来帮助我了。大姐住在波士顿郊区，于是我在星期天晚上从纽约搭乘火车，到波士顿后住进玛利亚的家里，到星期三再回到纽约去。布拉德总是在工作，所以我们互相也不是很思念。玛利亚是波士顿大学的全职教授，她一共生了七个孩子，这时她与她前五个孩子待在家里。我到她家里时总是疲惫不堪，主要还是由于怀孕的原因。她的孩子围绕在我身边，他们有着孩子特有的充沛精力。我们在玛利亚的大屋子里玩，她家的每一样东西都是大而无当。我轻拂他们的头发，让女孩们玩我的化妆品，我是为她们画指甲和化妆的好姨娘。我饶有兴趣地观察玛利亚怎样当母亲，希望能从中得到一点启发。

我在早上的时候孕期反应很厉害，我有时打电话给吉姆抱怨我恶心呕吐，似乎她能帮助我解决这个问题。有一次我从飞机上给她打电话，问她我是不是该下飞机，她回答说："我不知道。"我的反应很大，确实很大，我希望自己能像女明星露西尔·鲍尔在盼望她的小里基降生时一样。我每天都吃柯兹夏克牌的米粉布丁，还到处寻找油炸牡蛎的菜单。

我看见教室里坐满了比我年轻的人。我走过哈佛校园，幻想自己付给别人20美元后就可以住进宿舍里去。我又回到了学校，但是这次我有钱了，所以我可以乘出租车到真正的餐馆里去用午餐，金钱给了我这种随心所欲的自由。我看见自己喜欢的鞋子就买下，我能够去做我从来没有想到过的事情，我能帮助别人排忧解难。我自我感觉良好，为我的成就感到骄傲。进入了怀孕期的第二个三月，我的恶心呕吐停止了，我感觉自己又成了一个正常人，不过是一个大肚子的正常人。

有趣的是当我得到哈佛学位的时候，这张文凭似乎也显得很平常。我把文凭装进镜框挂在墙上，并非人人都可以看到它。我的家人难得去参加毕业典礼，在哈佛毕业典礼的入场券发得很少，我们也不可能全去，我家的终身原则是要么一起去要么不去。当我拿到了我的一套入场券后，我说要在eBay网站上把这些入场券卖掉，直到吉姆发了话，她说："《今天周末》的主播可不应该将她毕业典礼的入场券拿到eBay上去卖。"布拉德很忙，他很高兴能不去参加毕业典礼，但是我能看出他真的为我感到非常骄傲，尽管看起来他并没有为此做出兴师动众的举动来，他就是这样一个人。但是吉姆是如此兴奋，所以我们策划了一次到意大利的闺蜜旅行。我腆着大肚子上了飞机，我们在威尼斯漫游了一个星期。

2000年秋天我生下了索菲亚，分娩很快很顺利，但也就从此改变了游戏的性质。在我步履匆忙的人生中，我第一次感到掉落到陷阱里，我已经进入到伟大美国的一块平等之地——我加入了母亲的行列。我的孩子是如此可爱，我会奔回家去和她待在一起，我时时刻刻都想和她在一起。我爱我的孩子，似乎我从来没有如此热烈地爱过别人，包括我的父母和布拉德。我希望她快快长大，我看不出她是不是一个坚强的宝宝，我不知所措，做母亲真是一件很难的事情。她是一个懒惰而又好吃的宝宝，我从来不知道她是不是已经吃饱了，她会边吃着奶边沉睡过去。我经常打电话给我的姐姐，说我干不了这个，我告诉她们我已经完全乱了套。她们告诉我做母亲就是这样的，她们说我现在带宝宝很有利，因为我基本上每周只工作三天，但是我总是感到自己没有时间！我突然感到与每个生过孩子的人都有了一种亲近感，我会对着完全陌生的人微笑。宝宝入睡了，我做清洁工作，然后我也睡了。宝宝会把我吵醒，我喂她，做清洁工作，她又睡了。但是我睡不着了，于是我再做一些清洁工作，直到她醒来再吃，我再做清洁工作。

到了周末，索菲亚和布拉德在一起，作为父亲他是如此平静，如此头脑清醒。家务事令人生厌，我走进房门在公寓里收拾东西，到处是空瓶子、用过的尿布、各种衣物。他轻轻地摇着宝宝，从所有方面来看，她都是他的克隆版，也许除了宝宝的脾气之外，她一点也不像我。整个过程有点疯狂，但是在十六个月之后我又生下了塞西莉亚。她有着乌黑直立的鬈发，随着她长大，她的头发变成了鬈曲的金发。她会朝着每个人微笑，她有着阳光般的性格。

我非常疲劳以至感觉晕眩，我甚至不知道自己是不是快乐。但是我觉得我必须快乐，因为我有如此可爱的两个孩子，还有一个丈夫，他用他对家庭的忠诚和挚爱来为我们添加动能。我在生活中的所有伙伴都支持我。吉姆是《今天周末》的执行制片人，也是我的朋友，她是一个精力充沛思维活跃的人。我的家人每个星期都会来看我，他们在电视机前坐下，似乎名记者爱德华·R.莫罗本人将亲临一场秋季时装秀。

当飞机像锐利的长矛一样刺穿了双子塔，我生活的城市度过了一段晦暗的时光，我积极向上的价值观也似乎出了问题。当事件发生时，我正在街上行走去办一件事情，我飞奔回家打开电视。布拉德打电话给我，我们一起目睹了第二架飞机撞进了大楼。电视台召我回去，我被派到沿西岸高速路设立的医疗站去做报道。救护车排成了长队随时准备出发，但是现实却是非常严酷——事实上并没有许多人可以去救。我属于幸运人群中的一员，在我认识的人当中，没有人在世界贸易中心事件中丧生的。虽然没有我亲近的人丧生，但是我目睹城市遭受的劫难，我为其他在这次事件中牺牲和遭受重大损失的人们感到心痛。

在“9·11”事件之后，我有点感觉到自己是在逃避现实，我沉溺在孩子和舒适的家庭生活中，所有这些都在这次事件中幸免于难。我们的生活如此幸福，我感谢上帝。我们是一个有着宗教情怀的家庭，知道这一切不仅仅是靠自己的运气。但是笼罩在曼哈顿上空的阴云并没有被驱散，我每天都用各种方式在报道着这个事件。在我们的国家里，人们常常疏于建立联系，就像有些难以完成的拼图。然后突然之间有某种东西把我们团结起来，我们走到一起拼成了完整的图画。我只是希望，我们再也不要因为一场悲剧才走到一起。在“9·11”事件的后续报道中，美国像是一个受到重创的国家笼罩在一片阴暗中。当大家都感到心碎的时候，我们呼吁勇敢，我努力驱除我周围笼罩着的悲伤情绪。世界在朝着错误的方向运转，我坐在播音台前播报着与晨间新闻无关的东西——葬礼、航班，还有没完没了的个人悲情故事，背景是被焚毁的美国钢铁大厦的直播镜头。

面对这一切的时候，我和戴维都必须在晨间新闻播报中保持一种能给人带来安慰的语调。在“9·11”袭击发生之后，我和他在走进播音室时必须调节好自己的情绪。戴维有一对双胞胎女儿和另外一个还是婴孩的小女儿，他的妻子就像人们想象中主播的妻子应有的那个样子——脸色鲜亮，非常漂亮。我们两人都有着相似的家庭情况：在周围有着如此多不确定性的时候要抚养好孩子，让家庭过得平平安安。在播出时我们两人像是一支全美国队，我有着多元文化的背景，而他传统得就像一块苹果馅饼。

一对主播搭档之间的关系只有飞行搭档、花样滑冰搭档和其他类似的工作搭档才能理解。在电视播出时双方的默契配合做不了假，假如你们心存芥蒂，每个观众都看得出来。当我和戴维在演播的时候，我们就像是在延续一场通宵达旦的畅谈，而晨间新闻就是这样一次长谈结出的果实。我们要有轻松的情绪，因为这是周末的早晨。我们慢慢地提升我们自己和观众的情绪，甚至在不久之后的2002年和2003年发生了海啸这样的灾难。我们各自都发觉对方是一个很有意思的人，我们就像一对在早上刚刚醒来准备开始新一天生活的夫妇，只是有数以百万计的人们穿着睡衣在观看我们。作为主播我们常常欢笑、挥洒、斗嘴和互相取笑。

我们两人之间的关系稍微有点紧张的唯一场合，是遇到一份我们两人都想去做的工作，我们会像兄妹一样为此吵嘴，他强大的职业资格常常会让他赢过我。他在飓风报道中发挥了作用，还做了有深度的现场调查，因而荣获一项爱德华·R.莫罗奖和一项艾美奖。他也做过有关总统的报道，在职业资格方面他走在我前面。他也热衷于做一些我所不敢去做的报道，当伊拉克战争爆发的时候他很应景地穿上了凯芙拉背心。NBC想出了一个好主意——在一辆坦克上装上了卫星天线，所以戴维能够和军队一起被派往巴格达去做现场报道。他离开的时候我感到有点伤感，我是如此地为他感到骄傲。我通过电波与他通话，但是他显得很遥远，很不真实。这时正是四月，春天来到了纽约。戴维在巴格达的报道做得很成功，但是我也为他的安全感到担忧，我希望他能早点回来，他的妻子和孩子很想念他，观众想念他，我也想念他，我们两人是一支出色的团队。

有一天戴维打电话给他的妻子梅兰妮，说他已经到了伊拉克的边界上，他把声音压得很低，因为他们害怕遭到袭击。他当时正躺在一辆坦克上，他妻子想问为什么他们感到会有人朝他们开枪。他抱怨说他的双腿抽筋，他想好好地把腿伸开一下，他还抱怨从纽约到科威特的飞行时间似乎无比漫长。他在电话中与他的医生交谈，试图找到可以让他感觉舒服一点的方法。他们没有足够的饮水，他们坐在坦克的后部，在长达几个小时的时间里身体不能动弹。我从电视画面中见到他，他的头发上罩着一层沙漠尘土，他的脸颊由于太阳暴晒而龟裂。他看上去大胆而锐气十足，就像那些工作刻苦做出巨大牺牲的战地记者一样。在电视画面中他的脸色红润，但是我几乎分辨不出这是由于阳光的暴晒，还是由于沙尘暴，或者是由于接收不良造成的画面失真。我还是希望他早早回家，在电视直播的溜冰场上我们两人可以再在一起你追我赶。

2003年4月6日凌晨一点，这一天我要做周末晨间的新闻播报，所以这时离我起床去上班还有两个半小时。电话铃声响起了，在这么早的时候有人打电话来铃声显得很刺耳。NBC的接线员要我不要挂断电话，有上司要与我通话。我首先想到的是萨达姆·侯赛因使用了化学武器，我们曾做过这样的预测，也许戴维因此受了伤。“索莱达，”尼尔·夏皮罗在电话里对我说，“戴维死了。”有一块淤结的血块从他痉挛的腿部流动到了他的肺部，他只有三十九岁，还有三个年幼的孩子。在美国发动的世界范围的战争中，戴维是第153位献出生命的记者，他牺牲于自己的疾病。

我像一具僵尸一般地走去上班，我和马特·劳尔一起播报了我们自己同事的死讯。戴维会带着他的小女儿到我们的演播室里来玩，我们两人还有半打两美元的赌没有分出输赢。在他去世前的几小时他还在给妻子写一封信，信里说到他是如此热爱他的家人，热爱上帝赐予他的工作。我坐在演播室里，这是我们两人的演播室，现在我失去了我的搭档，我只有独自一人，桌上有半个橘子放在撕开的橘子皮里。新闻编辑室里的能量似乎被消耗殆尽，摄像师们毫不掩饰地流下了眼泪，助理制片人跑到楼道里去偷偷地哭泣。

在全国广播公司的三楼有一个纪念室，就在《夜间新闻》演播室附近，为的是纪念在工作中献身的记者们。这里陈列着记者唐·哈里斯用过的物品，他在1978年圭亚那琼斯镇的大屠杀中中弹身亡。还有一些其他记者的纪念物，戴维使用过的头盔也放进了纪念室的玻璃柜子里。他为了让美国人能见到变幻的世界风云而献出了自己的生命。观众们曾经随着戴维来到战乱中的波西尼亚和索马里，他们还从戴维的镜头中见到了“9·11”事件、“零地带”的惨状，见到了在以色列和巴基斯坦发生的冲突。他总是在执行使命，总是把最新的消息带给大家。

现在，我在每个周末走进演播室时总是带着对戴维的沉痛回忆，觉得生活不应该如此残酷。我想起在斯密斯顿的那些星期日上午，在七点半的时候我父母会让我们坐上车，然后开车带我们去教堂。我们在生活中如此幸运，这是我们向上帝表示感恩的时光。然后我们可以喝到牛奶，吃到包着巧克力填满奶油的面包圈，和父母在一起度过一个悠闲的下午。戴维懂得享受生活，但是他也敢冒一切风险去使他自己变得更完美、更显赫，然而他的死使他的价值观受到了严重的质疑。我赶回家去的时候把孩子拥抱得比以往更紧，但是在工作的时候，我再也不能在空了一半的演播室里对洛克菲勒广场上正在举行的接力赛开出半句玩笑。有些东西缺失带来的影响远远不止在一个方面。几个月后，我得到一份为CNN主播《美国早晨》的工作，这是一档强势的新闻节目，主播要花很多时间到现场去发掘有深度的报道。我离开了我工作了十五年的全国广播公司，还有缺了一名主播的演播室，我想走到外面去报道整个世界。

第五章　一把利斧

2005年9月2日，我乘坐的飞机穿透云雾降落在路易斯安那州的巴吞鲁日。天空沉寂而炎热，空气中弥漫着各种气味。在接下来的一个星期我将会有许多婴儿湿巾要洗。雨衣、雨裤、靴子、帽子、压缩饼干、水、塑料袋，为走进卡特里娜飓风带来的大水，我带上了所有需要的东西——也许除了吃压缩饼干的好胃口。

8月29日，狂风暴雨袭击了路易斯安那州的东南部，人员疏散的命令直到最后一刻才发出，混乱发生了。海堤被冲毁了，整个新奥尔良市的大部分地区被淹没，密西西比州的一小部分也遭了灾，有几百人在灾难中丧生。泛滥的洪水冲散了成千上万的逃难者，他们沿着I-10号公路撤离到了巴吞鲁日。

几天后，我在一个陷入一片混乱的城市落地，击倒这个城市的不是暴风雨，而是暴风雨的劫后余波。机场航站楼像是一个巨大的室内露营地，各种人种、阶层和年龄的人们不知所措地四处行走，他们似乎是想找到一条出路。行李传送机隆隆作响，我走过漫无目的到处行走着的人群。机场职员半张着嘴，他们的头发凌乱。空气中的味道像是留在坏了的烘干机里的湿衣服。像我妈妈那样的老年黑人妇女挤挤挨挨地走在人群中，她们的手臂上挎着手提包，头发上扎着头巾。噪音巨大的军用飞机一架接着一架降落，把炎热的空气吹散到跑道上。人们登上了目的地不明的飞机，我不知道他们所带的行李里有什么东西。当你一生的财富都浸泡在水里，你离开的时候该带上些什么呢？我看着他们的眼睛，他们已经太累而无力哭泣，他们的眼睛红肿疼痛，已经太干而流不出眼泪。

飓风袭击发生在星期一，今天已经是星期五，但是我看不出有什么区别。到现在，这里本应该有许多救援人员在忙碌，他们应该已经带来了政府对难民的救助，但是我感觉自己是来到了另外一个国家。这个星期我在纽约做主播的时候已经从屏幕上见到了许多受灾场面，这应该是一个美国城市在遭受暴风雨袭击后第一天的情景。但是现在四天已经过去了，怎么竟然还会是这个样子？我看见了人们的害怕和惊慌，我头脑里的愤懑情绪开始郁积起来。CNN已经在机场外建立了一个直播点，有一顶遮挡阳光的帐篷，但是每当有飞机降落时，跑道上的风会吹进帐篷里。我加入到一批已经疲惫不堪的CNN员工中，没有人说多余的话，我开始了我的报道。

我在2003年7月离开NBC，因为我想重新成为一个报道严肃新闻的记者。我在CNN担任了《美国早晨》节目的主播，我想当记者的愿望也在顷刻之间一并实现了。CNN重视严肃新闻，允许我去报道那些沦落在社会边缘的人们。我也将主持一档大型节目，坐在我身边的搭档是比尔·汉莫，他有小麦色的皮肤，戴着眼镜，性格阳光开朗，他看起来要比我年轻得多。在他的后脑勺有一小片白发，但是从前面看他却显得有点孩子气。比尔也热衷于到新闻报道的现场去，他报道过科索沃，在塔拉哈西对2000年佛罗里达总统选举重新计票案做过马拉松式的报道，还报道过“9·11”事件。他热爱家庭，我们都是带家携口的人，这是我们的共同点。比尔来自辛辛那提，他有那种中西部人特有的魅力，他的举止优雅得体。我女儿索菲亚爱上了他，叫他比尔汉莫，好像这是一个连在一起的单词。我问索菲亚为什么会爱他，她说：“我不知道，我就是爱比尔汉莫。”他的善解人意使我深受鼓舞，我们的节目中洋溢着友爱的氛围，这是非常好的工作气氛。但是这还不够，CNN想要的是吸引更多的观众。

CNN自从1980年开播以来一直保持着新闻报道的模式，希望以此来满足美国人对于信息的永无止境的需求。我们的观众像是那些吃花生米的人，他们拒绝不了想吃的欲望，又常常会把罐子盖起来，因为这时他们感觉自己已经吃够了。

在我节目中播出的新闻有高潮也有低潮。在低潮的时候，最好的解决办法就是去找更多更劲爆的新闻，这时观众的紧张感总能被我们调动起来，然后我会再去推波助澜。我又怀孕了，这次怀的是双胞胎。在播出间隙我奔到卫生间里去呕吐，而我不在的时候比尔坐在那里微笑着面对观众，把电子提词机上属于我的一份台词读出来。我坚持让节目保持着我怀孕前相同的节奏，尽管那种节奏很快，我却傻乎乎地想证明自己，在怀了一对双胞胎的情况下我还是能力依旧。我的行动缓慢，我的身材已经庞大得像一条齐柏林飞船。

然后，在夏季即将结束时的一天我生下了查理，他微笑着蜷曲着身子像是一条小狗；还有杰克逊，他简直就是他父亲的翻版。他们都是完美的孩子，我全身心地爱着他们，但也被随之而来的辛劳所压垮，我几乎每一天都因为劳累、担忧和痛苦而哭泣。我突然有了四个四岁以下的孩子，这样一种现实状况使我的同事们都感到很有趣。我请了一个全时保姆，但是后来我意识到结果变成是保姆在抚养孩子了，于是我辞退了她。有一天我把四个孩子装进一辆双重童车里外出——有两个孩子待在童车的后部——我意识到自己真的是一个疯子。我花钱来摆平所有的麻烦，但是钱不能为我买到夜间安稳的睡眠。

布拉德对待做父亲就像对待工作一样有驱动力，他的想法是我们要为孩子的行为建立高标准。我们请了全时的帮工，但是当我们不上班的时候我们就自己来带孩子，布拉德是一个相信做事要有节制的人。我们会带着四个孩子一起去餐馆，有时情况不错，但是他们毕竟还是孩子，更多时候情况就很糟糕。当他们全部安然无恙表现良好的片刻，我会看着他们如痴如醉，但是更多的时候我的生活是一片混乱，我觉得自己总是在赶着去救急。然后真正的紧急情况发生了。有一天我和比尔正坐在演播室里微笑着面对观众，突然我接到指令被派往泰国普吉岛去报道海啸，每个观众都看见了这一幕。我把四个孩子留给布拉德一个人带，但是他的眼睛却突然发亮了："去去去，这是一桩大买卖，一个好机会。"我就这样出了家门。

2004年12月26日，海洋深处的板块移动引起像山一样高的海浪冲向印度洋沿岸，有无数沿海的居民在这场海啸中丧身。全世界的人都把电视机频道转向CNN，但是我坐在飞机上却感到一种奇怪的放松，因为在飞往灾难发生地点的旅程中，我可以比在家里睡得好一点。在普吉岛，海水冲进陆地留下的水印有一英里长，这是一条生死分界线，尸体腐烂发出的臭味让我感到恶心。这是我职业生涯中第一次报道国际性的大灾难，而且是为CNN做报道。他们从全世界调来了干练的记者和技术人员，每个人都像我一样独自到达，然后像一支小型军队一样重新组合起来。我们在一家混乱而气味难闻的旅馆里集合，我们周围有许多人，他们正试图从新闻报道里找到失踪的亲人。

CNN在报道灾难方面是很出色的，每时每刻他们都不知从何方找到新的资源——从没有食物到有勉强能吃的食物，再到有了包装食物、水、压缩饼干、医药包,以及防暑降温用的电风扇。在汗流浃背的酷热天气里，我们睡在木地板上，头脑里塞满了死人的形象。但是国际救援做出的努力也令人印象深刻——在这场大灾难发生后仅过了几天，联合国救援人员就开始着手收容幸存者、组织搜救、为灾民提供食物，还在像印度尼西亚班达亚齐那样的偏远地区空投物资。

我们在受灾的中心地带设立了一个直播点，突然间我开始在地球的另一面主持《美国早晨》节目。当有人问我作为一个母亲在看见这么多悲惨的场面后有什么感觉时，我的内心充满了痛苦，我甚至因为心脏疼痛难忍而不能回答这个问题。清晨六点的节目在泰国当地时间下午六点播出，因此在上午我带上一个摄像师到外面去做报道。我的摄像师来自CNN泰国分部，他正带着他的妻子和孩子在普吉岛度假。灾难发生的那天上午他们幸免于难，因为他们的孩子被太阳晒伤了，他们离开海滩搬去了内陆。我们一起前往镇子的中心地带，在那里人们把失踪者的照片贴出来，这看起来就像是“9·11”事件现场的泰国版。

有一个男人给我们讲了他的遭遇：洪水把他和他三岁的儿子冲过了一片椰树林，他抓着孩子的手松开了。他给我们看了他儿子的照片，这是一个可爱的胖墩墩的金发男孩。他絮絮叨叨地给我们讲，他想把手的位置变换一下，这样可以把孩子抓得更紧一点，这时他孩子涂着防晒霜的手就从他手中滑开了。他的脸上写满了悲伤和自责，我作为一个上班族母亲而感到的沮丧消沉在突然间变得那么不可理喻。我告诉自己，我要把我人生中最重要的东西牢牢抓在手里不放松。

我乘坐一条小船经过几小时的航行来到了披披岛，岛上的居民大多信奉佛教，他们把死者的遗体放到石块、铁皮或者木板上。罗宾和英格丽德·德·弗里斯夫妇来到了披披岛，因为他们两个年纪分别为十二岁和十七岁的女儿爱上了卡芭娜度假村门前的沙滩。小女儿伊莎贝尔在远处看见海啸朝着他们卷来，英格丽德把女孩们从海滩上叫回到旅馆里面来。孩子们奔跑起来，但是她们还在大笑着，因为她们以为这不过是普通的海浪，就在一刹那之间海浪的速度加快把孩子们吞没了。伊莎贝尔开始时还浮在水面上，但是多米尼克被吓坏了。当第一波海浪打过来的时候，在旅馆阳台上的夫妇两人也被冲开了，他们在水中拼命屏住呼吸走进玻璃移门穿过房间，最后走到了后门外面。

英格丽德记得她当时的想法，如果女儿死了她也想一死了之，因为她生命中最宝贵的东西已经丧失了。然而在刹那之间海浪退了回去，他们四人都被冲得七零八落。伊莎贝尔受了伤，她飘到了海里的一条小船上；英格丽德也受了伤，她被救到一架拥挤的救援飞机上；罗宾不断寻找家人直到天黑，他们三人都被送到了不同的医院里。当他们三人重逢后立即开始寻找多米尼克，家人也从荷兰赶来，同来的还有一支法医队，他们来到这里是帮助寻找多米尼克。他们希望多米尼克只是失踪，也许她受了伤待在某个地方无法说话。各个国家对这次灾难做出的反应是如此精确。我设法缓解他们的焦虑，并把他们的故事作为这次大灾难的一个缩影来报道，这样的故事正时时刻刻在我们身边发生着。

有一天多米尼克的遗体在一家佛教寺庙里被找到了，遗体的身份通过牙医记录得到了确认。没有资料表明她的遗体是怎样到了这座寺庙里的，她只是大批搜寻者在收集遇难者尸体时找到的遗体之一。这虽然很难让人接受，但对这个家庭来说也算是有了一个交代。面对这么多悲惨的个人遭遇，我越来越感到心烦意乱，在白天的时候我还过得去，但是到了晚上我彻夜难眠。我在晚上十点打电话给布拉德，在他那里正是早上十点。他在电话里告诉我他不想在一天开始的时候听到这样悲惨的故事，于是我改在每天晚上打电话给一位女友。在泰国最后的日子里，我感到自己正从我周围的一切漂浮开去，我正在从现实生活中脱离开来。

我回到美国时感到自己像是被电击了一样。我走进家门时家里一片狼藉，塞西莉亚的头发又长又脏，布拉德面容憔悴，索菲亚朝我飞奔过来大声喊着“妈咪”，我们紧紧拥抱在一起。我被一种感觉所压倒——我对生活所给予我的一切还缺少感恩心，我认同这种感觉，并将努力把我的生活继续下去。

2005年夏天，我主持的节目经历了一些动荡。有几位上司要比尔停止主持这档节目，他们给了他一个白宫记者的职位。比尔本人希望做节目主持人并到现场去报道重大新闻，他突然离职去了FOX新闻。CNN调来了迈尔斯·奥布莱恩，他原来在CNN亚特兰大基地主持日间新闻。他是一个和蔼可亲的人，有着浓密的头发和温和的眼神。他聪明而讲究效率，对别人所犯的错误很宽容。他作为主播、作者和个人都作风稳健。人们会看着我们两人说：“嗨，两位奥布莱恩，你们结婚了吗？”他会回答说：“是啊，我结婚了，她也结婚了。”我打断他说：“但我不是嫁给你。”他有我父亲所有的那种憨态，他叫我SOB，又说她妻子桑迪是另外一个SOB。他懂得团队合作的重要性，所以当他播出的时间比我多一些时他会向我表示歉意。

8月26日，迈尔斯被派往巴吞鲁日去等待卡特里娜飓风的到来，我留在台里主持节目。暴风雨最先在周末登陆时就造成了惨重的损失，有预报说更大的风暴将会袭击海湾。有他在新奥尔良，我就感觉好像我们两个人都在受灾的现场。

我在NBC的制片人吉姆·邦迪在我之前也加入了CNN，她在NBC所做的周末工作结出了硕果，现在她已经成为《美国早晨》节目的制片人，我们又在一起工作了。8月29日星期一，当卡特里娜飓风在路易斯安那州第二次登陆时，她正坐在CNN的控制室里。当我后来得到提升的时候，她已经是CNN的副总裁，掌握着我用辛苦工作做出来的节目。我身处在她和迈尔斯中间，感到自己像是在自己家人中间做节目一样。吉姆一直是我最亲密的朋友，她也希望把这种关系体现到工作中。对于卡特里娜飓风的报道对她来说既惊悚又恐怖，因为她是在新奥尔良出生和长大的。她热爱新奥尔良，在2001年5月她还在那里买了一幢房屋。她的兄弟带着妻子和两个年幼的孩子在飓风袭击的前几天已经撤离到了得克萨斯。

到了2005年8月末，美国已经发生了十次暴风雨袭击，所以在这一年的风暴字母表上已经排到了“K”。吉姆的家人像其他人一样已经对暴风雨感觉厌倦了。吉姆的妈妈和继父决定待在新奥尔良来度过飓风袭击，他们住在吉姆的房子里。吉姆有许多次对我说起过那房子的好处，因为这幢房子的价格，她绝对不愿意花钱在纽约买一间单卧的公寓，她说将来有一天她会搬回到这幢房子里。拥有住房是美国生活最重要的组成部分，它意味着你拥有了未来，是在美国梦中竖起的一根旗杆。吉姆的房屋离庞恰特雷恩湖有一英里远，她为父母买了一台备用发电机，把他们安顿了下来。

星期一的节目播出了，所有现场记者都告诉我卡特里娜是一场强大的风暴。一位红十字会的发言人确认在路易斯安那州的“超级穹顶”里有八千到九千人在避难，那里只有发电机的供电，但是情况还算正常。这位发言人担心海堤正在被冲垮，但是公众舆论认为海堤还是安全的。吉姆打电话给她的母亲，她母亲说她正在她的房子里等待暴风雨的到来，她说“我很好”，并且询问暴风雨是不是已经结束了，她把“我很好”这句话重复了几遍。我们的气象记者查得·迈尔斯告诉吉姆还有另外一波降雨，然后就不会有什么事了。暴风雨是由大风吹来的，吉姆的房子很坚固，以前也从来没有被淹过。整个情况看起来似乎是暴风雨已经擦肩而过，吉姆给她母亲讲了接下来应该怎样做，以便她和母亲之间能够保持联系。

我们开始报道诺拉地区躲过一劫的新闻，似乎在电视上对于最近这场暴风雨的戏剧性报道已经过去了。然后现实突然分裂为两半，在接下来的几小时里既有官方发布的正式报道，还有吉姆带来的个人报道。她的兄弟从得克萨斯州打来了电话，说他们的母亲来电话了，她屋子后面的阳光房已经进水了，她正把家具搬回到屋里。后来吉姆的兄弟打来电话，说吉姆的汽车已经浸在水里了。我们急忙给记者们打电话，但是都很难联系上。正式报道说暴风雨已经过去了，我们在报道诺拉地区逃过一劫，但城里大部分的居民撤离了。吉姆的兄弟又打来电话，他正在哭泣，他听说他自己的屋子已经被水淹了。

在节目本该结束时我仍在延长播出时间，“早上好，欢迎收看2005年8月29日《美国早晨》特别延长报道，我们正在报道卡特里娜飓风，它在四十五分钟前登陆。”我听了查得·迈尔斯的气象报告，他在地图上画了一条线，表示这场暴风雨在最后一分钟拐了一个弯。他重复了他对吉姆说过的话：“新奥尔良正在遭受一场最大的灾难。”我让他继续说下去，查得说暴风雨还没有冲垮海堤，假如真是这样的话，他说：“那么排水泵都会被淹，涌入新奥尔良的海水要经过长达八个月的时间才能被排空，但是现在这种情况还没有发生。”吉姆坚持要求我们报道城里没有撤离的人们的情况，我们把这个要求转达给一位当地记者，他说“超级穹顶”的一部分已经被风吹走了，雨水已经进入到穹顶里，里面没有照明，有成千上万的人正在那里躲避。我们给路易斯安那州州长凯瑟琳·布兰克和联邦紧急情况部的负责人迈克尔·布朗通了话，他们了解到的情况也是一样。糟透了的暴风雨，我们必须把局面控制起来。

在暴风雨袭来的前一天，我一直在反复阅读有关的研究报告。这次暴风雨已经成长为五级，并在墨西哥湾上形成规模。到这一天，温暖的海水使风速加快，直到形成了这次规模和强度都打破历史纪录的风暴。延长节目在继续下去，这是一次如此巨大的暴风雨，开始时新奥尔良似乎躲开了暴风雨的迎头袭击，局面好像还没有坏到不可收拾的地步。但是事情并没有就此完结，吉姆的亲戚朋友都在打电话过来，他们报告的情况非常糟糕，肯定是出了大问题，城市里有许多地方进了水。

人们没有料到的是，在这一天中有五十条排水管道和引航海堤被一条接一条地冲毁了，海水涌进了80%的城区，密西西比河沿岸的城镇都浸泡在水里。泛滥的洪水把整个城市设施都冲毁了，还把船只冲离了码头。海浪裹挟着垃圾在街道上东冲西突，看上去像是科幻电影里的场景。我整天在没有图像的电视屏幕上主持节目，就像无线电广播一样。在这一天里我进出吉姆的办公室有十几次，我总是看见她在打电话。她不止一次地从办公室冲到CNN新闻编辑室，每当有朋友从新奥尔良打来电话，她总是立刻把消息转告给控制室，然后就直接在CNN播出。吉姆的兄弟又打来电话，他联系上了吉姆的母亲，她和她的丈夫已经躲到吉姆漂亮房子的二楼，洪水正在涌入，他们想要求助，他们被吓坏了。

我不喜欢危险。我不喜欢闪电来临之前电荷在空气中积聚，看见潮水涨起我就想逃走，看见愤怒的人群我也想逃离。危险是我们行业必须面对的困难之一，开始的时候我们因为能够来到重大事件的中心而感到亢奋，但是随后我们被所见到的残酷悲惨的场面所吓倒和压垮。有些记者喜欢报道危险事件，但我不是这样的人，我不觉得危险能使人快乐或者兴奋。我会去面对危险，快速而带有目的性地去面对。我会在危险中坚持工作并且告诉人们正在发生什么，我会把我的恐惧藏在内心深处直到危险解除，但我不会觉得危险是一件好玩的事情。对于我来说，当装着扩音器的大卡车开过来要人们从危险地带撤离时，最合乎逻辑的做法是收拾起自己的行李尽快离开，我不是那种带着摄像机和六箱啤酒躲到掩体里准备去拍摄危险场面的人。

在CNN，我有时感到自己被英雄行为所包围。有自然灾害发生了，一位记者穿上印有CNN字样的樱桃红色防风外套，他抓起一只背包跳上了一架飞机。他会找到一个刚刚能保护自己免受伤害的位置，他要等待即将来袭的任何危险——导弹、飓风、快速传播的瘟疫或其他任何东西。炸弹就落在克里斯蒂安·阿曼普尔的身后，狂风暴雨飞沙走石把安德森·库珀冲得直不起身子，我对这些CNN名记者们充满了崇敬，但是要我像他们那样我恐怕做不到。当暴风雨过去后我幸存了下来，我不会感觉这是我的一场胜利，我只有一种职业的幸运感，而且不想过多地去对人们渲染我的经历。

也许这是我的天性使然，我天生就不是一个具有冒险精神的人，我不喜那些会让人过度亢奋的事情。我喜欢有益的对话，我希望能在事件发生之后来到现场，我要找出问题的症结究竟在哪里。我不想亲眼看见大风把装满儿童的拖车掀翻，以及随后车上儿童的丧生，但是在观看紧急救援时我也不会感到惊恐。在生活中我们都是乘同一架飞机的旅客，你可以选择坐在靠逃生口、靠窗或者靠走道的座位上。我喜欢靠走道的座位，让那些身穿斗篷的超级英雄来决定何时可以打开舱门，我只要能组织旅客的撤离就心满意足了。

当CNN了解到卡特里娜飓风带来的严重危害时，他们试图把更多的记者派往灾区。记者一旦降落到现场，那里没有飞机，没有汽车，没有电和水，也没有安全的地方可以让他们躲避暴风雨。在暴风雨袭击的那一天，我们已经在灾区的每一个角落都派了记者。我开始做好准备去和迈尔斯会合，我慢慢地做准备，因为我不知道自己将在什么时候动身，但是我知道自己一定会被派去。到了晚上九点吉姆收到了她母亲发来的一条消息，内容很简短，只是说“我很好”。这是她在这几天当中最近一次得到来自母亲的消息。

然后到了暴风雨袭击后的第一个傍晚，CNN记者珍妮·麦瑟弗在播出新闻，突然两种现实碰到了一起。珍妮正全身心地投入到工作中，但是她感到压抑和情绪低落，加上摄像师把她的脚给弄伤了。他们在黑暗中乘上一条小船划到外面去，他们听得到被困灾民发出的绝望的声音。他们看见狗被电线缠住活活地烧死，有一名船夫救出了一个肢体被切断了的女人。珍妮正按照吉姆的要求做着报道，一场巨大的人类悲剧正在发生，但是救援力量远远不够。珍妮的声音听起来像是在哭一样，她刚刚试图进入到有被困灾民躲避着的屋顶下面去。“你能听到人们在呼救，狗在狂吠，他们被困了，希望有人来救他们。”

“但是在今天晚上救援行动暂时停止了，”珍妮报道说，“乘小船外出太危险了，仍有许多带电的电线，有漏气的煤气管道，有淹在水下的汽车和其他大型障碍物……那些拥有船只的人们无法上船并且把船开出去救人……当有船只在街区行驶时，他们在呼喊着，而被困的人也会呼喊着回应。”

她一直播出到深夜，主播很少去打断她。在CNN我们都在倾听着她的报道，被她带来的现场目击报道深深吸引。在黑暗的屋顶下有呼喊声，但是没有人能够去救他们——我们都知道这样的情况发生了，难道政府就不知道吗？我们是在电视上直播这一切，但是我们这个国家引以为自豪的警察、消防队、军队和机动部队在哪里呢？

作为记者我得到的教训之一是不要去依赖任何人。我并不愤世嫉俗，总的说来我还算得上是一个乐观的人，我信任别人，特别是我的朋友和家人。我甚至认为在大多数情况下政府都有着良好的动机。尽管话是这么说，但是当整个世界把你出卖了的时候，你在家里储存几罐金枪鱼总不会是坏事。

但这却是我们必须面对的现实，当人们拨打911时并不总是能得到及时的帮助，这是事实。在我报道过的许多事件中，这是一个关键的问题——人们期望某些部门能为他们撑腰却最终大失所望。假如你不是这样认为，你也可以再去想一想，但我要在这儿告诉你，有时火灾警报响起后消防车并不总是会立即出发，并且带着他们的警犬，像这种情况我已经亲眼见到过许多次了。当美国欺骗了你的时候，你会感觉特别失望，因为人们对她总是有着太高的期望。你难以逃离这样的现实：当你陷入困境时，救援人员并不总是已经在路上。遭受卡特里娜飓风袭击的地方靠常规的救援力量是不够的，它需要的是一种全国性的响应，这样一支救援机动队只有国家才有能力来召集。但是救援队伍并没有及时到来，为了求生你要准备好依靠自己。假如这样的现实使你感到愤怒，你没有错，我也同样为之愤怒。但是当洪水涌入到屋里的时候，愤怒并不能把你从屋顶下解救出来。

我很佩服新奥尔良的人们，他们在家里备了一把斧子，用这把斧子他们可以破开阁楼上的屋顶逃生。我为一对带着小孩的父母鼓掌，他们就是这样逃出家门住进了一家对他们来说价格昂贵的旅馆。对于那些爬到窗户上仍带着宠物的人，我为他们的善良而感动。我愿意在生活中牢记童子军的座右铭：时刻准备着。但是我不理解为什么有更多的人不愿意这样做。我有时遇到许多带着伞的人，即便当天的天气预报说下雨的概率只有30%。那么当天气预报告诉你龙卷风发生的概率有10%的时候，你为什么不躲到地下室里去呢？我并不是在灾难发生时才说，我同情那些没有为最坏情况的发生做好准备的人们，我只是说我自己愿意这么去做，我会做好一切的准备。当我拨打求助电话时，我并不会把希望全部寄托在那些应该到来的人身上，这是卡特里娜飓风教会我的最重要的事情。此外，假如你是依靠自己的机智敏捷逃生的，那么你比以往更有权利来表示愤怒，你可以生气、咆哮以至追究责任。这些就是我的观点所在。

夜幕降临到巴吞鲁日，就像墨水倒在一片玻璃上。我情绪激昂，但CNN不允许我们在安全没有保障的情况下到任何地方去。这是在暴风雨发生后的9月2日星期五，他们坚持要有从新奥尔良派来的警卫来保护我。吉姆告诉我有人在抢劫，已经有汽车抢劫案发生，而公路上阴森森的一片黑暗。我吃了一些东西并且耐心等待，我把我随身携带的东西反复摆弄了好几遍，我已经想进入到新奥尔良市里去了。暴风雨过去到现在已经有四天多了，情况还是这样糟糕真是不可思议。这还是在巴吞鲁日，是人们撤离的目的地！吉姆不让我动身，她要我等待。

就在这天上午，我在纽约演播室里采访了吉姆的兄弟。他一直在休斯敦体育馆里寻找，希望他母亲已经撤离到了那里，但是他并没有找到。当洪水上涨的时候，他的继父跳进水里，他们乘了一条小船逃到了外面。他们曾经在大学里露营。吉姆担心他们最终会逃到新奥尔良的“超级穹顶”里，这个地方挤满了逃难者。雨水穿透屋顶下到穹顶里，没有足够的食物，天气炎热，外面杂乱危险。在酷热中有坐在轮椅车上的病人突然倒地，因此吓坏了周围的每一个人。到后来，吉姆的兄弟发现他母亲就是去了“超级穹顶”，她从一辆巴士上下来时见到了记者，她拦下了一个NBC的摄制组，她告诉他们她是吉姆·邦迪的母亲，于是他们把她带到了有CNN记者的地方，吉姆的母亲逃过一劫。在这次母亲几乎失踪之后，吉姆不再把运气寄托在任何别人身上。

四名警卫终于到达了，我们驱车前往诺拉机场，六十英里的路程花了几个小时。有巴士在我们身边开过，上面并没有很多乘客。有成千上万的人正试图逃离新奥尔良，但是这些巴士上只有一半的乘客，看起来并没有人在组织人员的撤离。当我们到达时整个城市已经关闭，我们在六个警察岗哨问了路后才进入到了城里。城里安静得出奇，直到到了新奥尔良机场。机场里光线很暗，联邦紧急情况部已经把这里变成了一座野战医院。达美航空公司的航站楼是一座三角形的建筑，有老年人坐在轮椅车上等待，到处有在地上睡觉的人们，有些人一家大小都睡在行李提运机上。

我与一位救护车司机谈了话，他在做了一整天的救援工作之后正在休息。“这是一个教训，”他告诉我说，“在家里要准备好急救物资，现在你看到了，没有人会来救你的。”确实没有人来救，我在灾后的第六天到达现场，但是我感觉自己好像是第一个做出响应的人。我开始在心里开列出一张个人需要哪些物资的清单，但是这张清单太长以至我的脑袋里装不下了。我告诉自己，在我的余生中我都要在自己家里储备好物资：水、格兰诺拉饼干、罐装食品、现金等等。大家都像无头苍蝇一样到处奔忙却没有地方可去，联邦紧急情况部正在把更多的人送到这里来。在路易斯安那州到处有露营的人们，机场航站楼成了他们的“医院”。他们说在飓风过后设立了五处这样的医院，在这个地方有四十张病床。似乎没有人和机场有什么关系，联邦快递的卡车被用来做了流动药房，机场柜台已经关闭，柏油路上空无一人。一切都停止了运转，有些地方一片死寂让人触目心惊。这个地方毫无舒适可言，气味很难闻，到处拥挤不堪让人感到不安。我开始了晨间新闻的播报：

（2005年9月3日，主持CNN的《美国早晨》节目）没错，这里是新奥尔良路易斯·斯特朗国际机场，你可以听见我头上有直升机的声音。整个上午都会有直升机飞来，昨天夜里空运暂停了一段时间，真正重新开始就在几分钟之前。在这个主航站楼里现在有多少人还没有准确的数字，有人估计此刻这里已经有四千人。我肯定你已经注意到并且会感到奇怪，在你通常乘飞机外出要经过的出发楼层，有许多坐在轮椅车里的老年人，他们是从医院里撤离到这里的。

在底层大厅里——就是领取行李的地方——有成千人坐在行李提运机上，他们是逃出来露营的人，他们中有些人得了病，有些病人已经得到了医护人员的帮助。有人带着孩子躺在纸板箱上，他们为自己能逃出新奥尔良而感到庆幸。

节目播出后我们驱车进入到市中心，市里空空荡荡一片死寂，大多数高大的建筑都缺失了窗户。我从来没有到过战区，但我想战区也许就是这样了。街上有军车在巡逻，有人把他们拥有的东西装在购物车里推着在街上行走。新奥尔良警察局在街上拉起了警戒线，他们就驻扎在喜来登酒店的门外面。

9月5日，我到著名的波本街上去做直播，波本街是美国人聚会喜欢去的地方。我总是很喜欢波本街，在这里多元文化和多种体验以一种疯狂的方式融合在一起，这里总是洋溢着朝气蓬勃的美国精神。街上到处是快乐的醉汉，他们暂时逃离学习和工作的压力到这里来听音乐，或者庆祝张灯结彩的狂欢节。今天，这里的能量仅仅来自一排体积庞大的发电机，发出的电能可以供喜来登酒店的灯光和空调使用。这就是资本主义的疯狂之处，一家酒店可以在暴风雨袭击过后的几天之内建立起自己的供电系统，但是政府却想不出如何向灾民派发瓶装水的方法。在波本街的喜来登大酒店外面有人安放了小便池，但是受灾的民众却在超级穹顶没有灯光的走道里随地撒尿。

街上仍可以见到被水淹过的痕迹，但是真正的破坏是在游客区之外。在地势低洼的地区积水仍很深，街上的寂静让人感到不安。救援工作已经展开，但重点是放在搜寻遗体上，尽管还有生还者不断出现。新奥尔良是一个以爵士音乐和快乐喧闹的狂欢节游行而闻名于世的城市，现在这个城市受到了重创。我遇到的每一个人似乎都是满腔怒火：为什么救援需要等这么长的时间？为什么在人员撤离时大桥要关闭？在海堤被冲垮后由于反应迟缓而导致了这么多人丧失了生命。我采访了市长雷·纳金，把我周围人们的愤怒情绪转达给他：

“有人说你的人员撤离计划是灾难性的，当然是在事后。”我告诉他。

“是哪个撤离计划？”他反问我。

“你早先的那个撤离计划，你把人员安置到超级穹顶，这种安排考虑不周全，你在那里塞进了两万人，主要就是为了这个原因。”

“你能看到，我会负起我应负的责任来。但是让我来问你一个问题：如果你的城市里有五十万人口，有一个五级飓风正在向你袭来，你能做到的最理想的事情就是把城里60%的居民撤离到城外。这个城市有三百年的历史，但是从来没有人发出过一道强制性的撤离命令，我做到了，我提高了人民对灾难的警觉程度。

“除了告诉市民这是强制性的撤离命令，我不知道自己还能做什么。假如你愿意待在家里，一定要准备好一把冰斧，以便在洪水上涨的时候破开屋顶逃生。

“作为公共建筑，在这个城市里除了超级穹顶以外没有一幢建筑能经得起三级、四级或五级的暴风雨，这就是我们为什么把人们送到那里去躲避的原因。在那里容纳不下以后，我们又把人们送到了会议中心。现在你可以告诉我，我们还能做些什么？”

上帝，在这座城市里甚至市长看起来也绝望了。新奥尔良与外界的联系被切断了，他们的美国意识被戳破了，这种意识正是让他们的故事延续下去所必需的。但是有一个晚上，在艾伦·布朗主持的《夜间新闻》节目当中，这些撤离的家庭被称之为“难民”，顷刻之间他们沦落为寻求援助的外国人。吉姆为此怒气冲冲，她一再关照我们在做“人”的报道时要把他们当作美国的纳税人。他们都像她的家人一样在无意识当中遭了灾，他们做了待在家里的错误决定，而泛滥的洪水把他们一辈子积蓄起来的财富一扫而空。观众看见在超级穹顶里有大批黑人，但是白人政客却对他们的苦难视而不见。不满情绪在慢慢地积聚起来，而种族是其中一部分的原因。但是在受灾现场我见到的是一场不分肤色的暴风雨，飓风正面袭击的是圣贝尔纳县，在这个县里有88%是白人，每个人都陷入了可怕的困境中。

9月8日我到圣贝尔纳县去验证这样一个事实，我是和美国海岸警卫队一起去的。在没有被水淹的地方发生了抢劫，就在这天早上他们已经救出了九个人。我们沿着密西西比河蜿蜒的河道前行，巨大的受灾范围立即清楚地显露出来了。我们看见有一家人待在屋子的门廊上，他们看上去并不绝望，只是好像有点情绪低落。我们在另外一幢屋子的门廊上看见一位居民，但是这个男人并不想离开他的家，即使他门前的街道上已经是一片大水，有毒的脏水油污和垃圾混合在一起，积水已经变成黑色并散发出阵阵恶臭。在一处屋顶上有椅子和单只的沙发，表明这里有人需要救援。我能在远处看到“超级穹顶”，它的四周已经被成堆的垃圾所包围。公路不通了，一条公路的下行匝道通向了一大片泥沼。对17街海堤的修补清晰可见，这条海堤被冲垮是城市被淹的主要原因。

这一天是9月8日，大水终于退回到了庞恰特雷恩湖。然而再往北走一英里，我们又见到了水淹到屋檐的房屋。圣贝纳尔县受灾的严重程度让我感到窒息，尽管我到灾区已经有好几天的时间了。到处可以见到被损毁的房屋，汽车被冲上了屋顶。有许多水陆两用的军车在挨家挨户地搜寻，他们要确认房屋里面已经清空，或者统计死难者的人数。我们遇到一家人在他们的车道上竖起了一块牌子，牌子上写着他们没事并且打算待在家里。我看着曾经的街区到处是黑乎乎的垃圾和淤泥，我不明白他们为什么还要待在这里。在一个孤零零的屋顶上竖着一块牌子，上面只是简单地写着“救救我们”。海岸警卫队在过去的五十年时间里在这个地区实施了3689次救援行动，但是仅在这个星期他们的救援次数就达到了6584次。这一天我在离“超级穹顶”三到四英里的地方做直播，画面显示出一条通往I-90公路的上匝道被水淹的情况。在我回顾这一天的情况时，我说到了救援队员把从屋子里救出来的人们送到高地上，然后又冒着尸体腐烂发出的恶臭回到救灾现场去，他们尽全力试图找到更多的幸存者。

CNN职员的每一天都是以穿脱靴子来开始和结束的。卡特里娜飓风带来的淤泥里混杂着油污和有毒的垃圾，我们每天都穿新靴子出发去工作。然后到了傍晚我们把穿过的靴子送到一个回收点，事实上我们只穿着汗湿的袜子踏上汽车，留下了成堆的臭靴子。我们的指挥中心设在诺拉花园区附近，面对着一幢门面被损毁的房屋。这座房屋很像是一座玩具屋，里面的家具摆放得很整齐，你能看见一张汽车形状的儿童摇篮床。在马路对面的建筑里我们安装了卫星设备，还有各类物资，文件柜和许多的电话电脑放在一起。CNN建起了自己的指挥中心，假如你没有见过许多这样的场面，你只要想到我们是在危机当中来到了新奥尔良，而我们的指挥中心就设在市政厅里。

我是和我的制片人贾斯汀·戴尔一起来到新奥尔良的，他是一个谈笑风生的人，但是今天他却一句笑话也不想说了。年轻而充满活力的他特别擅长于把握细节和从事后勤保障方面的工作，但是今天他匆忙之中剪成的头发中却落满了尘土，我们两人似乎都缩回到了我们穿戴着的CNN帽子和肮脏的外套中。我们一起跌落到情绪低落的周期中，我们除了必须说的话其他什么也不想说，只是时而给对方一个鼓励的眼神。我们甚至不用讨论报道的内容，因为我们所看到的一切都搅得我们心神不宁。可以去报道的故事有太多，我们好像是身陷在一座闹鬼的屋子里。

我们在指挥中心吃饭，食物是卡真风味的，卡真是本地的一个混合种族，有一位当地的厨师从巴吞鲁日开车把食品给我们送过来。开始时我们睡在汽车里，后来升级到了房车里，再到后来住进了一家旅馆。有一天我在指挥中心打卫星电话，企图在最后一分钟把我的双胞胎孩子送进学前班。我尽量用温和轻松的语调说话，我希望正在和我通话的学校职员不要听到背景中夹杂着的警报声。与家里的联系使我意识到，我离开正常的世界已经是多么的遥远。在我头脑中，我周围的环境和美国应该有的样子之间已经撕开了一个巨大的裂口。

新奥尔良的现状是荒唐和不可接受的，每一位记者都在朝着麦克风呼喊，但是似乎没有人在倾听他们发出的声音。在新奥尔良差不多有70%的非洲裔美国人，眼下的乱局肯定与政府做出的反应有关，而在我们周围社会阶层的区分也显得触目惊心。金钱能决定人们住在哪里，决定他们撤离的能力，而到了重建家园的时候金钱也将会把人们区分开来。如果不是与种族和阶层有关，我们还真不能看出其他的区别在哪里。

我能感到我在上电视的时候内心有一种愤怒，我甚至不想听自己在电视上说的话。我自身的一部分似乎遵循着美国的伟大传统，这个国家有一个了不起的地方就是她有敢于大声说话的人。我们有着享有言论自由的人民，他们平时循规蹈矩地生活，但是当有些事情做得过分了的时候他们会爆发出来。我觉得我应该克制一下自己的感情，否则我可能会失去观众对我的信任，但这却不太容易做到。我常常会想起我在“超级穹顶”外面采访路人的情景，人们排成一队等待着麦克风。黑人在他们自己的城市里被羞辱、被歧视，使他们陷入困境的不是自然灾害，而是这个国家的不作为。现在他们在华氏九十度的高温中半裸着身子，对着镜头举起他们的孩子哭喊着求助。人们在开始抢劫前已经在无助中等待了许多天，有时甚至我自己也有去抢劫的冲动，就像当有第十个人问我哪里可以找到撤离的巴士时，我却无言以对。“就待在这里吧。”我对一位穷人说，我为自己不知道答案而羞愧，更为也许根本不存在的撤离巴士而抓狂。

在美国故事中我们总是互相帮助，但是在卡特里娜飓风中有些人就是被迫独自撤离的，他们曾经求助过，但是没有人来帮助他们。一条区分阶层的无形的分界线划出来了，就在这时人们必须做出选择，他们应该去抢劫，还是去当救灾的义工。到处泛滥的洪水折射出一种迷失困顿的景象，人们像墨绿色的幽灵一样四处游走，没有种族，没有阶层，也没有任何看得出来的差别，他们只是被遗弃的人，他们要决定自己下一步走向哪里。有两名警官在偷窃时被抓获，但是在飓风袭来的那一天他们被释放出来，在后来的四十八个小时里他们一直在把人们从屋顶上救出来。

我问纳金市长，在总统对灾区的访问之后他从联邦政府那里得到了怎样的承诺。市长是一位黑人，出生在专为穷人父母开设的慈善医院里。他在新奥尔良长大，他的成就反映出这个城市能够为像他这样的人提供怎样的机会。但是现在他看上去筋疲力尽，他的眼神因为愤怒和沮丧而变得黯淡无光。他说起他在空军一号上向总统和州长施加压力，希望他们一起做出下一步行动的决定，他走下飞机时带着的承诺是更多的救援力量已经在路上。他说他们告诉他，他们需要有二十四个小时来考虑这个问题。

我又回到了圣贝尔纳县，警长杰克·斯蒂芬斯正在指挥中心。他工作的地方是一条船屋，他坐在一把安乐椅上，四周放着可折叠的桌子，桌上放着步话机和手机。他是一个可爱的老男孩，他皮肤白皙身材高大，待人和蔼可亲，在一部有关新奥尔良的影片中他曾出过镜。这个有着七万人口的社区几乎全部是白人，杰克就在这里掌管着飓风袭击后的社区安全事务。贾斯汀注意到，这个县里少量的黑人似乎在一夜之间就消失得无影无踪，甚至在危机中他们也被分隔开来。

杰克警长把我们带到了圣丽塔养老院，他相信在那里已经死了三十个人。那里的积水仍有三英尺深，最深时也许达到过十英尺，外面场地上被洪水冲来的汽车七倒八歪地停放着。杰克警长说，他相信在养老院里差不多有五十个人是可以逃生的，但是没有人知道为什么这里的员工把这些老人都留下了。一辆冷藏车开了过来，工人们正把这些爷爷奶奶的遗体送到太平间去，而直升机在上空扇起阵阵热风。救援工作仍在进行中，我们不时能碰上一些刚被人从家里救出来的人们，其中有一位八十九岁高龄的律师抱怨说他是被强迫撤离的。

在被当地人称为卡特里娜营地的恰尔米特条地，杰克警长在讲起人们在等待中不幸丧身时流下了伤心的眼泪。他属下的警察把大约三千人送到了这里，但是有人在等待撤离时丧失了生命。警察的本来目的是为了救人，但结果他们却看到了人们在等待中死去，这样的悲剧令人痛彻心扉。我要杰克估计圣贝尔纳县因飓风受损的百分比有多少，他回答说："百分之一百。"我问他现在需要的是什么，"我要有钱给我的属下发工资。"他说。当一场全国性的灾难发生时，警察需要抛开家人去从事危险的救援工作，但是在联邦政府层面，没有人想到应该去帮助这个城市解决财政困难。

我在新奥尔良学到的一件事，就是我们的国家是一个由个人而不是由机构组成的国家，这个国家的伟大在于她的人民高于他们身处的环境。安吉拉·科尔住在纽约上城区，她是一位公共卫生护士，在一家药品市场里工作。她既不是救援工作者，也不是政府官员，甚至也不是放弃周末休息去参加红十字会或国民警卫队活动的那种人。一场暴风雨袭击了我们国家的一片土地，还没有人来得及做出响应，受难者发出绝望的呼喊。但是有许多像安吉拉一样的人，他们跳上了他们的SUV汽车赶往灾区去回应灾民们发出的呼唤。

卡特里娜带来的奇迹是让我们看到有许多像安吉拉那样的人，他们独自开车到达灾区，连工程部队也认为在这些地方开车不宜过快。他们划着小船来到尚未被海岸警卫队发现的被洪水包围的社区。他们建立起了志愿者的帐篷城市，他们带来了建筑工具，还有他们开放包容的心。他们找到了那些穷困的、肮脏的、沮丧的，以至失魂落魄的人们，他们牢牢地抓住了他们的手。他们一直为明天会更好而祈祷着。

不知道安吉拉·科尔用的是什么方法，她在密西西比州找到了一个叫皮尔林顿的地方，这是一个被所有人忽略了的地方。这个小镇隐藏在茂密的松树林中，在地图上也很难找到。镇子中心有一条铺设过路面的道路，有一架ATM机，一座教堂和一家便利店，所有这些都被暴风雨摧毁了，现在人们所拥有的只剩下他们的贫困。他们中间有白人也有黑人，教育程度都不高，也缺乏出人头地的机会，但却有着一种不屈不挠的精神。卡特里娜飓风过后洪水泛滥，镇子里的人们躲到了高地上属于美国航空航天署的一栋建筑里。他们看见的是一片被重新组合过的风景，小龙虾再也吃不到了，用一生积蓄买下的只有一间卧室的房屋瞬间就被冲毁了。有工作人员告诉安吉拉她不可能到达皮尔林顿，但是她还是开车找到了这个地方。镇子里没有由政府组织的救援工作，安吉拉带来了食物、水和衣物，同时她也立刻开始为这里的人们向外界发出求助的呼吁。

直到安吉拉来了之后，皮尔林顿的家庭才住进了用防水布搭起的帐篷里。然后，似乎是美国人的想象力产生了奇迹，安吉拉发出的呼吁传到了外面，有志愿者开始陆续来到这里。基督教的牧师们建起了帐篷城并开始着手灾后重建，志愿者们把一座废弃的学校改建成一个专门接受捐赠物资的地方。安吉拉所做的工作成为整个海湾地区救援行动的一个象征。她看见人们需要医药方面的帮助，于是她就召集起一支医生队伍来为她提供破伤风和肝炎的疫苗。她从一个帐篷走到另外一个帐篷去给人们打针或者包扎伤口。有一对名叫苏珊和列杰·里布莱德的佐治亚州夫妇收到了安吉拉的电子邮件，他们开来了一辆带拖车的拖拉机，拖车上装满了物资。我遇到安吉拉的那一天她正在工作，她个子不高，剪着短发，带着镜片薄薄的眼镜，她就像那种每天早上穿上跑步鞋目标明确地走出家门的那种人。当她看见有物资送到时无须做太多的书面工作，或者人们无须排队就可以领取到救援物资时，她会有发自内心的欣喜。

安吉拉带着我走过一条尘土飞扬的街道，她不时向我介绍她正在试图救援的人们，好像他们是她久未见面的亲戚。我们首先遇到的是丹妮斯·马丁和她的四个孩子，她们挤在一辆由联邦紧急情况部提供的拖车房里，里面建筑胶水的味道很浓。拖车房就停放在她们曾经的家门口，湿漉漉的建筑废墟看起来就是已经被洪水冲毁了的房子。最年幼的孩子丽萨牵着我的手，指给我看她睡觉的地方，我过了片刻才明白过来，她指着的那个厨房柜子就是她和哥哥晚上睡觉的床，丹妮斯自己睡在一个架子上。由于拖车房太小，直到卡特里娜飓风过去四个月后她的母亲和姐姐仍在外面露营。没有一项搬迁计划可以告诉人们他们将搬到哪里，成年人中间弥漫着悲观失望的情绪。安吉拉有一个白日梦，就是有一天她能为丹妮斯建造一座房子，她们为此拥抱了她，因为她是唯一做出这样承诺的人。

我们遇到了一位皮肤像墨水一样黑的老人，他住在附近的一顶帐篷外面。他用他的手杖敲打着地上的瓶瓶罐罐，告诉我们暴风雨不仅缩短了他的寿命，还摧毁了他的意志，他看上去形容枯槁像是一个无家可归的人。安吉拉向他承诺会帮助他，把他的名字加入到拖车房申请者的名单上。你看了这样的情景会感觉到安吉拉像是某个慈善团体的雇员，但是她只是一名来自纽约的护士，一个回应灾民的呼吁前来提供帮助的人。

安吉拉还告诉我们另外一个故事：在卡特里娜灾区，有10万个家庭居住在联邦紧急情况部提供的拖车房里，仅此一项就花去纳税人高达5亿美元的钱款。我遇到了一个名叫保罗·斯图尔特的人，他屋子的废墟前停着一辆空着的拖车房。在暴风雨袭击过后不久，他就和妻子梅罗迪搬进了这辆拖车房里，但是他们晚上睡觉醒来时感到胸口好像压着重物似的透不过气来。保罗开始留意这个问题，他发现这种由联邦紧急情况部提供的房车曾有过甲醛浸滤的历史，目的是为了黏合刨花胶合板。他告诉联邦紧急情况部他的担忧，但是他们对他的投诉置之不理。于是他对他拖车房中的空气进行了测试，测得的甲醛浓度为0.22毫克/立方米。据几家联邦机构提供的数据，这个浓度已经超过了安全值的两倍。美国环境保护署指出，甲醛浓度超过0.1毫克/立方米就能对人体的呼吸系统带来伤害，甚至有引发癌症的可能。

我和保罗以及当地的一些环保人士走过附近的一个拖车房营地，这些活动营房本来是供露营者使用的，并不适合长期居住。苏珊·桑德斯打开她拖车房的房门，她给我们看她因气体刺激而发红的眼睛，她还伴有干咳。联邦紧急情况部要大家对拖车房多通风，但是室外温度高达一百华氏度，没有人愿意关闭空调。大家都一直在谈论拖车房里气味难闻的问题。

我决定由我们自己来做甲醛测试，CNN花钱请一家独立实验室来测试丹妮斯·马丁和她四个孩子一起居住的拖车房，丽萨就睡在用含有甲醛的刨花胶合板制成的架子上。测试的结果高出联邦机构推荐安全值的80%，而在由环保团体所做的测试中，在三十一辆取样的拖车房中有二十九辆甲醛超标。（我们发现有十几家房车的主人向联邦紧急情况部投诉有不舒服的感觉。）制造骑士牌拖车房的湾流公司警告用户要对拖车房通风，但是他们说公司并没有接到用户的投诉。联邦紧急情况部说拖车房问题是人们找麻烦而不是什么有害健康，他们向保罗·斯图尔特和梅罗迪夫妇提供了一辆新的拖车房。这对夫妇用他们被暴风雨摧毁的房屋申请了第二次抵押贷款，买下了属于他们自己的拖车房。

一年后我重访了圣贝尔纳县，与杰克警长一起做了一次旅行。我见到了内部被清理过的房屋和加固了的海堤，其他地方进展不多。在七万居民当中估计有一万到两万已经搬回来了。你时而可以见到一片鲜花盛开的绿洲，但是更多的是废弃的房屋和成堆的垃圾，有鼠蛇出没在其中。一年前我曾遇见过蕾切尔·凯斯琳，当时她破开大门才进入到自己的家里。现在志愿者正在清理她的老宅内部并开始着手修复。虽然现状离完美还很遥远，但是情况已经得到了改善。杰克警长担心任何会阻碍恢复重建的事情，如正在增加的刑事犯罪，还有废弃房屋周围长满十英尺高的野草等等。他说这场灾难使他的身心获得了解放，因为他不再在乎他的政治前途。电力供应和下水道的容量仍很有限，每次下雨都会带来积水。承包商们对本地居民开出的价格要比别的地方高出十倍。

杰克警长说，他每星期有可能参加本地居民的三次葬礼，大多数是死于抑郁的老年人，自杀和企图自杀的人数达到了峰值。学校重新开学了，但是孩子却不多。房屋的价格跌落到了灾前的四分之一。杰克警长感到他们是政府不作为的牺牲品，一年的时间已经磨去了他的愤怒，他开始开列出被暴风雨摧毁地区的清单——阿拉巴马的莫比尔、密西西比的格尔夫波特、比洛克西、长滩、韦夫兰、海泉湾、斯莱德尔、普拉克明、圣贝尔纳、新奥尔良、卡梅隆。他说，所有这些地方都应该比巴格达得到更多的关注。

重建家园的居民都是依靠他们自己的力量。

2005年的圣诞节来到了皮尔林顿，安吉拉满心希望让大家的圣诞节过得稍微像样一点。丽萨·马丁仍睡在胶合板制成的架子上，她有时在她家老屋的废墟上玩，她时常想念在暴风雨中被淹死的小猫。这个镇子没有自己重建的力量，捕虾者没有小船，浑浊的皮尔河已经被污水淤塞。当安吉拉说起圣诞节的时候，丽萨的奶奶哭了起来。但是丽萨已经在纽约募集到了捐款，她带回了一卡车的礼物和物资。加州凯尼恩的消防队员帮助安吉拉运输了全部物资，斯坦福的学生们帮忙卸了车。她招募了来自科罗拉多州卡本代尔的斯蒂夫·豪恩来帮助重建家园，他帮助她分发物资。“这里的人们身陷在如此悲惨的境地中，你不能对他们说一声我已经做了我该做的，然后转身走人。”她说。

在这场悲剧中贯穿始终的是灾民和志愿者强大的适应能力，他们反复证明了在这个国家里，假如你想要把事情做好就必须站起来依靠自己的力量。美国人懂得怎样表示愤怒和表达诉求，但是他们更懂得应该在什么时候依靠自己的力量去解决问题。在十字路口有一棵重达六百磅的大树，安吉拉把这棵树装饰起来，当发电机点亮了一串串的彩灯时，她大声地歌唱起来。年轻人哭了起来，他们感谢她，但是他们一点也找不到圣诞节的情绪。他们问道，我们应该感谢的是什么呢？然后镇上有一位被人称为山姆妈妈的八十八岁老人，她大声喊叫着把人们召集起来。“他们给了我们食物，给了我们衣物，给了我们住所，我们要为他们感谢上帝。”她对志愿者们说。是的，至少他们可以感谢志愿者。

在暴风雨过去几个月后，我参与了一项计划——观察卡特里娜飓风给人们带来的伤害。2006年1月我向诺拉地区学校系统的十一位学生提供了数码摄像机，我和黑人导演斯派克·李一起去派发这些摄像机，他已经拍摄了一部名为《当海堤被冲垮时》的纪录片，他还是新奥尔良的一位摇滚明星。

十二岁的索菲·布德罗是我们这个团体中最年轻的成员，她看上去文静害羞，直到她突然说出为什么她要把自己的故事讲出来——她想去探究为什么人们已经把新奥尔良忘记了。索菲曾经住在圣贝尔纳县的佛罗里达街，在灾后我曾经在这条街上做过许多报道。在这条街上有些房屋被连根拔起，在某些角落里飓风就像一场龙卷风。后来我们也重新回到过佛罗里达街去做报道，有一些房东已经回来重建家园，其中有些人得不到任何来自保险公司的资助。索菲说，她要告诉人们她在暴风雨中逃生的真相。

当我问起他们的故事能给人带来极大的希望，还是极大的失望，我对他们的快速反应感到惊奇。十五岁的德肖恩·达布尼说是“极大的希望”，所有其他的学生也低声应和。德肖恩和他的母亲、祖母和叔叔一起住在一套破旧拥挤的双卧公寓里，离开他祖母拥有的被损毁的房屋不远。他们家里钱很紧，修复工作开展得非常缓慢。这家人现在依靠教堂派来的志愿者来帮助做修补、油漆和布线等修理工作，尽管如此他还是抱有希望。

斯派克问孩子们是否看了总统的国情咨文报告，他们说看了。德肖恩抱怨说，总统“没有提到飓风，没有提到应该建设更多的海堤，或者拨出资金来帮助海湾地区恢复重建。他甚至没有提到我们，一个字也没有”。

十七岁的艾丽安娜·卡萨告诉我，她想要去追溯她撤离时的足迹。她现在住在路易斯安那州的巴吞鲁日附近，她的父母每天开车接送她到在路易斯安那恰尔米特的学校去上学，来回的路程是130英里，每一天都要接送。

十五岁的德罗得·亚历山大告诉我们，他已经了解到十到十五个人的卡特里娜故事，他要把这些故事都说出来。十九岁的布兰登·富兰克林说，他想要“告诉人们我在卡特里娜飓风之前做过些什么，所有的事情，但是现在你知道，这里仍然死气沉沉”。

就是这样的一些孩子，但是他们的心智成熟了，他们的思维甚至超越了卡特里娜和恢复重建的范围。杰莉尔·埃德加森说：“有时我感到自己已经十六岁了，我要靠我自己。”她说她和她妈妈很亲近，但是她妈妈住在亚特兰大，那里有住房而且生活安定。杰莉尔感到自己在新奥尔良读完高中很重要，她现在住在家人的朋友家里。她选择一张穆迪牛仔裤广告来作为她写卡特里娜的材料，她把她做过的这项模特儿工作说成是卡特里娜给她带来的恩惠。

我的制片人米歇尔·罗莎爱上了这些孩子，她系统地记录下了他们所做的每一件事情，她要我描绘出他们的生活在灾后受到了怎样的挑战。他们拍摄的录像将会揭示出怎样的故事？这些充满希望的孩子们面对着怎样的将来？而且，有时他们所经历的一切又会让人备受折磨，录像带会把这些都告诉我们。十二岁的索菲说，她要带我们去看她正在重建中的家。

一个月后，到了2006年2月，我看到了第一批结果。十八岁的阿曼达·希尔坐在她家门口的一把塑料草坪椅上，她家屋子的内部已经清理干净了。她直接面对着摄像机镜头说话，她看上去好像得了炮弹休克症，好像刚刚从一场战争中死里逃生。从某种意义上来说，这也确实是她所经历过的。在卡特里娜飓风过后，阿曼达和她的祖母失去了家园和一切生计。

“我知道失去了生活中美好的东西会有怎样的结果，”她说，“这样的事情不会让我开心。我在凌晨三点醒来听见祖母在哭泣，因为她不知道她是不是还有钱去把牛奶买来放进冰箱，把面包放上餐桌。”阿曼达是在她送来的第一盒磁带中这么说的。她告诉我们她的祖母德洛丽丝曾经提起过要自杀：“我能对她说的就是一切都会好起来的，尽管我自己心里也不这么想。”祖母在阿曼达十一岁的时候就开始抚养她，那一年她母亲死于癌症。自从搬回到新奥尔良东部的圣贝尔纳县，德洛丽丝就到麦当劳去工作以维持她们两人的生活。

在早春的时候，十五岁的德肖恩·达布尼对着摄像机这样诉说：“我不想在十五岁的时候就死去，我有自己的梦想，我要过完整个人生。我想成为一个伟大的演员……但是假如我死了，那就什么也做不成了。”他自有担心的理由，就在他说这番话的前一天，他的邻居，十七岁的安东尼·普莱希德因遭枪击受伤不治而死。这场枪击案发生在离德肖恩家前门只有几百英尺的地方。

在我们几天后得到的另外一盘磁带中，德肖恩采访了安东尼十四岁的弟弟杰米尔·赫斯特。“我被吓呆了，”杰米尔在说起他的哥哥被谋杀一事时这样对德肖恩说。十七岁的桑迪亚·莱妮奥说到她付不起上大学的学费，她梦想中的大学是东南路易斯安那大学。她家里全部多余的资金都用于修复她家位于下九区的房屋，现在她家住在联邦紧急情况部提供的一辆拖车房里。“我真的很想上东南大，但是如果上不了的话，我就只能待在这里了。”她一边说一边行走在她家门口被洪水冲毁的街道上，“我不想待在这里，新奥尔良什么也提供不了，没有，什么也没有。”

十九岁的布兰登·富兰克林也想走出新奥尔良，他想到外面去上大学，想通过学习成为一个乐队指挥，但这对他来说也许会是一条艰苦的道路。他和他同居的女友正抚养着[illegible]个[illegible]岁的孩子，而他的女友还怀着另外一个孩子。“我想，相对于我们要负的责任来说我们还太年轻了一点，”他用一种自信有力的声音对着摄像机说，“但是我觉得我能做到任何我想做的事情。”在你见到他并且听到他说的话之后，你会相信他。暴风雨过去两年了，在新奥尔良和圣贝尔纳县大约有三万名学生在公立学校上学，德肖恩、桑迪亚和布兰登就在他们中间。而在卡特里娜飓风袭击前，学生的人数是七万五千人。他们拍摄的故事将会在电视上播放。

年轻人对未来充满了希望，而圣贝尔纳县的成年人却在毫无希望地争夺那些少得可怜的资源。在暴风雨的劫后余波中厚颜无耻的种族主义大行其道，道路对黑人封闭了，逃生者无法离开。但是灾难也以一种神秘的方式把人们团结起来，大家有着共同的苦恼，共同的敌人。然而在缓慢而痛苦的重建过程中，该县想方设法抵制低收入工人阶级家庭的回搬，这种企图是如此露骨，以至联邦法院最终认定他们触犯了公平住房法案。

在暴风雨几乎全部摧毁了圣贝尔纳县的住房之前，在这个县里有88%的白人，其中包括有着近百幢房屋，大多数为低收入非洲裔美国人租住的斯奎尔村。圣贝尔纳县的领导人抵制房屋出租和多个家庭合住的住房。圣贝尔纳县议会主席克雷格·小塔法罗推行一项“血亲法令”，规定除了房东的亲戚，任何人不能在那再租住房屋。在暴风雨发生前，白人已经拥有了那里93%的房屋。

在暴风雨袭击过后的两年，继续当选的杰克警长告诉我，在圣贝尔纳县只有三分之一的居民能够搬回来。这里仍然缺乏整体有效的排水系统，足够的学校或消防站。野草从水泥地的缝隙里长出来，似乎威胁着要侵吞整个城市。杰克警长算了一下，他已经向十二批来自联邦紧急情况部的代表做了汇报，每一批代表都制订出一套新规定。其中有一套规定需要他做出证明，他的副手们确实在暴风雨来袭后加了班。“我们睡在水泥块上，没有汽车，没有船，他们却要我提供书面材料证明我的属下加了班。我们连厕纸也没有，哪里有纸来填写工作报表？”他大声喊道。新来的联邦紧急情况部部长确认，如果他们认为这样做没有意义可以提出取消这条规定的请求。同时，这位警长似乎放弃了他不再参政的诺言，他又在参加竞选了。

当我做完了对卡特里娜飓风的连续报道之后，我作为《美国早晨》主播的工作也随之结束了，这件事情是在许多星期的收视率下降之后突然发生的。MSNBC在我们节目的同时段播出由唐纳德·伊姆斯主持的节目，他们的收视率比一年前提高了三十九个百分点。这一段时间正好是新闻节目的低潮，我们的收视率下降了6%。我们都感到厌倦了，我和迈尔斯两人突然被“FOX之友”节目咄咄逼人的气势所压倒。CNN曾希望我和迈尔斯组成团队来面对这些挑战，但是没有获得成功，有人告诉我们，我们是一流的记者但不是有吸引力的主播。迈尔斯被派去报道国家航空航天署，而我的新工作是做大型纪录片，这是我以前从来没有做过的工作。看起来好像是我被炒了鱿鱼，但是在同一天又被重新雇用。在我们的成员当中有来自哥伦比亚广播公司CBS的约翰·罗伯茨和最新从FOX电视台聘来的克伦·切特莉。听到这样的新闻让人感到痛心，有关的报道也做得很悲情，有一位记者甚至说我有过许许多多的孩子。

我突然感到自己无事可做无处可去。我虽然有一份工作，但是没有什么东西可拍，也没有什么故事可讲，我心急如焚因为我不知道前面等待着我的是什么。我只是四处闲坐，我和孩子们一起玩，做瑜伽，我跑步时总感到有人在后面追赶我，这时我的心情和刚到CNN的时候大相径庭。

从某种意义上来说——就像人们在教堂里常说的那样——我被改变了。当我失去了《美国早晨》这份工作带给我的生活节奏后，我的头脑也空了出来，我开始回顾自己在过去几年里的生活。我每天都会狂喊着发泄一通，我感到自己正在失去理智。当我在跑步机上跑步时，脸部朝下浮在水上的尸体，或者被装上卡车的尸体这样一类的图像会浮现在我的脑子里。我的工作看起来很重要，但是它似乎也扼杀了我的大脑，让我变得如此疯狂。我为这么多事情操心，我觉得自己应该再跳上一架飞机去做报道，我不能失去自己的平台。从技术层面来说我已经被重新雇佣了，而且还得到了提升，但是我心里有些怀疑，我得到的这份新工作是不是对我的一种安慰性奖励。我有四个可爱的孩子，他们需要去上大学，但是对于我来说钱从来不是问题，工资问题只是事情的一半。当我们报道完卡特里娜后最后一次走出机场时，人们看见我们戴着CNN的帽子就站定下来鼓掌，有许多非洲裔美国人朝我走来，他们鼓励我去做更多的报道，为此我的心被深深打动了。

我在CNN旗舰节目主播台上的最后一天是2007年4月3日。一个星期后我被邀请去参加“穿出成功”举办的年度联欢会，这个团体专门为身材不理想但又想进入职场的女性寻找合适的职业服装。我决定去参加。在几个月前我刚刚过了四十岁，我穿上一套奶油色的裤装和有豹纹的高跟鞋。有一位年轻记者紧张兮兮地介绍自己，她说她在FOX新闻找到了一份工作。“太好了，这样的工作很适合你，你有多大呢？”我问她。“我二十二岁。”她回答说。“太好了，堪称完美无缺。”我告诉她，“假如你一点也不害怕，你也就很难把你的工作做好。”在那天晚上我是最后一个离开红地毯的人，我还有太多的故事没有讲完。

第六章　改变国家的言辞

我透过车窗玻璃看见右边有带刺的铁丝网在闪烁着微光，把头伸出窗外的迈克尔·埃里克·戴森也看见了，他快速地吸了一口气，他的眼眶里滚动着泪水，我牢牢地挽住他的手臂。迈克尔有普林斯顿大学的博士学位，他出版过十几本书。他从底特律贫民区的污泥浊水中脱颖而出，成为一位著名的社会批评家和社会学家。他是那种当我们想要了解世界便会去向他求助的人，是美国黑人中顶尖的知识分子代言人。然而，他坐在我租来的汽车里几乎要哭出声来。我们正在前去探访他兄弟埃弗雷特的路上，埃弗雷特是在和迈克尔相同的环境下长大起来的，但是他现在正在一座联邦监狱里服刑——他因谋杀罪而被判处无期徒刑。

我刚开始做一个将分两个晚上播出，时间长达四小时的特别报道，题目是《黑人在美国》，我感到很激动但是也有点害怕。作为《CNN现在》这档节目的主播，这是我的第一项大型任务，这档节目专门播出新闻纪录片。要在一部纪录片里报道全部美国黑人是不可能的，从历史上来看，黑人这个群体的美国历程远远没有得到充分的报道。任务似乎很艰巨，但是我很激动，我想做这样的报道已经有很长的时间了。非洲裔美国人在美国有着如此丰富的经历，这是一个把他们的故事说出来的好机会，但是我几乎不知道自己应该从哪里来开头。

我急切地想把戴森兄弟的故事报道出来，这个故事我已经听过许多遍了，但是在电视上报道得并不多。非洲裔美国人占美国总人口的14%，但是占全部监狱犯人的40%。在美国，差不多在二十名黑人中就有一人被关在监狱里。在这个国家里有许多非洲裔美国人的家庭被刑事司法体系所拆离，这种情况很典型，这是司法不公、种族歧视、环境恶劣和行为不端带来的后果。这种状况的最终结果是兄弟被拆散，家庭被破坏。戴森和他的兄弟给予我们一个机会，让我们来对这种严酷的现实做一次人性化的审视和考察。

戴森穿着合体的西装，他的白衬衣熨烫得很平整，他还修剪了他的山羊胡子。我们住在同一家旅馆里，所以我看见他在黎明时分就起床做准备了。他不能经常来探望埃弗雷特，现在他显得有点迫不及待，既兴奋又伤感，他很想念他的兄弟。通常戴森的性格很火爆，他习惯于像一名传教士或者一名教授那样说话，他会超越常用词语的范围，在演讲中点燃争议和激情。但是今天他很安静，他只吃了两口甜面包圈，似乎忘了他的饥饿，天气并不热但是他的额头上冒出了汗珠。我默不作声地走在他身边，我自己也有两个兄弟，我想象不出他现在感觉到的痛苦，更不知道应该怎样来记录和衡量这种痛苦。他转过身来直视着我的眼睛。

“我兄弟没有杀人。”他对我说。

我们走进监狱，在一间小房间里安顿下来。由于我们是媒体，埃弗雷特被带到了附近的一间办公室里，所以我们没有像平常人那样被搜身。但是这个办公室显得公事公办冷冰冰的样子，四周有带刺铁丝网环绕，房间里安静得让人感到压抑。我的制片人架起了摄像机和灯光。

“邪恶是真实的，”就在我们开始拍摄戴森的那一天，他在底特律的一次公众集会上做演讲说，“它不是形而上学的概念。当人们不让你得到你应得的那份工作，当人们因为你的身份而不给你应有的认同，当你做两倍的工作却得到二分之一的报酬，而且这种状况还在继续时，邪恶就现身了。邪恶是真实的。”

在我主持《美国早晨》节目的最后一天，我说的最后一句话和我每天播出结束时说的话一样：“我们的《美国早晨》节目结束了。”情况确实是这样。

当卡特里娜飓风在2005年8月袭来的时候，它也给整个电视行业带来了重新解构的机会。公众群情激愤，他们要求记者们提出更加尖锐的问题，而不是拿着麦克风跟着暴风雨到处转。我们站在幸存者身边的淤泥里，四周见不到一名政府工作人员的身影。我们的团队包括安德森·库伯、沃尔夫·伯利兹和我，我们都对那些应该负责的人怀着极大的义愤。观众为我们喝彩，CNN的观众人数达到了370万，这个数字对于一个有线新闻网络来说是一个天文数字。

到了11月份观众人数开始减少了。CNN用安德森·库伯的节目来替换由艾伦·布朗每天晚上十点播出的夜间新闻，安德森已经在对飓风的报道中极大地增加了名望。到了2006年4月，当《美国早晨》节目的收视率开始下降的时候，我的好朋友兼上司吉姆·邦迪也离开了CNN，更重要的是她离开了我！《美国早晨》观众的平均人数为33万人，而“FOX之友”的观众人数是8.36万人。吉姆曾经把这档节目的观众增加到了55.1万人，她靠的是新闻报道，然后她也目睹了收视率的下降。

《美国早晨》是一档以新闻为主打的节目，当新闻结束时就形成了一处软肋，许多人就在这时转换了频道。吉姆完全有能力来解决这样的问题，但是她在自己的生活中遇到了很大的麻烦。在卡特里娜飓风中，她的父母从屋子的阳台上被救了出来，但是她用终身积蓄买下的房子被大水冲毁了。家里遭灾给她带来了极大的痛苦，她感到自己的将来无所系泊，她想要疗伤，想回到新奥尔良去重建家园。CNN报道了美国历史上最大的悲剧，而吉姆本人就是这场悲剧中的人物之一。她是那种典型的卡特里娜幸存者，她含着泪水在被洪水冲毁的屋子前不断来回走动，她母亲在受灾时的痛苦场景在她脑中挥之不去。然而在更多的时间里她坐在纽约身体疲惫精神恍惚，她担心她的离职会给我带来不利影响，暴风雨把我们两个人都改变了，但是她仍沉溺在由真实的损失带来的负疚感和紧张情绪当中。CNN竭力挽留她，但是她下定决心要回到新奥尔良去重建家园。

在生活中有这样一些时刻，你的朋友需要你允许她离你而去。我知道没有吉姆的新闻编辑室会变得空空荡荡，但是她需要回到新奥尔良去料理家事，所以我与她说了再见。过去和现在她都是我最严厉的批评者，但她也总是站在我背后支持我，她的离去更加深了我们之间的友谊。但是突然之间，她再也不会把我拉到一边给我做一些工作提示，教我一点办公室政治，或者缓解我的紧张情绪等。

吉姆的离去影响到了我们的收视率。员工当中没有人去度假，我们把2005年的紧张工作持续到了2006年，但是对卡特里娜一周年的报道又重新引发了我们的沮丧情绪，然后到了大选报道展开的时候，这种沮丧情绪又进一步加剧了。我如此心力交瘁，以至有时感到难以把两个句子连读到一起。后来他们又把我们的节目提前一小时到清晨六点播出，本身已经精神疲惫的我就变得更加难以应付了。我恪尽职守却难以取得突破，虽然在努力却不知道前进的方向。但是像往常一样，只要有重大新闻发生我就会很快地集中起我的注意力。

在我离开这档节目之前，不知从什么地方冒出了一个机会。马丁·路德·金遇难四十周年的纪念日就要到来了，金的家人和莫尔豪斯学院给了我一个独家重温他私人文件的机会。他说过的话已经成为我们国家民权运动的信条，无论何时人们呼吁公平正义，他们总是会引用金的话。“在南方有全新的黑人。”

在亚特兰大大学中心的罗伯特·伍德鲁夫图书馆里，我把金的文件拿在手里，我看见了他在文件上划去和添加的文字，我读到了金在纸边上做的注解，这些注解引人入胜。我见到了他读过的书，书上有他加的下划线。我见到了愤怒是怎样转为希望，乐观精神怎样占据了上风，以至美梦最终怎样成真。金的演说有一种音乐感，我现在有机会一窥这些演说的笔记。他把我们国家带上了从伯明翰通往塞尔玛的旅程，为的是清洗掉种族主义的污渍。然而他的文字揭示出他是一个年轻睿智的普通人，当时机来临时他总是能把握，当大多数清醒的人们都慌乱起来时他却稳如泰山。他有诗人的气质，他重视他的言辞。但是很明显能看出他的文字受到了时局的影响，就是这个国家把人们区分开来的那种时局。他要我们在被人踢倒之后仍然要站起来，他让我感到任何人都能成为伟人。

“当一个人认识到了自己的使命时，他应该调动起他能调动的全部力量去行动。投入到行动中去吧，在这个特别的历史时刻，这是全能的上帝赋予你的使命。”他这样写道，然后他也是这样去做了。

1954年，二十五岁的金写下了他的第一篇布道文章，写在有划线的笔记本纸上，正反面一共四页。文字很简单，是一位年轻的布道者在阿拉巴马州的蒙哥马利对信众的演讲。一年之后，黑人妇女罗萨·帕克斯坐在了巴士前排为白人保留的座位上，这样的保留座位一共有十个，她拒绝把座位让出来。民权运动的领袖要求非洲裔美国人起来抵制巴士公司的服务，金从芸芸众生中挺身而出成为了巴士抵制运动的代言人。他被选中是因为他是一位没有争议的年轻人，大家都喜欢他。他最终说出了这场运动的宗旨：“这是一场消极抵抗的运动，在为社会公平正义所做的斗争中我们强调非暴力。”

我采访了金的前助理安德鲁·杨和罗萨·帕克斯的律师弗雷德·格雷，他们回忆起金博士后来的遭遇是多么可怕。“黑鬼，你听着，”有一个怒气冲冲的人在电话里告诉金，“我们要你怎样你就得怎样，在下个星期前你再敢来蒙哥马利你会后悔的。”他的屋子被炸弹炸了，他走出家门对着义愤填膺的人群讲话，他告诉他们上帝使他在顷刻之间充满了力量。格雷告诉我，金相信自己已经找到了值得为之献身的事业。从此之后没有黑人再去搭乘巴士，这就是他说到过的“南方全新的黑人”，人们宁可有尊严地步行，也不愿意在恐惧和歧视中搭乘巴士。

杨说金并不是那种具有领袖气质的人，他更乐意与自己新生的宝宝说话，而不是谋划政治策略。时势需要一位领袖人物，他挺身而出顺应了时势的召唤。

他写下的笔记透露出他并没有完全准备好去面对那些恐惧。他和他的助手开始用暗语书写，“他”就是杰克·肯尼迪，而“伯明翰”就是约翰内斯堡。他因为参加游行而被逮捕，他在狱中笔记里写到他非常想家，他把这种与世隔绝的生活称为“活死人”。他的律师克拉伦斯·琼斯偷偷把纸张带进监狱里供他书写，他正在写作《来自伯明翰监狱的信》一书。他在书中写道：“当你五岁的儿子充满哀伤地问你：‘爸爸，为什么白人用这样卑劣的手段来对付黑人？’而你必须为他编造出一个答案时，你就会发觉自己再也不能忍受了。”我看见他在最后一分钟加上“充满哀伤”这几个单词的地方，好像他正面对着孩子的面孔。这几个单词创造出一个完全不同的语境，他不只是在讲述黑人社会里的故事，他描述出来的情景能够唤起任何父母的同情心。

在金的私人藏书中有一本伊·斯坦利·琼斯所著的《基督的美国之路》，在这本书上，金在这段话下面划了线，“美国是一个没有成真的梦，在这里，种族、出身和肤色的涵义超越了通常的同胞情谊。”在《号角和荣光》这本书上，他用铅笔写下了注脚“一个没有成真的梦”。我能够看得出来，他正在为他做“我有一个梦”的著名演讲而热身。在1950年末他做了一场演讲，恳求人们去“面对你们被粉碎的梦想”。而在1962年对全国记者俱乐部发表的演讲中，他进一步发挥了他的思想，但是划去了关于梦想的段落。一种新思想萌发了，他正在汇拢和整理他的想法，我能见到一场史诗般伟大运动的线条正在绘就。

安德鲁·杨记得，在1963年8月，就在华盛顿游行举行的前夜，他作为金的顾问给金递了一张纸条，向他报告了一条新消息：约翰·肯尼迪总统很关注这场游行，他告诉活动人士把演讲的调子放低。金的演讲稿的标题是“常态——永远不会再来”，在他先前的草稿中没有出现“梦想”的字样。目击者们说，他在演讲到一半的时候把讲稿翻了过来，并提高了声调。“我有一个梦想，”他说出了美国民权运动的标志词，“有一天我的四个孩子能够生活在这样的一个国家，人们不再会根据他们的肤色，而是根据他们的人格来判断他们。”这是一场义正词严的演讲，如今在美国以至全世界有许多人能把这篇演讲稿的全文背诵出来。演讲中说到了我们国家对人民做出的承诺，以及那些还没有兑现的承诺。

一个月后，有四个小女孩因为她们的肤色而在伯明翰教堂的爆炸案中丧生。金发表了悼词，他这样写道：

“这些流自上帝孩子的无辜鲜血告诉我们，我们必须用谨慎小心来取代鲁莽的勇气。”他还写道，“不，我们不应该对我们的白人兄弟丧失信心。”他告诫人们在怒气即将爆发的时候要懂得克制自己。我看到一份标题为“爱你的敌人”的演讲稿，这是他在伯明翰运动爆发一年前做的一次演讲，从中我能看出这样的思想正是他人生哲学的一部分。我们能从中得到的教益是显而易见的——不要让愤怒占了上风，任何人的愤怒。“你可以把我关进监狱，但是我仍然爱你。”他在这场可怕的爆炸案发生前很久就这样写道，“你可以炸毁我们的房屋，威吓我们的孩子，但我仍然爱你。我们用我们受苦的韧性来与你对峙，我们终将赢得自由。”他没有想到更多的痛苦还将来临。

1965年2月，在阿拉巴马的马里恩，26岁的浸礼教堂执事吉米·李·杰克逊遭到州警察枪击致死，他正试图阻止州警察殴打他的母亲维奥拉。对于杰克逊事件，金这样写道：

“他死于那些无动于衷的牧师们，他们躲在彩色玻璃窗后面的安全地方保持着沉默；他死于每一个被动地接受了这种罪恶的种族隔离制度的黑人。”杰克逊死在塞尔玛，走向蒙哥马利的游行就是从塞尔玛出发的，后来游行队伍走到了埃德蒙·皮特斯桥，警察对抗议者发起了攻击，这一事件被称为“血腥的星期天”，为了把他在国会大厦的演讲变为现实，人们流了鲜血。当林登·约翰逊总统签署《1965年选举权法案》时，金在白宫里哭了起来，他说：“我们必将实现我们的目标。”

金为策划一个为穷人主张权利的运动而死。他开始相信是偏见导致了黑人贫困，而贫困又固化了不平等，他已经预见到了我们生活的时代。他试图参加垃圾清运工人的游行，但是有些青年人打破了商店的橱窗，他承诺下次不会再有暴力事件发生。1968年4月3日他来到了孟菲斯，住在洛兰旅馆里，他身边有一张小纸片，上面写着：“甘地对我们说：‘在死亡中生活在继续，在黑暗中光明在继续。’”然后金写道：

“我们今天就在死亡和黑暗当中，我们可以对暴力说不，可以勇敢地去生活，以此来激励我们的人生和个人行为。”在当天晚上的一次演讲中他引用了这段话，他把重点放在死亡上。“我现在不知道会发生什么，我们还会有许多举步维艰的日子，但是这些对我来说都无关紧要了，”他说，“因为我已经到达了山顶，所以我今天晚上很快乐。我不再为任何事情担忧，我也不再害怕任何人，我的眼睛已经看见了来自上帝的荣耀。”安德鲁·杨告诉我，次日他们在房间里玩闹了一番，金走出房门去到杀手的视线中时，他显得比任何时候都高兴。

我为报道金的文件而忙碌，我制作的节目也许不会播出，但是我至少感到我是在做一件重要的工作。在一期《美国早晨》节目中，我对这个至少让半个世界崇敬的人做了独家报道。我感到他是在对着我说话，我感到非常荣幸。我从他身上汲取了力量，我是广场上25万听众中的新成员，也是他从塞尔玛传递出来的高贵尊严品格的新汲取者。

然后，又有不知来自何方的机会，杰西·杰克逊牧师向我发出了谈话邀请，这场谈话打断了我的白日梦。我们很热情地见了面然后坐下，有一位穿戴整齐的年轻保镖在附近转悠。他让自己足以听清我提出的问题，又不会让别人偷听到我们的谈话。我留意到瓷器碰击发出的叮当声，这些瓷器看上去非常精美。我有四个孩子，所以我从来也没有听到过这样美妙的声音。我们在一家著名酒店的一楼，坐在一间装饰华丽的餐厅里。

杰克逊牧师开始说话，他带着浓重南方口音，把声音压得很低。他说：“叫我杰西好了。”但是我觉得我很难做到那样。我相信他不会记起我们两人的第一次见面，那是在1989年，当时纳尔逊·曼德拉历史性地访问了美国，在此期间我的工作是陪同杰克逊牧师在波士顿为WBZ-TV做直播，我是他的“保姆”，工作职责是不要让别家媒体把他抢去，他是我们的赞助人。现在他在低声地说着什么，他的声音太低，我几乎听不清他说的话，我紧张地将身子朝他靠去。

尽管我听不清他在说什么，但是我能看出他很生气。今天他气愤的原因是CNN没有足够多的黑人主播。现在正是大选季节，在排行榜上，白人主播宝拉·扎恩和安德森·库伯的人气很旺，但是他问的是黑人记者，为什么他们没有出现在排行榜上？我表示我对他的忧虑有同感，我会把他的意见带回去转达给我的上司。但是他接着开始发怒，说在整个电视网络中根本没有黑人记者。我想，他是不是指没有黑人记者在报道大选呢？他曾经作为我节目中的嘉宾，他认识我，尽管他不记得我们是如何认识的了。我曾在MSNBC时请他上过节目，然后又在《周末今日》节目中请过他。我打断了他的话，提醒他我现在是《美国早晨》的主播。他显然知道这一点，他直视着我的眼睛，伸出手指来拍了拍我的右手，“你不算。”他说。我不知道他这是什么意思。我不算——不算什么？我不算黑人吗？难道是说我的皮肤还不够黑吗？或者我的节目不能算？

我感到既愤懑又难堪，我难得会同时有这两种感觉。杰西·杰克逊使我为自己的肤色感到羞愧，甚至从来没有白人对我这样说过。在斯密斯顿学校走廊里的孩子没有这样说，高中时不愿意和我约会的男生也没有这样说。我记得在报道黑人男孩殴打拉丁裔婴儿一案时，我身后的那些游行者叫喊着“白人媒体的混血婊子”，即便在这样的情况下我也没有这种感觉。我只有大笑，混血种，你们说对了；婊子，我不是；白人媒体，完全正确！还有什么可说？但是杰西·杰克逊牧师说的是“我不算”。

我立刻感到烦心和恼怒，而我越恼怒就越心烦。假如杰西·杰克逊牧师认为我的皮肤还不够黑，那么我是什么人呢？我的父母总是为我们的人种感到骄傲，这种骄傲深植在我的头脑里，我从来没有对自己的人种产生过任何疑问。在小学里我留着非洲人的发式，在天气炎热时热得够受。当然我从来不会感觉自己是白人，我认为我的黑人版本像任何其他黑人一样真实可靠。我是我的白人父亲和黑人母亲产生的结晶，我的家乡大多数是白人，混合人种这一点是确切无疑的，但是难道我竟然不是黑人？我感到我的人生基础被否定了，就像有人告诉我我的父母不是亲生父母。“你知道吗，那些你一直叫他们妈妈和爸爸的人——他们不是你的父母。”关于肤色的裁判者出现了，我被测量一番却被发现还不够黑。

这样的打击使我失去了平衡，自从在西海岸的那个酒吧里，在我做第一次直播时那个家伙捏了我的屁股以来，这种情况还是第一次发生。在经过了整整两个星期的心情郁闷之后，有一天我站直了身子，对自己没有当场指出这个男人的错误而生气。我是我自己的人生造就的产品，是美国这块土地上的奇迹之一，我有权对我自己做定义，而不必去管别人把你归到哪一个类别里。他说得没错，CNN确实没有足够多的有色人种在担当主播，连我们的上司也这样认为，他们正在花时间去解决这个问题。但是“你不算”，去他妈的，我当然算，他是什么人可以对我这样胡说？我的经历并没有普遍性——任何人的经历都是这样——但它是无懈可击的，我要成为彻头彻尾的自己。

我怕让自己感到难堪，所以没有打电话去责问他。我喜欢像我妈妈那样好斗的人，如果是这样我就会打电话对他说：“你这样说到底是什么意思？”但是我没有，我满肚子气恼地缩了回去，更让人气恼的是我永远忘不了他说过的话。我看着其他混合人种的人们，想知道他们的父母是不是像我的父母一样把他们对身份的认同灌进了他们的脑子里，或者他们根本就没有把自己归类过。杰西·杰克逊让我失去了平衡。

但是，那天面对着杰西·杰克逊牧师时，我连一句话也说不出来。我经常有机会遇到他，我们会被邀请到同一个活动场合，我们会在场面上互吻脸颊，尽管如此我还是什么也没有说。我看见人们对他极为尊重：民权活动家阿尔·夏普顿牧师告诉我，是杰克逊教会他不合作主义；CNN名记者罗兰·马丁说是杰克逊为奥巴马铺平了通向总统宝座的道路。杰克逊在和我共进午餐时告诉我，他不喜欢人们要求他只谈黑人问题，不喜欢被人挂上黑人专家的标签，尽管他从来没有从事过和平谈判，也没有在华尔街做过掮客交易。他谴责那些以肤色来定义他的人们，他不能容忍人们忽视他的内在品质。同样我也不能容忍他忽视我的内在品质。

直到最近我才打电话给他，提醒他在那天对我说过的话。在我和他前后两次谈话之间，我已经拍摄了四部有关种族的纪录片。他感到很吃惊，他已经完全想不起当时的细节来了。他竟然不知道我是黑人！他说他真的不知道，当他说我不算的时候他是基于这样一种事实：他以为我是一个肤色较深的人而已。在美国，人种游戏就是这样玩的，我们轻而易举地就变得只剩下皮肤的色调。即便是像杰西·杰克逊牧师这样杰出的非洲裔美国人也把人们归为黑白两类，没有中间地带。我对他的直率表示了感谢。

很快，黑人主播就会又少一个了，不管我算还是不算。对于马丁·路德·金文件的报道是我作为《美国早晨》节目主播所做的最后一项大型报道，我在此后不久就失去了这个职位。阅读这些文件使我觉得我自己的得失无关紧要不值一提，我觉得自己对于逆境一无所知。我把这个项目带到了我的新岗位上，当时我觉得这是对自己的一种安慰，但是现在看来这是一种巨大的机遇。

对于金的文件我拍摄了一部一小时长的纪录片。当纪录片制作完成后，我意识到这是我非常现实的机会，利用这个机会我可以成为一个有能力做强势报道的记者。我将成为一个专门从事长期报道的记者，去拍摄那些超越实时新闻的有思想深度的纪录片，我可以在报道中让无声者发出他们的声音。我的职位是从事人种和种族问题报道的访问记者，而正是在这一时刻，有越来越多的观众开始关注这两个题材。CNN免去了我的主播职位，同时对于更具有整体性的节目也放松了控制。比起能在新闻业中得到提升，我从来没有其他更高的职业抱负。现在我梦想着去讲述那些没有被讲述过的故事，去为人们互相观察的方式创造出一些小小的不同。我可以把免去我《美国早晨》主播的职位看作是一种间接的机遇，就像我们在生活中经常遇到的那样。我可以选择抓住这个机会，或者也可以陷入到失落和痛苦的泥沼中，我们每个人都可以有自己的小小办法来战胜自己的困境。

我在结束对金的文件的报道时，得到的礼物是有了更清醒的目光，我也把他写过的一段话铭记在心上："人生最大的问题是学会如何去应对那些令人烦心的干扰：一扇门被关上了、一项计划流产了、婚姻失败了，或者因为有人敲门，一首美妙的诗歌没有写成。"

第七章　黑人在美国

在监狱里有一扇门打开了，埃弗雷特·戴森走了进来，他身穿一套橙色的连衣裤，因为腿伤而走路有点瘸。他的脸色阴沉，甚至可以说是愤怒，他看见了他的兄弟和边上那些让他感到扫兴的人。当他们兄弟两人拥抱时，他脸上似乎有了一丝笑意，他们两人长得非常像。

迈克尔和埃弗雷特都是在底特律的法埃伍德街长大的。迈克尔在十一岁的时候已经是一个天才的演说家，他的梦想是写书，他的小伙伴们都叫他“教授”。对于一个在充斥着暴力和贫困的环境中长大的孩子来说，这是一个很难实现的梦想。“你看到的是你是穷人和黑人这样的现实，它能让你感到生理衰竭和心理疲惫，这是一种情感上的折磨，这种折磨能损害你的士气。并没有很多穷人做出不端的行为来，这简直可以说是一种奇迹。”当我去采访他童年时代的家园时他这样对我说。这两位兄弟认为，他们之所以分开是因为做了不同的选择。埃弗雷特说迈克尔是成功的象征，他在十二岁的时候就已经上了《底特律新闻》的头版：“一位男孩反对种族主义的请求获准”。有一位老师告诉他，迈克尔集中了家庭成员中的全部优点。埃弗雷特记得他在尘土飞扬的街道上骑小自行车。“我不想说任何大话，我不想说挽救兄弟情谊这种话。”

他们两人的生活道路一样坎坷曲折。到了十八岁的时候，迈克尔依靠救济金抚养着他的儿子。迈克尔记得他申请救济金时的遭遇，就业顾问冲着他喊叫：“你去找过工作了吗？”“哦上帝，他喊得那么响。”迈克尔回忆说，“他还说：‘你有工作做吗？你试过去工作吗？’是的，我真的去试过，我到街上去铲过雪，帮我父亲铺过草坪，我做过油漆匠，到汉堡王去当过见习经理，我为了养家糊口做过一切能找到的工作。后来，我终于决定去上学，我要让儿子过上更好的生活。”

同时，埃弗雷特想到去做水手可以让他摆脱贫穷，但是他由于擅离职守而被炒了鱿鱼，他又回到了童年时代生活过的街区做起了毒品贩子。迈克尔去上了大学，他得到了学位，尝到了成功的甜头。1989年埃弗雷特在街上与一个受了伤的人说了话，这个人正从一个贩毒窝点里跌跌撞撞地走出来。在这个人死去之前他说出了埃弗雷特的名字，正是由于这个即将死去的人说的话使法庭判决他犯了谋杀罪。他在监狱里待了二十年，二十年过去后兄弟两人还是坚持认为埃弗雷特是无辜的。现在已经无法得知这到底是不是事实，但是有一点是肯定的，就是兄弟两人相信埃弗雷特不应该蹲监狱。埃弗雷特承认他走错了路，迈克尔说，他们两人最大的差别是肤色，埃弗雷特的肤色要比迈克尔黑得多。

“我是一个长着鬈发，肤色带黄的黑人孩子，我见识过人们用完全不同的态度来对待我。我决不会看不起肤色带黄的黑人孩子，因为我自己就是其中之一，我是说有许多人看见浅黑皮肤的黑人会产生一种他们会犯罪的感觉。我甚至不去找白人的兄弟姐妹，我只是在美国黑人的范围里说话，就像我现在对着你说话。有许多浅黑皮肤的黑人孩子没有得到应有的机会。”迈克尔说。我告诉他，也有许多浅黑皮肤的黑人孩子取得了很大的成功，兄弟两人似乎被打动了。埃弗雷特代表兄弟两人做出了回答：“要透过一个人粗糙的外表看见他美丽的内心世界，需要有敏锐的眼光。”

然后，迈克尔到加拿大去参加他新书出版的签售会，而埃弗雷特走回到了他的监室里。

当我还是一个孩子的时候，种族主义还很猖獗。美国四十年以前的种族主义是可以和不可以的问题：我母亲不可以嫁给我父亲、有些地方黑人是不可以进去的。到了我年轻的时候有形的边界被社会上的种族歧视所取代——走廊里那些顽劣的孩子想要窃走的是我的自尊。今天的美国因为有着这样一个难以愈合的伤口而遭受痛苦，因为你会不由自主地去揭开那些伤疤。今天黑人可以到任何他们想去的地方，做任何他们想做的事情，但是他们要有必要的资源和实力才能做到这些事情，今天美国种族主义的表现已经不是缺乏途径而是缺少机遇。非洲裔美国人的社会正是这种历史积淀的牺牲品，他们难以逾越像山一样高的社会不公。黑人的家庭也因为是否取得成功而被划分开来。

疾病控制和防治中心曾经举办过一个活动，内容是教黑人的孩子学游泳，因为有许多的黑人孩子被淹死了。原因很简单，前几代的黑奴不可以学游泳，这样他们就难以从水里逃走了。到了后来游泳池是种族隔离的，所以很少有黑人能够到游泳池里去学游泳。再到后来有些人就认为黑人是天生不会游泳的。今天，在五岁至十四岁的被淹死的儿童中，黑人孩子的人数是白人孩子的三倍，主要原因是他们不会游泳。

但是今天已经没有人能阻止我们进入任何地方了。是不是可以这样认为，黑人遭受到的心理伤害已经结束，我们只要重新开始就可以了？当年国民警卫队护送我们进入了学校，是不是我们只要坐下来安心读书就可以了？或者还是我们被大门口那些朝我们吐口水的白痴所阻吓？我学会的是把所有这些都抛开，我只是自己步履坚定地朝前走。但是我有慈爱的父母，有工作，有强大的教育背景。我父亲是白人，我的移民母亲也在没有黑奴历史和种族隔离的环境中长大，她漂洋过海来到美国后就与她自身的历史背景分离了。

最终我们过上了郊区中产阶级的舒适生活，当我们第一次拿起书本时就注定是要上大学的。我的白人父亲和拉丁裔母亲有这样的底气，他们可以直视着我们的眼睛说："你们是黑人，不要让人们说你们不是黑人，不要让人们说你们不是拉丁裔人。"我从来没有想过那些"人们"是谁，但是我准备好去面对他们的出现。我的父母把这样的理念深植到我们的头脑中，即黑人和拉丁裔人的身份都是值得为之骄傲的，我心中从小就装满了无价的自尊。

我无权去评判那些面对着高墙的人们，我能做到的只是把他们的故事讲述出来。我用这种方式去推动他们向前——把他们的故事公之于众，把他们寻求理解和信任的呼声传达出来。我带着来自我家庭的情感去推动他们，使他们能够站立起来。我在生活中仍在不断前行，当我有机会讲述那些没有被讲述过的故事时，也会给我自己的生活和工作带来帮助。我至少能够带动一些人和我一起向前，我的工作也许能够在种族之间架起相互理解的桥梁。我对自己有这样的预期是否合理呢？或者我至少能打开一些人的心扉？我现在还不知道，但是我想去试一试。

我发现很难去区别，制作一部名为《黑人在美国》的纪录片是不是就意味着去制作一部关于种族或者种族歧视问题的纪录片。在美国，这些事情是如此密不可分地交织在一起，你很难把它们区分开来。于是，制作这部纪录片也就成为我职业生涯中最困难的工作任务。我的制片人也感到很紧张，也许没有一项工作比报道种族问题更具有挑战性了。CNN为我的团队增加了四名有色人种的制片人，他们也许能带来新鲜的视角。他们当中有两名黑人，两名混合人种的女性，她们各自都是一半黑人一半拉丁裔人。我们还有几位长纪录片的制作人，他们擅长于把那些具有深远意义的调查素材汇总起来。

我立刻能看出来，每一个人都为开始我们的工作感到紧张。这个项目面对的最大挑战是它的题目，它的名字叫《黑人在美国》，从题目看来似乎这部片子承诺去调查考察所有有关黑人的问题，但这是做不到的。还有一种想法认为，这部片子会为新闻报道中对于种族问题有欠考虑的地方做出一定的弥补，这也是不可能的。我不可能覆盖到每一个黑人的经历，尽管这部片子长达四小时，要分两个晚上播出，我也不可能去触及每一个社会问题。我有点担心，我的手下虽然有很多好主意，但其中也有不少的矛盾。有的团队成员希望我们的片子去涉及黑人社区所面对的所有社会问题，而另外一些人却想要提供新的更积极的形象。我们需要的是伟大的人性故事，这些故事能揭示出社会中的一个群体，他们常常只是被看作麻烦问题的统计数字。我们需要有敏锐的眼光透过粗糙的外表去看到一个人的内心，就更不用说是一个种族了。

我在一个月中有几次飞越这片伟大的土地，我带着使命疯狂地去寻找那些适合在《黑人在美国》这部片子中使用的素材。我在全美国来回奔忙，我进入到人们的生活中去发掘出他们人生故事中的悲欢离合。在得克萨斯州的洛代，我遇见了一个大家庭的团聚，一干枝叶繁茂的黑人家庭谱系中却出现了一位非常遥远的白人祖先。我把他们那些白人的堂表兄弟姐妹找来团聚，我讲述了几位家族成员的故事，其中包括一位找不到心上人的黑人女性，还有一位找不到工作的黑人男性。我们把这些故事汇集在一起作为我们片子第一夜播出的内容，主题是妇女和家庭。

然后，我们计划把第二夜播出的内容转到男人身上。我追拍了一位超级成功的广告业行政人员，他担心人们只看他的肤色而不看他的才能。我与一些名人交谈，如我的朋友斯派克·李，他把我也放进了他拍摄的卡特里娜纪录片里。我像是一只在迁移中觅食的候鸟，我希望能够深入到黑人社区的某些危机事件当中去，但又不过于为悲情所困。我希望能表现出黑人中产阶级的努力奋斗、单身母亲的辛劳，把他们作为在我们国家土地上生活着的一个种族，给他们拍上一张快照。

在我聚焦的男人的努力中，我去了阿肯色的小石城。我会见了一些在取消种族隔离制度后出生的孩子，他们是小石城中心高中1968级的毕业生，他们是在美国最高法院强制该校接受黑人学生的十年之后进入这个学校的。他们正在庆祝他们第四十次班级团聚，所以看一看他们现在过得怎样是一件很有意思的事情。我开始追拍其中四个人的生活，他们都是男人，都有了儿子和孙子。

小石城中心高中是我们国家为孩子所做的努力和付出的一面镜子。建于1927年的校舍耗资一百五十万美元，号称是美国未来学校的样板。我每次访问这个学校都会感到心旷神怡，学校有高大的砖砌门面，水池的水面上映着倒影，这些都令人印象深刻。直到今天这所学校取得的教育成就仍然可圈可点，它经常在全美学校排名中名列前茅，因为在科学和体育方面取得的成就，它得过无数的荣誉和奖项。在这座校舍里总是有着一流的教育质量，以至黑人家长也想把孩子送进这所学校里。1954年，美国最高法院命令美国学校取消种族隔离，小石城中心高中也开始招收黑人孩子。

联邦政府不得不动用军队来把九名胆战心惊的黑人少年护送进教室里，也许没有比这更能反映出美国种族歧视的丑态了。这些勇敢的先驱者们现在有了孙辈，他们仍在这所铭记这一尴尬历史时刻的学校里上学，小石城曾经是打破美国公平承诺的断层线之一。在这个国家里，没有一个黑人在看到这些孩子挑战白人种族主义者的同时，会相信美国对于机会的承诺是无限的。我意识到这样的历史已经过去了，但是他们仍能说出他们生活中曾经遭遇过的类似经历，他们知道那些站在门外的愤怒的白人还没有死去，他们甚至没有做出必要的改变。这些白人是我们历史的一部分，他们是种族团结的真正的活障碍。我追拍了一位十年后从这所学校里毕业的男人，因为我希望看到一个肩膀上带着重负的普通人能做到些什么。

小石城中心高中1968级毕业生当中有一位是“鸭子”唐纳德·格雷，他的同学记得他说话很快但有点油嘴滑舌，他黏上你后不太容易摆脱他。他的朋友称呼他“鸭子”，他是十个孩子的父亲，但是他没有抚养过其中的任何一个。他承认他与犯罪和毒品有染，他还玩女人，这些恶习使他的孩子们生活得更苦了。“我是毒贩，我是皮条客，我卑劣下流，你说什么，我就是什么。”他说。今天他已经成了一名承包商，他说他的生活已经上了轨道。每次我们去采访鸭子的时候他总是穿着一套油漆匠的连衣衫在闲逛，他似乎离不开他那辆破旧的皮卡，手里总是拿着一罐啤酒。他是一个很有魅力的人，说话仍然很快，但显然他已经下定决心要努力工作。

我们跟拍他的时候，他漆了一幢房屋，为下一幢房屋重新铺设了管道，又在另外一个地方张贴了墙面石膏板，然后拆除了旧地毯重铺了地板。我们遇见他的时候，他和他的两个孙子住在一起，他下定决心要让他们过得好一点。“有时我同情他，有时我理解他，有时我只想狠狠地揍他一顿。”鸭子这么说他的一个孙子。他是一个有趣而机敏的人，我有时看见在炎热的天气里这个家伙可以花上整整一个下午在门廊上喝冰啤酒。你很难不喜欢上他，从他身上我们能追溯到很远的过去。有些触目惊心的统计数字就是从他的生活中开始的：在全部黑人孩子当中，差不多有60%不和父亲生活在一起。

鸭子的女儿蒂娜·史密斯对她父亲不关心妻子和孩子充满了怨恨，她认为他现在所做的太微不足道，也太迟了。她是一名社工，她很了解男人们造成的社会问题。我到了蒂娜的家里，粉刷成白色的屋子很小，似乎就要缩进成堆的泥土中去似的。有大门、树木和土坡把房屋与周围的屋子分隔开来，隔壁屋子门口有一条长着斑点的公牛在淌着口水叫唤，她邻居的草坪上乱七八糟地停着许多汽车。

显然蒂娜在自己屋子和周围邻居之间划出了一条分界线。屋子里的地板高低不平，有些地板还缺失了，但是房间里收拾得很整齐。蒂娜身材高大行动敏捷，她有一双漂亮的眼睛，她手脚不停地整理着被两个孩子搞得乱糟糟的屋子。她的丈夫和睡眼朦胧的女儿从卧室里走出来，女儿在完全清醒过来之前用她的双臂环抱住妈妈的腰。

蒂娜给我们端了水，我们打开了烧烤用的泡沫板。蒂娜脸上带着随和的笑容，但她是一个有戒心的女人。她的工作是向一系列的社会弊病开战，而我和我的团队有可能成为又一个让她头疼的问题。她最小的儿子布雷伦无论长相还是举止都很像她，她告诉我们布雷伦像她自己一样内心疯狂。每三名黑人当中就有一名在他的一生中有过犯罪记录，这种现实使蒂娜感到愤怒和难过。布雷伦最近被指控袭击了一名警察，这名警察正在搜查他的一位朋友。“警察要我停下我就停下了，我转过身来，他走过来抓住我，我先打了他的手，然后他还是抓住我，我就打了他的脸。”他告诉我。开庭的那一天蒂娜陪着他走进了法庭，她害怕失去自己的儿子。

“我害怕我再也见不到我的儿子了。”她说。布雷伦有可能被判重罪而被送进监狱，但结果他被送进少年管教所去接受感化教育，现在他已经回到了家里。蒂娜相信这样的一次经历能让他睁开眼睛改邪归正。

“你很年轻，你是非洲裔美国人，你已经吃过一次亏了，但是不管人们怎样说或者怎样做，你可以去做任何你下定决心要做的事情。”蒂娜告诉她的儿子。

不久，布雷伦就回到了学校，他说他害怕进监狱，所以要克制自己的火爆脾气。他说到他的性格时好像是在说别人的事情，他说要把自己的坏脾气改掉，他要让自己少生一点气。我问他为什么会生气，甚至他自己也不知道，他只知道看见警察抓住他的朋友时，他的脾气就上来了。

从我采访过的许多黑人青年那里，我听说过这样一种愤怒，这种愤怒超越了阶级和教育程度的界限，它既来自性格也来自恐惧，甚至个性最稳健的人也会爆发出这种愤怒。我最常听到这种愤怒是当黑人们说起他们遭遇警察时的故事，这种感觉也可以由统计数字来证明：有75%的黑人感到他们受到了来自司法系统的不公正待遇。我从电视喜剧演员D.L.休利那里也听到过这种愤怒，他讲了他是怎样教他的儿子去对付警察：

“你是一个黑人，你的肤色已经成了问题，”休利这样告诉儿子，“他已经懂了，他从十二岁时就学会了应该怎样去和警察说话，他知道该说什么不该说什么，要把警察看成与别人不一样的人。”

他的儿子凯尔毫不犹豫地说出了父亲的忠告：“如果他们问我一个我不想回答的问题，我就对他们说：‘长官，我尊重你的工作，但是假如你能把我的父母找来我会感谢你，我不再对你说任何话了。’”

我从哥伦比亚大学的罗纳德·敏希教授那里听到过同样的故事，作为一位著名的社会学家，他专门从事非洲裔美国人的研究。他说他教儿子应该怎样去对付警察：“假如警察朝你走来的时候你胆怯了，那你就真的是一个胆小鬼。”他用颇有感情的语调这么说。

埃利斯·柯斯写的关于种族问题的书已经成为黑人寻求了解美国文化气质的入门书，他说这种经验与他们从教育中得到的负面社会信息有着密切的关系。

“年轻的黑人更有可能得到大量的信息，告诉他们不可能在学校里取得成功，你不该来上学，上学不是黑人该做的事情。”他说。这些信息损害了他们的自尊，阻碍他们去争取美好的未来。

“这些负面信息来自贫困的集聚，来自没有成功的人和接受过大学教育的人做榜样的人们，同时也来自无数不同的方式：饶舌音乐、电视以及人们在街头的所见所闻。这些信息告诉人们：受教育确实不是黑人的事情。”

我又回到了布雷伦身边，他害怕回到小石城中心高中去上课，而正是在他前辈的努力下，这座学校才最终废止了种族隔离。他不敢走进那座大厅，而他的祖父鸭子在1968年的时候带着一串女朋友兴高采烈地走在这座大厅里。

蒂娜也不喜欢到那里去上学，她记得人们把她看作是鸭子的又一个累赘的孩子，她离开了这座学校去找了一份稳定的职业。她第一个丈夫在她抚养最大的孩子布兰登时离开了她，她试图与她的新丈夫加尔文一起建立起一个稳固的家庭。他们生下了布雷伦，对于她的两个孩子来说，加尔文是一个慈爱而负责的父亲。当布雷伦因为打警察犯了事后，她突然感到她要失去她的孩子了。

布雷伦说，在少年管教所的日子让人抓狂。他不喜欢说话，但是管教所里的人要他每天都检讨自己的坏脾气，后来他终于让他们对他满意了。回到学校就像走进一个压力锅，他感到小石城中心高中里面太拥挤并让他觉得丧气，在这所学校的每一个角落里，他的坏脾气都有可能爆发出来。他感到自己因害怕触犯法律而心理负担很重，他觉得老师们会对他另眼相看，没有辅导员会来跟进他上大学的事情，他们只是紧盯着他看他是不是犯错。在他回到班级里的那一天，我们追拍了他，他的步履沉重走得很慢。

“我相信这种事情很普遍，因为这是从上一辈传承下来的。”蒂娜含着泪水说，“我的父母就是在这样的环境里长大的，我也是在同样的环境里抚养孩子，就这样从上一代传到下一代。”

就在那个星期天，蒂娜带着她的孩子上了教堂，她参加了教堂的唱诗班。孩子们的衬衣熨烫过了，而她身穿漂亮的红色套装，戴着一顶时髦的帽子。他们走进教堂时带着满腔的热情和骄傲，这样的神情是他们走在世界上的其他任何地方所没有的。彼尤宗教和公共生活论坛对美国宗教的研究表明，在历史上，黑人教堂对于黑人的家庭生活始终起着中坚的作用。黑人教堂的教区集中在南方地区，服务对象是所有年龄段的工人阶级人群。他们的报告还说，没有受过高中以上教育的人们结婚的可能性较小，宗教是他们生活的中心，他们需要更强有力的政府和更多的公共服务。他们中的大多数人每天都祈祷，无论他们的祈祷是不是会应验。

不管蒂娜家里发生了什么事情，她抬起头来走进了教堂，在她两个穿戴整齐的孩子陪同下，他们一起来到了这个让人感到骄傲和意境高远的地方。她穿着黑亮的皮鞋走上祭坛，她身子朝着麦克风微微倾斜，她的歌声开始在教堂里响彻开来，而此时她的儿子跪下身来开始祷告。加尔文是这座教堂里的牧师，他平时的工作是担任一所学校的财产管理人。蒂娜感到她的儿子在生活当中缺少男性的角色榜样，尽管她丈夫就在眼前。要一个男人在一群坏榜样当中做出好榜样来，这对任何男人来说都不是一件容易的事情——蒂娜的父亲、兄弟，还有她街区里的这么多人都是坏榜样。

敏希教授说，当一位父亲背离了家庭，由此造成的对家庭的伤害会延续好几代并且难以修复。他说这种情况也对整个美国黑人社会造成了伤害，因为非婚生育已经成为一个普遍的社会问题。

“有些男人不与孩子的母亲结婚，而那些母亲因此必须要找到不依靠丈夫生活的方法。我们已经见到了许多年轻女人在没有父亲的情况下抚养孩子的方式，我认为这是一个很大的问题。”他说。

“这种情况与历史有很大的关系，奴隶制度对非洲裔美国人社会中的男女关系造成了最大的损害，除此之外还有各种社会动荡，我们不时会有新的社会动荡发生。”

敏希教授绘制了一张社会经济弊病的演进表，这些弊病从黑人还在奴隶制度的时候就困扰着他们，他们遇到的各种障碍使他们没有能力去抚养家人。他指出在黑人当中存在着高企的失学率、失业率，还有大量被关进监狱的人。

“在这样的困境当中，一个男人要结婚是很难的。假如他不能担当起养家糊口的责任，他就难以维系家庭，难以维系他和女人和孩子的关系。”敏希教授说。由于缺乏男性角色榜样导致在整个黑人社会中对男人的期望值很低，这往往造成了女人才有权决定是否成立家庭。许多人在这样的家庭中生活，他们并不预期男人会担当起家庭角色，也不指望社会可能来帮助他们。在大多数的黑人社会中，单身母亲已经不算是一种耻辱，但是如果带着善意眼光来看的话，这实在算不得是一件好事。

那天上午，蒂娜的大儿子布兰登在教堂周围溜达，他相貌英俊能言善辩。他与他的生父已经断绝联系了，但是他对继父加尔文的态度很友好。他与他的前女友希莉塔生下了一个孩子，又与他现在的女友生了另外一个孩子。他已辍学当上了一名保安，他说他正试图资助他的前女友，这样她可以抚养他们的女儿萨琳娜。但是他却疲于奔命，因为他的新女友要他帮助抚养他们的儿子贾登。蒂娜见到儿子加到他自己身上的那些负担时感到头晕目眩，但是她尽自己的能力去帮助他，包括为萨琳娜举办了一周岁的生日派对。

当萨琳娜的生日到来的那一天，她和她母亲居住的屋子里装点了气球，家里来了许多亲戚。蒂娜带着她的丈夫和布雷伦很早就到了，他们的脸上都带着笑容，他们带着礼物早早赶来帮忙。然后蒂娜足足花了一个小时等待布兰登的到来。许多孩子围拢在萨琳娜身边做起了游戏。蒂娜等在门廊上一次又一次地看手表，嘴里咕哝着今天是他女儿的第一个生日，他应该早点回来。布兰登的继父在屋前的草坪上生着气，甚至连布雷伦也发火了，他给他哥哥的手机打了几次电话。萨琳娜坐卧不宁，她母亲说布兰登经常会消失得无影无踪。

当布兰登走进屋子时，萨琳娜正在吹熄生日蜡烛，当他把女儿抱起来时她哭了起来，他抱怨着说是自己搞错了地址。我问他是不是准备像他的父亲抛弃他一样抛弃自己的女儿，他发誓要改变他们家族里四代父亲抛弃孩子的传统。“我会改变这种状况，”他承诺说，“传统总是可以打破的。”

然而四个月过去了，布兰登再也没有去看过萨琳娜。就在我即将结束《黑人在美国》这部纪录片的拍摄时，我决定再去看望一下布兰登。他的故事令人沮丧，我不想在他的故事前面加上许多社会学家找来的借口。我带着他去看了萨琳娜和她的母亲，我们到了希莉塔家里时吃了一惊，她又怀孕了，这次怀的是另外一位男友的一对双胞胎。她和布兰登之间的怨恨和愤怒是显而易见的，结果我像是扮演了一个电视婚姻顾问的角色。

“你还能够给她更多的资助吗？”我问布兰登。“是的。”

“你还要他给你更多的帮助吗？”我问希莉塔。

“是的，我是说我不会阻止他这么做，我把它当作……我是说，我知道有时我的态度有问题，但是我是有理由的，因为总是我一个人在带萨琳娜。”她回答说。

“他能成为一个好父亲吗？假如他努力的话，能成为一个好父亲吗？”我问她。她的眼睛瞪着布兰登，似乎在向他重复我的问题。“我认为他应该这样做，但问题是，他会吗？”

“你会吗？”我问他。

“会的，你知道——会的。”

这两个人的年龄都不到二十一岁，但是在他们之间已经有了四个孩子，他们之间还有着三角情缘，他做的却是拿最低工资的工作。布兰登已经得到了“普通教育发展计划”的证书。希莉塔说要找工作几乎是不可能的，但是在这对双胞胎生下来之后她会去尝试，她满心希望她的男友会娶她。当我离开时，他们两人在开心地交谈，但是我不知道从他们的故事中能引申出哪些深刻的道理，这些年轻人就生活在这样一种阴暗的现实中。有关非洲裔美国人的统计表明，黑人男子不觉得有义务去抚养自己生下的孩子。希莉塔同样也生活在这种现实中，她企图通过生养孩子来提高自己的自尊，她也想工作但是工作却很难找到。

我竭力要把这个故事讲出来，我觉得这是我们每天都在听到的有关非洲裔美国人的故事。我还想说出一些更为深刻的，与众不同的东西，于是我要敏希教授给我写解说词。但是我也为这样一个事实而感到汗颜，我给美国黑人的总体形象又加上了一段努力挣扎和含羞忍辱的轶闻。

敏希教授要我去看一看有关这个统计的另外一方面，“这样你就会看到我的理论是有效的。”他说。美国黑人的家庭是破裂的，黑人孩子在没有父亲的情况下长大，原因是他们的父亲脱离了对于女性和家庭的责任，而这种义务和责任是完美的家庭生活所必需的。

于是我找到了肯尼斯·泰利，他也是一位1968级的毕业生。

肯尼斯·泰利回忆起了“鸭子”和小石城中心高中里的那种压力。在学校里“鸭子”是个游手好闲的玩家，而肯尼斯却埋头读书，他把废止种族歧视后带来的机遇转变为成功道路上的动力，他的家庭创造出了完全不同的生活。

“我很幸运，我是在一个中产阶级家庭长大的，我父亲是我正面的角色榜样。许多人没有这样好的条件，你知道，他们生活在没有父亲的家庭里。有些父亲染上了毒瘾，有些被送进了监狱，他们没能为孩子做出好的榜样，他们不知道应该怎样去做一个父亲，因为他们自己也没有父亲。”肯尼斯这样评论他的同学们。

今天，他的父亲仍在小石城辅导孩子，肯尼斯为他的教堂在黑人社区开展工作。他每天都面对着黑人青年可能在生活中遇到的各种障碍，但他还是保持着清醒的头脑。高中毕业后肯尼斯参加了海军，后来还上了几年大学，直到他负担不起自己的学费。他在商务部找到了一份工作，在这个职位上工作了五年。后来他失业了，几乎失去了一切。

“于是我跌落到贫困的工人阶级队伍中，我可以这样说，这是我人生中的最低潮。”他说。

就像蒂娜一样，肯尼斯求助于教堂。他的教堂帮助他找到了一份自由摄影师的工作，不久他就和女友帕梅拉结了婚，他们继续接受教育并且找到了稳定的工作。如今肯尼斯是国家事务出版公司的一位编辑，公司设在华盛顿特区。有一段时间公司试图撤销他的岗位，他接受了降级以保住自己的工作。他和帕梅拉操持好他们的家庭。萨基娅和艾克桑德上的都是教会学校，艾克桑德患有自闭症，需要接受特殊教育，于是帕梅拉把所有的精力都放在他的身上，而她的丈夫加班加点工作以保证家里有稳定的经济收入。

参观他们的家能看到他们经过艰苦努力创造出来的成果。家里没有一只鞋是摆错地方的，壁炉架上挂着许多家庭照片，食物和玩具都很充足。肯尼斯和帕梅拉很懂得团队协作，他们中有一个在喂艾克桑德吃饭，他需要他们花很多精力去照顾；另外一个在帮助萨基娅做家庭作业。

“当我看见社会底层的孩子，看见他们的遭遇和痛苦，我就会想到我自己的孩子，所以我决心不惜做出一切牺牲来让孩子生活得更好。”肯尼斯说。

他的家是一个充满希望的地方。肯尼斯待人热诚不带偏见，今年他因为工作忙没有去参加班级聚会。他希望能再见到“鸭子”，但是他对“鸭子”离开学校后的遭遇却不甚关心。他认为“鸭子”这么会说话，脾气又是这么随和，他不好好利用自己的这些长处很可惜。他的策略就是不断地驱使自己朝前走，他不让愤怒来阻碍自己。作为一个在小石城长大的孩子，他从家庭给予他的爱当中汲取了很多东西。他父亲在上学的时候从来不缺一堂课，哪怕是最不重要的课。废止种族歧视不仅仅意味着和白人混合在一起，还意味着要抓住机遇去取得成功。

肯尼斯·泰利的母亲在学校里教白人孩子，她还记得她当时想平息她和儿子之间痛苦的意见分歧。她希望肯尼斯到小石城中心高中去上学，因为她觉得这所学校的教育质量是一流的，直到今天她还为伤害了他的自尊心而感到难受。对于走在小石城中心高中的走廊里，他几乎没有美好的回忆，他觉得假如自己上的是黑人学校的话，日子也许会过得更好一点。但是今天泰利一家生活在混合种族居住的马里兰州乔治王子县，他有美丽的家园，四周环绕着游戏场地，还有肤色各异态度友好的邻居。肯尼斯确信从他父母坚持送他去小石城中心高中上学这件事中，他得到的教益是：值得为之奋斗的好东西，不管这个目标看起来有多遥远。他的履历表上列出了他多次上大学的经历，但是到最后，每一次都因为没有钱而夭折。他坚持不懈地努力直到他完成了学业，这也使他有能力为他的孩子重新绘制了美国的风景。

肯尼斯是一个严肃的人，是一个羞怯的男人，但是当说起他的小女儿时，他的脸上放光了。她的女儿从来不会说起人种的问题，和她一起上学的孩子们有着各种各样的肤色。

“萨基娅看不见皮肤的颜色，她就是看不见。”他说。

在报道美国的种族和少数族裔时，不把生活看作一场战斗是很困难的，每一位取得了某种成功的有色人种人士似乎都经历过了这样的战斗。我从来没有把自己看作是一个战士，但是我也经历过了许多次的战斗。我是我母亲的女儿，我母亲天生是一个好斗的女人，为机遇战斗，为学习战斗，为婚姻战斗，她还在一个排外的郊区抚养了自己的孩子。机遇是靠战斗得来的。

现在我经常通过电话和我母亲交谈，她对我们抱有希望，但是她不会做过多的评判，她向我提出的问题中常常带有一些忠告：你今天吃了什么？你累吗？你喜欢那样做吗？有些人的生活是由他们家庭的情景剧塑造而成的——人们生老病死，他们离婚了、分开了、好事发生了，然后又失去了等等。我的家庭有一个很好的地方是我们都很平均，我们的卫生条件是有保障的，家庭中的每个成员都互相热爱。我们努力学习，取得成功，然后又建立起各自的新家庭。有些家庭会把麻烦传递给别人，而我们会分享解决问题的方法。

在我成为一名记者之前，我从来没有意识到家庭对我的重要性。我遇到过一些人，在他们的成长过程中没有像我这样的家庭关系。我意识到正是因为有了我的家庭，我才有可能成为今天的我。我母亲的坚忍不拔和父亲的刚强稳健造就了我们，我们在一起的时候具有不可阻挡的力量。我们有自己的价值观，有坚实的自我认同感和清晰的目标意识。在我们国家里，并不是每一位儿童都具备这些条件，这很可怕，但更可怕的是这样的状况还在进一步的恶化。有许多家庭生活在恶劣的环境中，他们拥有的有限资源不足以帮助他们度过困难的时光。在这个国家里，你掌握的资源越少，你面对的机遇也就越少。生活不应该像是一场胜出者享有一切的运动会，你不必成为班级里的第一名才能上大学，尤其是当全家人都在指望着你成功的时候。在我们这片希望的土地上，需要给人以尝试、失败、再尝试的空间。

《黑人在美国》播出后，观众人数创下了纪录。莫尔豪斯、斯派曼和霍华德的学生们聚集在一起观看这部片子，有许多教堂举办了观片会，有些政客提醒人们去收看这部纪录片。为了讨论这部片子还形成了社会网络，报纸上刊登出大量的评论。在全国放映的时候，有一位中产阶级的黑人告诉我这是一部为黑人呐喊的片子，它以触目惊心的事实提醒人们，我们的社会已经被划分为正在前进的和落在后面的两部分。在传统的黑人大学，我得到了赞扬，我接到无数邀请要我去做有关种族和种族歧视的演讲。当这部片子第二次播出时，收视率甚至比第一次更高。有人批评说我们不应该把社会生活中的阴暗面公之于众，但另外一些人希望我能在片子中讲述更多的故事——同性恋黑人、加勒比黑人、艾滋病、富裕的黑人、医疗保险等等，这张清单没完没了。无论我走到哪里，都有人问我什么时候开拍下一部有关黑人的纪录片。

第八章　我的肤色还不够黑

太阳升起在华盛顿特区，就像一盏由变光开关慢慢打开的日光灯。天气非常寒冷，当有风刮过国家广场时，温度降到了零摄氏度以下。从路边格栅窨井盖里冒出的水汽，聚集到草坪上方形成了云雾，林肯纪念碑看上去像是一个冰城堡。我穿了许多层的衣服，我感到自己好像是被塑料袋包裹了起来。这一天正是2009年的马丁·路德·金纪念日，我来到了我们红、白、蓝三色的竞选卡车旁，这是一辆带有卫星设备的大卡车。接替我做《美国早晨》节目的那些人好像是站在冻土带上做直播，他们没有取暖器，而此时的室外温度是八摄氏度。他们的“场地”是暴露在寒风中的一小块草坪，四周有警戒线拦起，我可不想再成为他们当中的一员了。

我把自己身上的衣服再裹紧一点，喝着一杯热巧克力。我要来了新毯子替换了草坪上原来铺着的，我将坐在这个寒冷的风口中见证这一伟大的历史时刻。今天我们为一个人而庆祝，他号召我们起来推翻了种族歧视的壁垒。明天将宣誓就职的是一位黑人总统，这是一件多么酷的事情。

“我是索莱达·奥布莱恩，”我在粉蓝色的滑冰帽下对观众说，“你们正在收看的是CNN直播的马丁·路德·金纪念日，还有总统就职宣誓日的热身报道。从现在起还有二十三个小时，巴拉克·奥巴马就将宣誓就任美国第四十四任总统。”在接下来的十一个小时里我将主持CNN的直播，直播的内容是黑人历史上两件具有重大意义的事件。这次马拉松式的报道似乎是我这一年工作的圆满收尾，我制作了有关马丁·路德·金文件和遇害的纪录片，拍摄了时间长达四小时的《黑人在美国》，我成为了报道种族和种族歧视问题的专职记者。

虽然这天是就职典礼的前一天，但是有成千上万的人已经提前到达了，他们聚集在我周围的国家广场上。著名记者和时事评论家罗兰·马丁就在我身边扎营，他有着洪亮的广播音色，他对金博士的一切事情都了如指掌。他原来打算待几分钟就走，但是结果他在这里待了几个小时。金的前助理安德鲁·杨参加了直播，他因为热切的期待而把自己搞得头昏脑胀。然后我采访了众议员约翰·刘易斯，在金博士做“我有一个梦”著名演讲的那一天，他在国家广场上发表过讲话。在直播中的某个时段，我们重播了金博士演讲的完整录音。

然后弗雷德·格雷来了。我对着越来越拥挤的人群高声喊道：“他在二十五岁时就担当了罗萨·帕克斯公车让座案的律师。”他的到来吸引了众人的目光，人们挤到我们身边把他介绍给自己的孩子。当他开始演讲时，人们的情绪更加高涨了，突然间我感到自己像是在主持一场纪念人权运动传奇的大游行。我感到自己和他们一起走过了这样一段历史，好像自己正站在时代广场上迎接战士从战场上归来。我母亲经常说，她与种族歧视做斗争是因为她觉得美国不该有这样的事情，此刻我站在人群中感觉到她是对的，这里的人群反映出美国的新面孔。我看见白人和黑人挤在一起，他们脸上带着坚定的笑容，像听一堂普通历史课一样听我讲解民权运动的历史。有一个名字叫金的人拿着他的轻便摄像机在人群中穿行，他脸色苍白，他要把我和他一起记录到镜头中，他还招呼大家一起在国家广场冰凉的寒风中跳舞。有许多人在我的直播镜头中伸开双臂拍照，在这样的情况下我很难集中起注意力，但是我毫无怨言，因为彻骨寒冷没有减退他们参加到我直播中来的兴致。

布拉德打电话给我，他说他希望带着孩子一起到这里来。时间在飞快地过去，布拉德一直在看直播并且不时打电话过来，我也很想和我的家人待在一起。我想让他们来感受一下冰凉的空气和亢奋的激情碰撞时的感觉。在这一天有这么多不同的美国人走到一起来回顾这段伟大的历史。我在人群中看见了许多在大选中不支持奥巴马的人，我的心因此而被触动。这不仅与奥巴马有关，还意味着在一个种族已经不是问题的国家里选举一位黑人当上了总统。我想让我的孩子来亲身体验这一时刻，这样他们以后可以给自己的孩子讲述这一天的故事。

美国即将实现自己的诺言——不管肤色，人人享有平等的机会，我们的个性已经得到了充分的展示。就在这同一块草坪上，那些比我们更伟大的美国人曾经梦想着克服顽固和偏狭的观念。现在有一位黑人即将走进白宫的大门，我能从布拉德和其他每一个人的声音中听出心情的激动来，不管他属于哪一个种族，有着怎样的文化背景。这就是我为之欢呼的美国。

巴拉克·奥巴马利用民权运动来作为他参加竞选的跳板。“我在现在这样的时刻参加美国总统的竞选，是因为我感到有一种金博士说过的‘现时的紧迫感’，”他说，“这是如此重要的时刻，我决不能袖手旁观。”奥巴马是否能兑现他的诺言要过许多年才能看出来，他还年轻，缺乏政治经验，他将要为之服务的美国正面对着即将来临的经济衰退、两场战争以及人民对政府信任的丧失。今天他为赢得了大选而得到了赞誉，因为他是一个取得突破的黑人。只要看看国家广场上聚集的人群，就已经足够让人心潮涌动了。

新的一天来到了，人们在日出之前就涌到草坪上来。他们身上穿着厚厚的衣服，他们的身体因为激动和寒冷而颤抖。他们悄无声息地聚集到路障周围，慢慢地涌进国家广场。他们开始时三五成群，直到他们之间的空间都被人群填满，似乎给广场铺上了一张巨大的人毯。我在上午七时离开酒店，准备步行几个街区来到新闻博物馆的大楼里。我原定要在上午十时来到屋顶上，我的位置是在CNN主播安德森·库伯和沃尔夫·伯利兹中间。我有三个小时的时间来走完这六个街区的路程，但是就在现在这一刻，大约有二百万人正在向首都涌来。我等了很久，看来我将错失直播美国总统宣誓就职的机会，这对一名记者来说是终身难得的机会。

我在人群中走了几步，在如汪洋大海般的人流中举步维艰。我被人群挤来挤去处境十分危险，我有时因为朝前走不了只能退回来，过一会再朝前又再退回来。我只好向人群介绍我自己：“嗨，劳驾各位，我是CNN的索莱达·奥布莱恩，我必须到前面的大楼里去。”人群做出的回应令人惊讶，人们一个接一个恍然大悟似的说：“她是索莱达，是CNN的，让她过去，她要到对面的大楼里去，让她过去！”在人群中大多数是黑人，他们一个接一个地把我推向前去。我花了两个小时才慢慢地走过了这片巨大的集会人群，我被一种纯粹的激动所推动，我好像突然来到了一场摇滚音乐会当中，这是一场政治超级碗橄榄球大赛。“她是拍《黑人在美国》的索莱达，让她过去！”人们抢着与我握手，他们要和我合影，即便我们挤在人群中难以挪动手臂。然后他们把我推向前去，似乎我不到场这场直播就不能开始似的。这是一种既疯狂又激动人心的场面，胜过我走过的任何红地毯。

我花了两个多小时才到达我在安德森·库伯和沃尔夫·伯利兹旁边的主播位置，他们看着我的眼光好像我来得正好。戴维·葛根坐在我的一边，他已经为民主党和共和党的四位总统做过顾问。他说眼前的人群像是一月份的狂欢节，他不相信人们会在严肃的总统就职宣誓场合创造出一种赛前动员会的气氛。

奥巴马在就职演说中并没有谈及打破种族界限，而是说到了我们国家的传统所面临的新挑战，他说我们的传统是“努力工作、诚信、勇气和公平竞争、包容和好奇、忠诚和爱国”，他试图把他能够冲破美国种族歧视的最后障碍归功于我们共同的美德。他说得很对，在这个国家里存在着的各种区别是一个根本的问题。

“这是公民的代价和诺言，这是我们信心的来源——我们知道上帝召唤我们去塑造未知的命运，这是我们的自由和信念——这就是为什么各种种族、各种信仰的男人、女人和孩子能够到这个具有深远意义的广场来参加我们的庆典；这就是为什么有这样一个男人，他的父亲在六十年前甚至不被允许在餐馆里当侍应生，而他现在却能站在你们面前发出最神圣的誓言。”

正在宣誓就职的总统像我一样，是一位白人和一位黑人移民的孩子，我没有想到我们会有这样一个共同点，直到我亲眼目睹了就职典礼的举行。这似乎不太可能，事实上我并不真的会去想到他或者我是混合人种，我只把他看作是另一个黑人男人，他也许不会认为我属于他的阵营。这是一种在终身自我排斥中建立起来的心态，而现在他正作为一个冲破种族藩篱的典范站在总统的宣誓台上。

这个时机与我作为拍摄《黑人在美国》的记者的主要目标相吻合。我在过去的一年中推动了关于种族问题的对话，在对话中奥巴马起了很大的作用，他吸引人们来讨论这个被许多政客回避的问题，在讨论中没有人愿意说错误的话。他的参选引发了一场关于美国种族和种族歧视问题的对话，这场对话有理由使我们认为，也许我们正在把美国的种族歧视变为历史。这场对话解放了我们的思想，使我们可以想到，阶级是正在出现的社会划分者，想到有许多白人事实上同样是一无所有。

在奥巴马结束演讲时人群中爆发出了欢呼声，远处有礼炮鸣响。在这个非常艰难的时刻，美国完成了庄严的政府交替。我和我的同事们一起坐在户外的制高点上，外面寒风刺骨，我在套装外面加上了一件毛料大衣，我们对刚刚发生的一切意味着什么一唱三叹。但是在我们下面广场上的巨大人群中，在平台上共和党和民主党汇集在一起的地方，就职典礼的意义是明确无误的：我们走进了美国历史上的新时代。我们将抱着谨慎的乐观前行，种族之间面对面对峙的时代已经过去，我们将选择简单的对话方式来交流，让我们一起来治愈我们共同的创口。

在大多数博客论坛上都有一种抱怨，认为我作为制作《黑人在美国》的记者，皮肤还不够黑，你只要在谷歌搜索上点击几次鼠标就能找到这样的议论。“新快报”网站上有一篇题为“年轻美国黑人的脉搏”的文章，文章中批评CNN

没有找一个皮肤更黑的人来拍摄这部片子。“CNN没有黑人女性在实质性的播出岗位上，它没有MSNBC的黑人女主播蕾切尔·曼都，没有巧克力肤色的坎贝尔·布朗，见鬼，甚至连做了整容的葛丽泰·冯都没有。不，索莱达不能算。”

一家名为“美国黑人秘密理事会”的网站上贴出了我的照片，加上演员文特沃斯·米勒，我的同事苏珊娜·曼尔奥克斯和棒球联赛球员格雷迪·萨兹摩尔的照片，网站表扬我们不去争取肤色的“及格”。

“种族主义研究”网站贴出了我孩子的照片，开始了一场他们是不是黑人的讨论。然后“兹姆比欧”网站上有一位网名叫作“黑色势利小人”的博客写手贴出了下面的争论文字：

> 索莱达·奥布莱恩看上去还不够黑，“听”起来也不够黑，她没有嫁给黑人，她可以算是黑人吗？她有金发碧眼的孩子，她可以算是黑人吗？是不是黑人的规则改变了呢？或者我们还是在玩着同样的心理游戏，当涉及到美国的种族时我们总是会玩这样的游戏？我常说，在美国你看上去像什么人你就是什么人，但是你看上去是白人却说自己是黑人，你到底是什么人呢？

《黑人在美国》这部片子的目的很明确，是通过拍摄这部纪录片来纪念马丁·路德·金博士遇难四十周年。片子要回答这样的问题：我们已经走了多远？有哪些地方我们还没有取得进步？我们的目标不是去考察整个黑人种族的经历，我们要讲述的只是几个黑人的故事，我们要看一下在金博士遇害几十年后，这个事件对于黑人社会还有什么影响。我们选择了几个在人生中获得很大成功的人，还有几个在生活中很失败的人。对于非洲裔美国人面对的机遇，他们的人生会告诉我们什么？他们有能力去利用这些机会吗？这部纪录片最基本的中心问题是：我们已经走到了哪里？

然而，突然我要来回答有关我自己的问题，就像我在我的人生中经常遇到的那样。我的肤色是不是足够黑？没有人会去问出生在伊朗的CNN记者克里斯蒂安·阿曼普尔，当她去报道中国的时候她算不算一个十足的亚洲人？我既不感到奇怪也不特别恼怒，我坦然地面对这个问题。有人认为假如我不是来自黑人社区，我也许不会取得这样的成功。

我最担心的是我报道的那些美国黑人故事会让人感到压抑和哀伤。毫无疑问其中有些故事确实如此，但是你不能只去报道那些统计数字概括出来的故事。有一种方法是把报道细微化，这样整个黑人社会都可以被表现出来。迈克尔·埃里克·戴森是一个非常聪明和善于表达的人，也是我所遇到过的最快乐和最有趣的人，尽管他的个人故事是令人心酸的。我们必须有一种方式来讲述不那么简单的故事，或者那些不能用好或坏、快乐或悲伤一言以蔽之的故事。这样一些因素在故事中是并存着的，这就是我想要在这部纪录片里表达的观点，也正因为如此，我是一个黑人。我要把这个观点在我的作品中反映出来，并把这种感受传达给观众，这对我来说非常重要。

迈克尔·埃里克·戴森和他的兄弟埃弗雷特两人都认为，他们的人生因为各自皮肤色调的不同而分道扬镳。但是埃弗雷特在社区里贩卖毒品，他不仅把毒品卖给大人还卖给孩子，他最终因谋杀而在监狱里服无期徒刑。无论他是否杀过人，他肯定在生活中做过错误的选择，这是我在采访他的时候他对我说的。但是也不可否认他的肤色确实是一个问题，肤色较浅的人会比较有利。我还记得照相馆里的那个摄影师问："抱歉，我不是有意冒犯，请问你们是黑人吗？"显然，因为肤色不同你会得到不同的待遇，摄影师在给我们照相前想先知道我们是不是黑人。最终我学会了在这样的雷区里行走，我相信我的观点与其他记者的观点会有不同的价值。我拍摄这段片子，是因为我想通过迈克尔和埃弗雷特的故事，以及他们两人不同的道路来揭示出黑人社会的现实生活。但是我也明白对于肤色的偏见是我们面对的现实，而不仅仅是一种借口。

在肤色问题上让我大吃一惊的是连黑人也认为这是一个至关重要的问题。我并不怕被批评，对于这部影片的反馈绝大多数是正面的，而自哀自怜从来不是我的个性。我在旧金山的时候就懂得了人们没有理由非要来喜欢你，即便没有一个人希望看到你成功，你仍可以去获得成功。对于说我不是合格黑人的那些人，我并不想简单地将他们打发走，我想了解他们为什么会有这种愤慨。奥巴马总统是混合人种，但是他的身份认同是一个黑人，除非到了某个时候有人告诉我他是双种族或者"像白人一样"。我不知道人们是否有兴趣去揭示出他真正的肤色，或者他们只是想从我开始来启动这场讨论。

我发现这是一件有趣的事情。在我成长过程中，从来没有人认为我是一个白人，我与别的人都不一样，我留着非洲人的发式，我似乎对别人没有吸引力，我被摆到了一个不合适的地方。而现在我却要来证明自己是黑人！那时我是一个十几岁的青少年，而现在我已经是成年人，我很清楚我是谁，我来自何方。我不是仅有肤色，我是我全部人生经历叠加起来的总和，我可以去拥抱我灵魂居住的地方。我报道卡特里娜飓风能不能让我变得更黑一点呢？我拍摄《黑人在美国》这部纪录片能不能让我变得更黑一点呢？

黑色不是一种证书，甚至不是一种肤色，非洲裔美国人的文化要比这远远丰富许多。我感到说“我是黑人”对我很重要，我为我的根系感到骄傲。我有爱尔兰血统，那是通过澳大利亚来的，难道我就不应该说这些吗？当然我是拉丁裔，拉丁裔不是民族也不是人种，拉丁裔可以是来自任何地方带有任何肤色的人。我是拉丁裔但我也是黑人，我为什么不可以有一个来自澳大利亚的父亲但仍然是一个黑人呢？因为我的母亲是黑人。在我的一生中当人们看着我的时候他们看见的是一个黑人，我为我是黑人感到无比骄傲。

在奥巴马总统宣誓就职那一年的夏天，我为《黑人在美国》这部纪录片主持了大型发布会。我喜欢人们提问题，观众们则喜欢这部片子中的故事。他们为我的片子热烈鼓掌，但不时有人会问我，为什么我要去讲述那些悲惨的故事。为什么要去讲述穷人的故事？为什么要去拍摄那个曾经的吸毒者？为什么要去拍摄那个在监狱里得到了学位，但释放后又重新去犯罪的人？我列举了有关非洲裔美国人的统计数字，以及犯罪、监狱和贫困等社会问题，我强调好的报道应该展示出构成黑人社会历程的全谱系的故事。我也指出了在这部片子里有许多黑人成功的故事，这部片子里的核心家庭确切无疑地属于中产阶级上层。那些参加黑人家庭团聚的人们来自稳固的家庭，他们的孩子都在学校里上学。但是我的底线在于我是一名记者而不是一个公共关系专家，对于一个面临着这么多困难和问题的社会，我不能拍摄一部不反映人们生活中的痛苦和挣扎的纪录片。我在说这些话的时候赢得了人们热烈的掌声。

我告诉观众，有一种论断认为，在美国社会中黑人不认同美国的价值观，就我本人而言，我从来没有为这种奇谈怪论添加过任何有利的证据。我想表现出一个社区的脸面，在这个社区里每个角色都有各自的担当。我知道人们不只想听悲伤的故事，但是从失败中人们总是能够学到更多的东西，在挑战中也能得到更多的教益。

我开始拍摄《黑人在美国》的第二部，我把焦点对准非洲裔美国人正在寻求解决社会问题的方法。有关这部纪录片的讨论使我明白，为什么有些人会来攻击我的肤色还不够黑。因为假如我是黑人，我发起了一场有关黑人社区弊病的讨论，那么就是黑人在说黑人自己的问题。而假如我是一个白人，那么我只是一个又一次给人下套的敌人而已，对于这样的人完全可以置之不理。有些人需要我是白人，因为这样我说的话就不算，我也就因此而成了一个敌人。

第九章　拉丁裔人在美国

我紧随着巨星詹妮佛·洛佩兹和乔治·洛佩兹进入了拉丁裔人举办的总统就职庆祝活动会场。我身穿着粉蓝色的窄袖长裙。詹妮佛·洛佩兹的裙装从胸部开始，她穿的是一袭深蓝色的长裙，前胸用一支闪亮的大胸针别起。红地毯上是拉丁裔人的海洋，他们都穿着盛装。这不是一场西班牙舞会，而是庆祝奥巴马就职典礼的拉丁裔之夜。我们鱼贯而入走进了气势恢宏的华盛顿联合车站，讲西班牙语的记者逐个问我们什么时候举办正式的西班牙庆祝舞会，当没有什么可问的时候，这也就成为了一种谈资。

我穿过了媒体记者的重围，走进一个专为名人保留的边厅。当我们每个人走进边厅时，人群中爆发出热烈的掌声。“索莱达！索莱达！”人们喊出了我的名字。女士们拉住我，她们吻了我的脸颊。有不少人用西班牙语和我说话，我虽然能听懂，但没有足够的自信用同样的语言来和他们交谈。似乎没有人在乎我蹩脚的西班牙语，我总是被拉丁裔的人们所接纳。在美国，拉丁裔人的世界就是这样一顶美好的大帐篷，只要你或者你的任何一位祖先在名字中间夹着“玛利亚”或者“何塞”这样的名字，你就是西班牙裔人了。因为拉丁裔是族群而不是人种，我们中间有黑人、白人或任何中间肤色的人。在拉丁美洲有许多人，他们有的是非洲人，有的是德国犹太人，也有南非人或混血的中国人。西班牙也许对拉美的主流文化做出了贡献，但拉丁美洲有点像是一个人种的大杂烩。

一旦来到了这里，我们就成了“拉丁裔人”——这是我们的美国历程，我们被从南美洲二十一个国家的根系上扯断加入到美国文化中来。拉丁裔人总是乐于接受你，哪怕你的另一半是其他的什么人。这很合适我们来玩数字游戏，我们天生喜欢拥有众多的人口，我们的人数保证我们成为美国文化中不可或缺的一部分。现在拉丁裔已经是美国最大的少数民族，到了2032年，所有少数民族的人口加起来会成为美国人口中的大多数。这就是为什么我坚持要把我的下一部纪录片定为《拉丁裔人在美国》。

大厅里，人们用两种语言愉快地交谈着。我走进了一个用绳索围起来的贵宾区域，詹妮佛·洛佩兹和马克·安东尼开始向我提出如何拍摄拉丁裔人的建议，我们围拢在一起说话的时候，摄影师们抢拍着我们的镜头并朝着我们呼喊。在今晚的拉丁裔人群中，有些人的面孔值得一提：歌星马克·安东尼的肤色使他深色的眼睛显得格外明亮；有一位朝马克倾着身子的记者留着浓密的非洲发式，他有着黑色的皮肤；我与一位送鸡尾酒的女孩聊了几句，她有着削瘦的脸颊和杏仁色的皮肤，她的脸型可以铸到一枚纪念土著人的硬币上去。这里有金发或染成金发的人，他们有着我丈夫那样的蓝眼睛。在这里，人们的年龄跨度特别能显示出拉丁裔人的风格，当举办一场欢乐派对时，拉丁裔的每个人都乐意前去参加。有一个孩子在他祖母的膝盖上坐立不安，大孩子们聚在不含酒精的鸡尾酒台周围，他们因为穿着正式的服装而显得很老练。墨西哥裔美国人乔治·洛佩兹和他的古巴裔美国人妻子给我想了许多如何报道拉丁裔人的点子，他们还开了许多玩笑。

乔治站到舞台上，他宣布我们刚选出了第一位拉丁裔的总统，毕竟奥巴马是和他的岳母一起搬进白宫的。人们大笑起来，对于这位新总统，他们的心情有点激动，但是在这个大厅里没有人认为这位黑人总统一定就会给拉丁裔人带来好光景。人们也许会想到他们满腔热情地投奥巴马的票会有回报，但是这种回报是不确定的。

拉丁裔社区正处在一个困难的时刻。大多数拉丁裔人，还有大多数其他人在民意测验时都表示，拉丁裔在美国已经成为最受人嘲笑的子族群。有许多拉丁裔人获得了个人财富和最近才意识到的影响力，他们享有做出选择的机会：是被美国文化同化，还是重新构建自己的文化？但是更多的拉丁裔人身陷于贫困的泥沼中，他们有许多人辍学，他们要应对所有移民都面对着的挑战：要改变自己的价值观以适应美国社会。美国和拉丁美洲有着共同的边界，这就意味着移民永远不会停止，拉丁裔这个族群永远能从越过边界的新来者中得到人员的补充，同时这也意味着人们总是会透过移民问题的棱镜来观察整个拉丁裔社区。

为了说明在移民问题争论中正在上升的紧张气氛，我们来到了宾夕法尼亚州的谢南多厄。比起美国墨西哥边境来，这里离加拿大边境更近，谢南多厄离南部边境的距离有1800英里。但是由于路易斯·拉米雷斯的死亡事件，谢南多厄似乎被炒作成了一个坐落在亚利桑那南部边界上的小镇。由于来自拉丁美洲的非法移民涌入西南部的城镇，关于移民的争论也随着他们的流向而移动。而具有讽刺意味的是，谢南多厄像其他许多美国城镇一样，也是一个由移民建立起来的城镇，开发这个城镇的是来自东欧的移民，他们在十九世纪末期来到这里挖掘无烟煤。到了二十世纪这个城镇曾经兴旺发达过，人口一度增加到了30000人。但是随着煤矿的关闭，这个因移民而诞生的城市几乎消亡于居民的外流。2000年度的人口统计表明这个镇上还有5600名居民，比1990年下降了10%。当我们到达那里的时候看到的是一片空旷凋敝的景象，好像它正处在彻底消亡的边缘。

谢南多厄是一个因为人口减少而正在萎缩中的城镇，但也为新来者而陷入了一场纷争。这并非是出于这样一种情况：一个成熟的移民团体对于浪潮般的后来者产生了不满。而是拉丁裔人永无休止地越过边界，加上严峻的现实经济状况使某些人的头脑中产生了恶念。在美国有许多像这样的城镇，他们不再希望有任何新人的到来，无论这些新来者做的是何种卑下的工作，甚至有时他们还能带来新的工作机会。已经居住在这里的人们不想看见新来者住进那些空屋子里，好像他们会十个人挤在一间房间里，并且还会挤到外面来。他们不希望新来者让学校里变得更拥挤，由于英语学得晚，他们让老师的精神感到紧张。无论如何他们就是不想要那些新来者。

在谢南多厄的一个街角上，一位来自墨西哥的名叫路易斯·拉米雷斯的年轻人在一天晚上被击倒在地。路易斯从墨西哥来到谢南多厄是为了找工作，尽管失业率很高，生意也不景气，但还是有许多工作可以给他做。他去摘过草莓，修过屋顶，他还在晚上和周末打零工。路易斯结识了本地姑娘克里斯特尔·迪尔曼，她带着一个混血种的孩子依靠公共救助生活，直到路易斯来到了她的身边。他们一起生了两个孩子并且正计划着结婚，这样路易斯可以改变自己非法移民的身份。2008年7月12日晚上，路易斯和克里斯特尔的妹妹洛克萨妮·莱克托一起正走在维恩街上的一个公园里，他们遇到了六个白人青少年，他们是本地高中的足球队员。其中有一个男孩对洛克萨妮说，要她把她“肮脏的墨西哥男友赶出去”，他们扭打了一阵后路易斯走开了。有目击者报告说，这些青少年开始高声叫骂“墨西哥人”和“拉美人”的脏话，以及“滚开”等等，似乎在这种场合下连“操”这样的脏话也不需要了。一场六对一的斗殴爆发了，在拳打脚踢的猛烈攻击下路易斯倒在了地上，就在他倒地之后，那些青少年还不断地踢他的头部。路易斯·拉米雷斯从此再也没有苏醒过来，到了7月14日他被宣告不治身亡。警察的调查报告说出了犯罪动机，是他们要“把墨西哥人赶出去”，这个死亡事件被认定为由仇恨引发的犯罪。

克里斯特尔·迪尔曼试图教她的孩子几句她从路易斯那里学来的西班牙语，一天下午，我在她刷成白色的小屋里见到她正在做这件事情，她曾经和路易斯合住在这间小屋里。有时我也对我自己的孩子说一些西班牙语，索菲亚和塞西莉亚在学校里上西班牙语课，有一位朋友的保姆在家里教我的双胞胎儿子学西班牙语。在斯密斯顿的时候，我母亲从来不对我们说西班牙语，她说这是因为我爸爸不会说，而且她想要我们活在当下，但我希望我的孩子能为未来而生活。当我们的外婆来和我们一起生活时我们都感到很尴尬，因为她会说的英语只有“哈罗”和“拜拜”这两句。我们感受这位“阿布额丽塔”的到来不是通过和她谈话，而是通过看她在做着的事情，我喜欢看她搅动着一大锅的黑豆，她还把指甲染成救火车的那种鲜红色。我感受到她的温暖，她的脸上总是带着微笑，有时还会大声笑起来，尽管她并没有听懂我们在说些什么。她很喜欢闲聊，她生活在朋友、美食和音乐当中。在我们这个安静的美国郊区里，她是生活中的一簇火花，她是我们与那个喧闹嘈杂的古巴之间的活联系。她在一个没人会说西班牙语的养老院里去世，这是一件令人伤心的事情，在她去世前，没有一个病人或者护士可以和她交谈。

我母亲从来没有教我们把西班牙语说得更好一些，这是一件很奇怪的事情。她能流利地说三种语言，她本身是一位西班牙语的教师，她告诉我们作为黑人和拉丁裔人我们就占了全部移民的一半。我母亲是我们文化的载体，她像是拉丁裔人烹煮大米的煮锅。她对我们管教很严，她鼓励我们学会古巴人的处世态度。我们由此懂得了家庭是第一位的，懂得了要注意我们的言行举止，要有羞耻感，要谦卑，有些道理甚至我们还说不出来——总之我们要有进取心，但决不要有冲动的行为。在美国的拉丁裔家庭里，这些都是很普通的家教，最彻底的同化也难以将这些文化印记抹去。谦逊像是一片天空，我们的文化传统就在这片天空下发扬光大并且永远延续下去。家庭的联系是我们立足的根本，在一些家庭里，是语言把人们联系起来，而在另外一些家庭，只要通过选用的词语就足以让人们走到一起。

我在斯密斯顿的家当时看起来很普通，但现在回想起来却确切无疑地带有拉丁裔的个性。我们听见母亲在电话里与遥远的亲戚通话，她几乎从来不用这种声音和我们说话。在这种语音中包含着一种文化上的联系，这是一种属于她自己的语言。她总是用西班牙语计数，她会用西文数字来结算美元支票的余额。我们每天都吃米饭，鸡肉米饭、猪肉米饭、杂烩米饭等等。她有时会在桌上放下一盘煮土豆，说那是给我父亲准备的，除此之外主食总是米饭。我们学会了做西班牙油条，在感恩节的时候吃火鸡加上黑豆米饭。我们常吃的美食有墨西哥烤肉盘、牛肉土豆饭、奶油冻、乳蛋糕，还有加了新鲜辣椒的煎肉饼。但是在你从来不回家的情况下，要保持这些文化联系是很困难的。

古巴曾经一度与我们失去联系，直到我长大成人，我从来也没有去过古巴。虽然古巴离佛罗里达只有九十英里，但它好像是一个远在天边的岛屿，是一个遥不可及的地方，我们对于拉丁文化的了解是来自家里。我很羡慕那些可以随时到南方那些国家去度假的拉丁裔人，他们可以去触摸家乡的根基，去品尝家乡的美食，去领略祖先传承下来的文化，去感受另外一种生活历程的脉搏。他们接受到的拉丁文化的熏陶是新鲜的，他们回到家里时带回了美好的回忆和礼物。当我第一次到古巴去的时候，我感到我的世界突然打开了。对古巴的访问使我更了解我们在斯密斯顿的生活方式，从经常吃米饭到成群的快乐孩子，孩子始终是家长们谈话的中心内容。看见了古巴的贫困，我知道了我母亲为什么要离开古巴，但是我也看见了他们多姿多彩的生活，我知道在我母亲心中有一块地方永远不会真正离开古巴。

我总想知道，我父亲之所以跟随母亲过着拉丁裔风格的居家生活，是不是因为他知道她回不去了，她必须要在这里保持她的文化。

爸爸可以带我们回澳大利亚，他也这么做了。澳大利亚是一个遥远的地方，要经过长途飞行，我们会在那里待得很长。有一次我们在澳大利亚待了很久，以至我弟弟奥莱斯特在那里出生，我的姐姐们也在那里报名上了学。到澳大利亚去使我加深了对父亲的了解，我记得在我十四岁的时候我们去澳大利亚旅行，我父亲的一家人在家乡昆士兰团聚。他们在大草坪上搭起了一顶大帐篷，我父亲身边围绕着许多亲戚，这次团聚对他来说很有意义。我遇见了一些日本血统的表兄，几个希腊血统的表妹，还有一些有意大利血统的亲戚。在我父亲的家族里与外族通婚不是一件稀罕的事情，我父亲的家人们都有色彩缤纷的大家庭。

我们住在表兄妹的家里，他们有七个男孩和两个女孩，我们兄妹中的每个人都能找到和自己年龄相仿的孩子，除此之外还有多余。他们的屋子散漫地分布开来，屋子周围有许多空地可以让我们跑来跑去做游戏。我和许许多多的奥布莱恩一起玩，他们都是我的亲戚。每次派对上都有烤肉的烟雾升起，有大块的肉和大量的面包供应。我们参观了父亲家族经营的迪法恩斯·米林公司，面包就是这个公司生产出来的。在昆士兰父亲变得生气勃勃，他与他的兄弟姐妹们交谈，他到朋友家去串门，他的朋友们都希望见到他的孩子。在澳洲，他的口音听上去带着浓重的美国音，但是人们能听懂他开的玩笑。我有一次出了丑，当我要纸巾的时候每个人都大笑起来，因为我说的纸巾在澳洲的意思是卫生棉，现在我们成了带滑稽口音的外乡人。我父亲和他的家人无视人们的肤色，他们看见的只有人本身。一个不同的国籍可以成为他们称赞和探究一番的理由。

我父亲的家人也在践行一种天主教的教义，这种教义对社会公正有着很高的预期。我父亲的双胞胎兄弟是一位牧师，他的两位姐姐是修女。他自己的人生哲学教会他去拥抱那些站在他面前的人们，他决不会去对他们挑挑拣拣，这种人生哲学在他与家人以及周围人们的相互关系中显露无遗。当你看到人们的外在气质时，你也看见了他们的内在精神，你遇到的是有着彩虹般缤纷色彩的人类。他的兄弟姐妹和表兄弟姐妹都很喜欢他，他们欣然向广阔的世界和不同种族的人们敞开胸怀。这就是移民经历对于我们所具有的意义——去拥抱新事物，接纳新朋友。

在斯密斯顿，妈妈爸爸决定我们的身份认同是拉丁裔黑人，有着自豪、勤勉、积极的品性并且有明确的人生目标。他们这么做带有一点反抗意识，但主要却出自于骄傲，尽管出了家门我们很少有机会说西班牙语，或者谈论古巴、澳大利亚或拉丁裔的事情，在斯密斯顿任何一种移民身份都会给你带来不便。比起澳大利亚人来，我认识的其他拉丁裔人不多，我找不到和我有共同传统，并且可以一起探索共同根源的人。我们只认识一些黑人家庭，我们在一起烧烤聚餐或游玩。我们算得上很幸运，因为移民方面的问题并没有对我们的生活产生很大的影响。任何人可以来自古巴，但是对我们有利的地方是我母亲离开古巴后共产主义才夺取政权。我母亲到美国来并没有遇到任何障碍，事实上她还帮助我父亲得到了签证，这在当时也是轻而易举的事情。他们并非逃离了某个地方，而是从一个地方搬迁到了另外一个地方。我知道我母亲的家人也想到美国来，但是他们来不了，这是卡斯特罗统治古巴带来的结果，而不是美国方面的问题。我们并没有在移民过程中遭到过欺侮和失望。

我并没有因为来自异国他乡而遭遇到什么麻烦，我只是没有与我居住的地方匹配好。当我叫母亲“妈尼”时会被人奚落，因为这听起来很像是“妈咪”，孩子们会在大厅里取笑我，除此之外作为拉丁裔人并不会常常被人记起。但肤色却给孩子们带来很大的问题，我们的种族会引起人们的注目，肤色把我们和别人区别开来，这是深深地烙在我们意识中的印记。再加上是拉丁裔人，不过会让别的孩子多问一句“拉丁裔是什么”。

我看见安吉拉·辛克玛尼在我们高中的大厅里一闪而过，我带着心领神会的微笑朝她看去。她在学校里也是一位另类人物，她的存在给了我一点心理安慰。我敢肯定她是拉丁裔人，她甚至比我还要边缘。她胸部丰满曲线圆润，她有着黑亮的长发和楚楚动人的眼神。安吉拉不像我那样刻苦用功，她不像我和我羞怯的朋友希弗埃，她是一个敢于反抗的人，她会把对手拒之门外，她伶牙俐齿情绪亢奋，她身上有一种泼辣野性的气质。她留在我心里的经典印象是，在学校的大厅里她朝着那些大孩子直冲过去，好像立马要开始一场打斗。我有时希望自己能打破我的日常轨迹去驾驭这种能量，为了某些事情敢于在大厅里挺身而出，但是我只是继续迈着沉稳的步伐匆匆从她身边走过。当你本身的地位岌岌可危时，再把自己卷入到麻烦中去是一件不明智的事情。她喜欢与危险共舞，我就只能从她身边匆匆走过了。

在谢南多厄，对路易斯·拉米雷斯一案的审判像小镇上的那些戏剧性事件一样沸沸扬扬地展开了。起诉人、辩护律师、目击证人和被告的那些年轻人都是住得很近的邻居，他们都是自己人。与本案有关的唯一外来者是路易斯，他就死在他和他女友以及三个孩子一起居住的街道上。布莱恩·斯克利做证说他从三年级起就在踢小联赛时认识了德里克·唐恰柯，他们还一起参加过其他大型赛事，有着共同的经历和对社区的自豪感。他们高中球队的绰号叫“蓝魔”，球员们都是蓝魔的骄傲。在谢南多厄与外来者恋爱是一件很不平常的事情，尤其是当那些外来者是黑人或棕色皮肤的人。克里斯特尔已经为一位黑人生了一个孩子，现在又有了路易斯的孩子。据美国教育部提供的数字，二十年前在谢南多厄的学校里有504名白人孩子在上学。到了2007年，上学的孩子当中有461个白人，12个非洲裔美国人和56个拉丁裔人。但是根据2009年的统计，谢南多厄还是有97%的白人，2%的拉丁裔人，还算不上是外来者的洪水泛滥。

在法庭里人们讨论着谋杀和谋杀动机，但是在法庭外，人们却在谈论移民和外来人口。每天都有拉丁裔人到谢南多厄来找工作，我遇到的当地居民告诉我，拉丁裔人确实在这里找到了工作，但是他们不知道有谁因为拉丁裔人的到来而失去了工作。这样的事实印证了我阅读过的一些研究材料，如凯撒家庭基金会2008年发布的一份研究报告，报告询问年收入低于27000美元的美国工人，他们是否觉得非法移民剥夺了合法美国居民的工作，差不多有一半人的回答是肯定的。然而在同样的人群中，有80%的人报告说他们本身的工作并没有受到非法移民带来的不利影响。当然这样的结果是矛盾的，这两个数字不可能同时都是正确的。人们有一种被偷的感觉，但是又说不出被偷掉的究竟是什么东西。在这里存在着一种规律——教育程度越高，工作职位越高的人越不害怕移民，这是属于工人阶级内部的冲突。

在谢南多厄我遇到了许多人，他们都为那些青年人感到惋惜，尽管他们也同意对于这样残酷的谋杀是没有任何借口可找的。布兰登·皮卡斯基是美国优秀学生社团的成员，在大学二年级的时候就参加了大学足球队，他还在西尔斯公司兼职；德里克·唐恰柯是蓝魔队的四分卫，他正计划当年秋季进入布鲁姆斯堡大学去读书；科林·沃尔什是一位优等生，他参加田径运动还踢足球，到后来沃尔什是唯一表示悔意并且认罪的人。这些年轻人与我在斯密斯顿认识的那些年轻人并没有很大的区别，他们的情况都很相似，他们并不是很了解拉丁裔人，他们只是认为有这么多社会弊病应该有人负责。在庭审中，这些男孩必须做出对别的男孩不利的证词。布莱恩·斯克利是作为一名少年嫌疑人受审的，还有认罪的科林·沃尔什，他们两人都出庭做了证。法庭里从来没有坐满人，来自谢南多厄山谷中学的监事们出席了庭审，他们要确保没有他们学校的学生混入到法庭上来，他们威吓学生如果有谁参加庭审就不能毕业。克里斯特尔·迪尔曼有时和格莱迪丝·里蒙一起出席庭审，她是来自墨西哥美国法律辩护和教育基金会的一位律师，那是一个知名的拉丁裔民权机构。

庭审重现了这些青年人是怎样在街上遇到路易斯和洛克萨妮的。当时只有13岁的布莱恩·斯克利告诉洛克萨妮，她现在到外面来时间太晚了。路易斯用西班牙语做了回答，布莱恩要他滚回墨西哥去，在几秒钟内路易斯就被打倒在地上了。科林·沃尔什做证说，当路易斯躺在地上失去知觉后，布兰登·皮卡斯基还在拼命地踢他，以至他的鞋子都掉下来了。有一位来自镇外的警察做证说路易斯的脸部肿胀，在他的胸部还有鞋印。劳斯特克里科救护中心的理查德·伊格扎密提说，他见到的是一个“遭到袭击的遇害者”，当时路易斯已经没有反应，但他还有鼻息。路易斯从此没有恢复意识，也再没有睁开过眼睛，有证据表明路易斯的脑部肿大得厉害以至整个头部都肿胀起来。

在《拉丁裔人在美国》这部片子播出后，我开始了一次演讲旅行。我还出版了一本同名的书，所以有些学校很想让我去讲一讲我对于拉丁裔人的见解。在这部纪录片播出后不久，我到霍奇基斯中学去做了一次演讲。霍奇基斯中学是一所坐落在康涅狄格州莱克维尔的私人寄宿制学校，有不到六百名的学生，学生的来源非常多元化，传统上这是一座有大学预科性质的学校。草坪一直延伸到了一片高尔夫球场，脸色鲜亮的孩子们穿着卡其裤和纽扣扣得很整齐的衬衫。我的演讲会在大礼堂里举行，我是受到黑人和拉丁裔人社团的邀请来演讲的，但是他们欢迎全体师生都出席我的演讲会。

大礼堂里的青少年们很认真地观看了这部纪录片，他们看着片子中那些拉丁裔的富人和穷人，他们或享受着人生的成功，或度过艰难的时光。在片子的分段中有插播的录像，在录像中有着各种背景的拉丁裔人说着他们的趣事：他们的家人怎样从战争中出逃，他们的母亲只会说西班牙语让他们难堪……录像拍得很有趣，有时很压抑，有时又能给人带来启示，但是正片中的故事比这些录像更有分量。

有一个女孩，当她还是一个儿童的时候，她的父母带着她来到美国，边界上的巡逻队把她像成年人一样给逮捕了，她在美国长大并且有了一个自己的美国籍孩子。在迈阿密有一位来自委内瑞拉的厨师开了一家连锁餐馆，他在餐馆里保持着自己的文化风貌。我看得出礼堂里的孩子们开始有一点激动。

然后他们看了有关谢南多厄的那一段，这个小镇由于一位年轻人的死亡而被撕裂了，礼堂里的孩子们因为心情忧虑而安静了下来。路易斯的图片出现在屏幕上，他被打得奄奄一息不成人样。谢南多厄像任何正在败落的小镇一样，那里的孩子也和别的地方的孩子没有两样。

放映结束后礼堂里爆发出了掌声。灯光打开了，有人举起手来提问：我喜欢片子里的激情，你是怎样选择片子里的故事的？你为什么要拍摄这个系列的片子？有一位长着浓密棕发，像运动员一样英俊的年轻人与其说提了一个问题，不如说发表了他反对非法移民的声明。他愤怒地向我提出挑战，说我没有强调路易斯是一个非法移民的事实。使他生气的是甚至这里也变成了路易斯·拉米雷斯们的世界，他看上去有十五岁的样子。

我稍微停顿了一下，我并没有对他说的话感到奇怪，我等着他说出来，他父亲因为移民的到来而丢失了工作，但是他并没有这样说。礼堂里的气氛有了一些微妙的变化。“你为什么这样气愤呢？”我问他。我告诉观众，这个故事既关于谋杀，也关于移民问题，这是一个有关社会冲突的故事，但是故事中也追问了人们为什么会感到如此失魂落魄。我心里有一些不解，这个男孩为什么对移民问题的争论会表现出如此的愤慨。这场争论与我无关，我父母亲的移民经历与谢南多厄的那些矿工们相似，他们是合法来到这里寻找人生的机会。我知道求职竞争非常激烈，知道经济问题的复杂性，我清楚地看到我们需要解决问题的方案，我也知道种族在社会问题中扮演了重要的角色，但是我仍然不明白这个男孩的愤怒来自何方。看着这位健康漂亮条件优越的孩子，我无论如何也不能理解他为什么会如此生气。他在一座一流的私人寄宿学校里读书，在这座学校里每个学生都是注定要上大学的。他衣食无忧，在绿草如茵的场地上运动，有许多的朋友，还有一个为他做出牺牲的家庭。但是他却在生一个非法移民的气，这个移民曾经在遥远的农场里采摘草莓。

他就属于这样一群愤怒者，他们发出愤怒的呼声，但是这种呼声不会导致任何有益的结果。我不明白，假如我们都这样愤怒，都听不进对方的意见，我们又怎样能讨论我们国家对于移民问题或其他任何问题的政策。对话和倾听能使人们达成一致，而呼喊产生的只有噪音。

谢南多厄审判的焦点在于路易斯·拉米雷斯是死于一场失控的斗殴还是死于遭到攻击，而且这种攻击有可能带有种族方面的动机。六名嫌疑人之一的约翰·雷德蒙德说他们是在布兰登家的汽车间里见面的。有一位警察与德里克和布兰登两人的母亲坐在一起，她们从来没有在公开场合说起过这个案子，这样做的目的是为了避免牵连到种族方面的动机。布莱恩和科林说德里克是乘着一辆警车来到的，而这辆警车是由谢南多厄当地的警官贾森·海斯驾驶的，他被确认为布兰登母亲的男友。在这辆车里还坐着比尔·莫埃尔警官。孩子们的陈述使整个故事的脉络变得清晰起来。

在审判过程中的某个时刻，辩护方提出洛克萨妮和路易斯之间有私情，这样案情似乎变成了这些杀害路易斯的男孩是在伸张道德正义，洛克萨妮在出庭作证时甚至承认了这一点。但是她的姐姐克里斯特尔不相信，她的小妹妹竟然会与她每天工作十七个小时的男友有恋情。而且即使真是这样的话，难道他们就有理由杀害路易斯了？然后来自墨西哥美国法律辩护和教育基金会的律师格莱迪丝·里蒙在德里克的Facebook上发现了一张照片，照片上的德里克在万圣节的派对上身穿一件上面印有“边境巡逻”字样的衬衫。当该案进入到陪审团讨论阶段时，法庭里有三方面的人：媒体记者，坐在法庭中间的大量支持被告的人，还有三位代表路易斯·拉米雷斯的人——格莱迪丝·里蒙、一位来自费城前来帮助格莱迪丝的律师，还有来自墨西哥领事馆的官员埃里克·路易斯·桑切斯。陪审团于2009

年5月1日裁决这个案件，在这一天全美国爆发了伸张移民权利的集会和游行。

谢南多厄一案的裁决在这一天夜里很晚的时候才出来。假如布兰登·皮卡斯基和德里克·唐恰柯被判谋杀路易斯的话，他们将在狱中度过几十年的时间。但是最后的裁决是——“无罪”“无罪”“无罪”。人群中爆发出的欢呼声淹没了格莱迪丝·里蒙律师的眼泪，她甚至没有打电话给路易斯·拉米雷斯在墨西哥的母亲向她通报这条消息。皮卡斯基和唐恰柯只是被指控单纯殴打和教唆青少年喝酒。后来人们得知，在陪审团中有一人坚持不同意无罪裁决，他是首席陪审员埃里克·麦克林。在经过两小时的协商后陪审团投票表决，结果11比1通过无罪裁决。

在谢南多厄，克里斯特尔·迪尔曼在遇见路易斯之前，自己也是一位外来者。在路易斯被害后她失去了工作，而在这样的氛围中人们也不愿意雇用她，甚至她自己的家人也不再和她说话了。在整个庭审过程中，她躲在她的公寓里，而现在她紧闭房门来躲避那些庆祝无罪裁决的人，他们开车按着喇叭经过大街，好像是在庆祝本地球队赢得了一场大赛。镇上有人穿着T恤招摇过市，T恤上印着：“操你，克里斯特尔，你的好日子来了。”克里斯特尔打算过一段时间离开谢南多厄。路易斯在挣钱养家的同时还赡养着他的母亲，她从墨西哥的瓜纳华托给法官写来了一封信。她的儿子是非法移民，她知道这一点。“他们杀了一个人，他是我的儿子，”她写道，“我相信没有人会像他那样随随便便地被人杀死，只因为他是墨西哥人。”

第十章　在辩论中发出自己的声音

早上我在家里醒来，但是感到自己又要昏昏沉沉地睡着了，于是立即从床上跳起来穿上衣服。我亲吻了家里每一个人然后出门去，我又开始了新的一天：做头发、化妆、喝咖啡、赶飞机、乘汽车，还要问许多得不到答案的问题。我感到筋疲力尽。2009年的春夏两季，我每周有七天在旅行，我做演讲、放录像、做访谈、与制片人会面、吵架、抱怨、唠叨、表扬，以及在路上吃东西。这些正在拍摄的纪录片都是宏大的工程，上面只有我一个人，下面有十几个故事同时在展开，每个故事都有一位制片人和一位摄像师。这些故事发生在不同的地方，所以我要带着不同的要求飞往不同的机场。我无处可逃只能疲于奔命，我的脸部疼痛腰背僵直，我总是在打哈欠，我把干枯的头发扎成一个马尾辫放在脑后。我因为四处奔忙而疲累不堪，但是我不能让自己的脚步停下来。

自从开始在CNN工作以来我就感到自己有了很大的变化，我感到自己不再是在做报道，而是投身于一桩不可思议的使命。在我成长的过程中，我一直感到自己微不足道，我只是一个生活在白人社区里的浅色皮肤的黑人。现在美国人民的肤色如万花筒一般，我可以不断地转动转盘，用各种不同的方式来观察我们自己的人民，但是我必须把这件事情做好。

1968年，国内动乱问题全国顾问委员会，即凯尔纳委员会曾经谴责媒体对黑人社区的报道部分起到了煽动暴乱的作用。在电视上，黑人经常被描绘为贫困、骚动和充满暴力行为的外来者，这样的形象影响到了他们受到的待遇。现在棕色皮肤的人群正在快速演变为新的黑人。皮尔研究中心2009年发布的一份研究报告称，在美国所有的种族都相信在这个国家里，比起其他任何民族和种族的人群来，拉丁裔人群更受歧视。全国拉美记者协会做了一个关于电视网络如何报道拉丁裔人的调查，他们带来的最大新闻是电视并不经常报道拉丁裔人，除了负面报道之外。我想使这样的状况得到改善。美国人口调查报告表明，到了2050年有四分之一的美国人口将是拉丁裔人，这样一种压力是巨大的，我确实有责任把事情做好。

但是在我拍摄《拉丁裔人在美国》的过程中，愤怒的公众爆发了一场争论：CNN是不是在利用我做的节目来平息公众对CNN另外一位主播鲁·多布斯的投诉？多布斯不像CNN其他主播那样直接播报新闻，他做的是一档不同观点争论的谈话节目。他有一档名为《被打破的边界》的长篇连续节目，该节目对非法移民持反对态度。在全美国1200万非法移民当中，拉丁裔人占了四分之三。多布斯的身材魁梧，仪表堂堂，他棕色的头发梳理得一丝不苟。他有时走到了屏幕之外，他的声音广受欢迎使他有了一种庄重严肃的形象，他早期对于北美自由贸易协定和工人阶级的报道引起过广泛的争论。在开始的时候，他所做的移民报道很有吸引力，这些报道有深度，有时甚至带有一点学术性。2007年他曾在全国拉美记者协会做过演讲并且获得了掌声。但是随着时间的推移他的调子改变了，他不仅反对非法移民，甚至还把非法移民称为“入侵者”，并且为那些受到谴责的报复性团体代言。即便在其他地方有重大新闻发生，他所做节目的头条总是美国的移民危机，并且把焦点集中在墨西哥人身上。

“各位晚上好，支持特赦的参议员和布什政府今晚将向众议院和选民努力推销他们所谓的对于移民改革的妥协方案。”他在2007年5月19日星期六那天的节目中这样说。

“反对这项妥协方案的人们说，这项方案施行的结果是特赦二千万非法入境的外国人，但是对于加强港口和边界的安全管理却无所作为，但是支持者们却说这是他们能得到的最好机会。”在这一天，他的节目播出了五个有关移民问题的报道。多布斯的报道之一是边界安全篱笆上的一个大洞，在另外一则报道中他把移民问题称为正在蔓延开来的麻风病，然后他与他的两位嘉宾开始了一场针锋相对的辩论。

开始时有许多拉丁裔族群的领袖在电视上与他辩论，但是到后来他们当中的大多数人不愿意再在他的节目中露面，他们抱怨说多布斯的言论煽动排外情绪，他们开始公开谴责他。多布斯的报道在全国范围里引发了关于移民问题的争论，他成了反移民群体的领头人。他曾经在哈佛接受教育，是CNN财经新闻的创始人，他的身份为非法移民的反对者们增添了砝码。有两个新成立的机构请他做顾问：德罗普·多布斯和巴斯塔·多布斯。

当《拉丁裔人在美国》这部片子拍摄时，多布斯从《被打破的边界》又前进了一步。经济正在进一步下滑，新总统当选了，多布斯在报道总统的“出生”问题，有些人认为奥巴马不是在美国出生的，这个问题成了他的新焦点。我的制作计划与他没有任何关系。我为拍摄《拉丁裔人在美国》四处游说，我刚拍摄完《黑人在美国》，希望能用同样的眼光去观察拉丁裔人。多年来，CNN在观众多元化方面取得了很大的成功，他们不断地扩大着观众人群，他们为我开了绿灯。我开始做研究并且找到了一个共同的主题：拉丁裔人是追梦者，他们来自二十一个国家使用着三种语言，他们切断了自己的根系以寻求更美好的生活。我觉得自己取得了一点进展，但是当我开始拍摄时，多布斯的反对者们把他们的注意力转到了我身上。

“奥布莱恩很不幸，她的同事鲁·多布斯对拉丁裔维权人士和博客写手们是如此愤慨，所以她拍摄的高质量作品有可能被人无视。”博客写手吉姆·皮尔逊说。

“索莱达·奥布莱恩拍摄的《拉丁裔人在美国》会扫除鲁·多布斯加在CNN身上的阴影吗？”“考试者”网站上的头条这样写道。

“我们相信，鲁·多布斯是反移民仇恨的头号推手，这种情绪已经毒化了整个移民政策改革的大环境。”女权运动组织“芝加哥今天”拉丁裔社区负责人卡洛斯·费南德兹说，“这是一部很好的系列片，拍摄这样的片子意义重大很有必要，但是四小时的片子还不足以去抗衡多布斯所做的宣传。”

在《拉丁裔人在美国》的Facebook页面上，有人提出了这样一个问题：“CNN的索莱达·奥布莱恩走进了少数族裔的家庭，也走进了他们的心中，少数族裔注定会改变美国。但是这是最终的文化撞击，还是一座终极的文化人熔炉呢？”

拉丁裔作家亚当·鲁纳在《赫芬顿邮报》上对这个问题做出了回应：“CNN似乎已经回答了这个问题，它每年播出时间长达260小时的‘文化撞击’节目，但是只用几小时的时间来报道拉丁裔家庭，而他们是美国社会中富有生命力的组成部分。”

在整个辩论过程中我变得很不安。我每次见到有关这部片子的文章时就会很兴奋，然后我意识到他们实际上关注的是这场争论。我不能做到超然物外，我感到自己像是站在战场上挥舞着一面旗子，希望引起每一个人的注意，我感到自己的努力永远不可能做到遗世独立。拉丁裔社区的领袖们热心地传播着有关《拉丁裔人在美国》这部片子的评论，这是他们的族群能在全国性电视网络得到广泛报道的好机会，他们因此想要推广我的作品。他们慷慨地奖励我，请我到他们的午餐会上去做演讲，但是他们又不能拒绝有谈论鲁·多布斯的机会。多布斯也许已经在报道其他事件，但是他们与他的恩怨没完没了。当我站在社区活动的舞台上时，人们常常来向我表示感谢，这时社区领袖们在发言时会向我表示歉意，“索莱达，我喜欢你的作品。”他们在想要利用我举办活动时会这样说。他们的策略很明显，他们赞扬我，支持我的纪录片，但是他们把这当作是发泄他们怨气的机会。

在许多拉丁裔维权机构背后的中坚人物是罗伯托·洛瓦托，他以前是一名记者，现在变身为时事评论员和社区领袖。罗伯托是一个笑里藏刀的人，他能用一个看似友好的问题来置你于死地。他剃光了头发，留着山羊胡子，戴着一副眼镜，看上去像是一位活动人士。

“CNN认为，他们用阳光的索莱达拍摄的几小时严肃报道，就能补偿心理阴暗的多布斯所做的长达数千小时的反拉丁裔极端主义报道。”他在专栏中写道。他在与我上司会面时吹毛求疵，当我们在开始播出《拉丁裔人在美国》的推广录像片时，罗伯托立即截获并且重新编辑了这些录像，他把它们传到网上。在镜头中我带着具有多文化背景的微笑盛装出场：

“今年十月，CNN将对美国拉丁裔人做一次前所未有的深入考察。”我这样说，然后在整个屏幕上出现了闪烁着的明亮粗体字：“但是CNN有很大的麻烦”。看到这里我能想到的是，不，不是CNN，事实上是我突然有了这所谓的大麻烦！我的推广词不断被多布斯的话音打断，插入的话题是“非法移民的犯罪行为”。

“在美国非法移民的犯罪行为包括许多起谋杀案和强奸案。”他的声音说道。录像中的内容涉及到多布斯对反移民巡逻的支持，如支持“后备役民兵计划” 这种煽动对拉丁裔人仇恨的组织，他甚至支持野蛮的人身攻击。有一段哥伦比亚广播公司记者莱斯莉·斯塔尔在《60分钟》节目中的录像，她对多布斯所谓非法越境者增加了麻风病传染的言论做出了质疑。

“我可以告诉你，假如我们这样报道，这就是事实。”他告诉莱斯莉。莱斯莉坚持自己的立场，她说：“你编造了数字，你的报道夸大其词。”然后多布斯面对极端自由主义的艾米·古德曼，他指出多布斯曾反复说过，在美国监狱中有三分之一的囚犯是非法移民，多布斯辩解说这是他的“口误”。“墨西哥已经成为我们的敌人。”他这样说，这时屏幕上出现了大量对墨西哥人进行口头或身体攻击的背景画面，录像中有关多布斯的内容就这样结束了，但是有关我的内容还没有完结。

“索莱达明白这一点。”录像的旁白说。然后他们放了一段我在一所大学毕业典礼上讲话的录像片段，我对在场的人们说：“你能做的最糟糕的事情，是当人们需要你发出声音时，你却无动于衷。”我看了整段录像之后感到很不舒服。

多布斯没有被这一切吓倒，他没有在CNN发表言论，但是在他的广播节目中他称罗伯托是“蠢货”和“笑料”，是一个“妄想型”的自由派活动人士。“我只是一条狗，但你是我身上的一只跳蚤，”多布斯说，“事实上，假如我支持非法移民和特赦你就不会来责骂我，你甚至没有足够的男子汉气概来承认这一点。你是一个典型的左翼活动人士，是胆怯的煽动家，你企图利用宪法赋予我们的言论自由权利来侵犯我的权利。”

我选择不卷入到这场争论中去，无论是在公众场合还是以书面的形式。我对这场争论能做出的最好回答是拍好这部片子。

“有时在屏幕上人们会问我一两个有关鲁·多布斯的问题，”在《拉丁》杂志对我的采访中我这么说，“但是你知道，在我心里这部纪录片和我以前拍摄过的其他纪录片没有什么两样。这就是我和我的声音，我百分之百地对这部片子的内容负责。这对我来说很了不起，因为我感到你能听到的是我真实的声音。但有时我又很惶恐，因为我有责任把所有这些东西表达好。我认为我和多布斯除了都上过哈佛之外，在其他地方并没有许多共同点。我不会去向CNN公司里那些不属于我制片团队的人求助，我们就是这样做的。”

我和多布斯从来没有讨论过这些问题，他从来没有在公开场合说起过我或者我拍摄的纪录片。当我们两人在电梯里相遇时，他表现出十足的绅士风度，我真的不知道自己应该对他说些什么。

我到洛杉矶去推广《拉丁裔人在美国》这部片子。在一个由社区领袖出席的集会上，我和在这部纪录片中出现过的两位人物坐在一张长桌的顶端。露贝·安缇维洛是一位好莱坞演员，她多次扮演过拉丁裔女孩；爱德华·詹姆斯·奥尔莫斯在他拍摄的片子中把拉丁裔人放在影片和剧院的中心舞台上。安缇维洛有着温和愉悦的个性，她每次看见我的时候都会紧紧地拥抱我。她有充沛的精力，很适合在电视剧中扮演婶娘一类的人物。我第一次见到她的时候她就告诉我，她知道我在报道拉丁裔人的过程中会面对些什么。她曾经为打破自己职业生涯的瓶颈而受过很多苦，她的微笑和对我事业上的支持让我受益匪浅。

“事情会好起来的，”她无数次这样说过，“只要你坚持去做。”她作为一位明星出现在我的纪录片中，她的形象充满了自豪和希望，她鼓励拉丁裔人不要被任何东西所吓倒。当这部纪录片播放的时候我们坐在一起，播放结束后观众中爆发出热烈的掌声。然后我们开始回答观众的提问，开始时有许多溢美之词，讨论进行得很顺利。然后我在观众中一眼看见了脸带微笑的罗伯托·洛瓦托。露贝看着我，她用双手支撑起脸颊，脸上闪过一丝微笑。罗伯托的提问很简短但是意思很明白：CNN怎么能在公映一部名为《拉丁裔人在美国》的纪录片的同时，仍在每天晚上播出攻击拉丁裔人的节目？观众用如雷的掌声来回报他的提问，我在回答他的提问前停顿了片刻：

“我想，作为一名记者我一直采取这样的策略：我要做好我的报道，为那些支持和理解我们的人代言。我向你保证，人们看了我的纪录片后会说：‘这正是我们想看到的，报道很清楚很准确，讲了我们不知道的故事。’每一天我都会有许多观众，有些人看了我的报道会说：‘喔，这样一种题材重大但又细致入微的报道自然会有观众，报道没有哗众取宠的意思，对于每个阶层的每一个人都有深入贴切的报道。’如果能做到这样的话，我保证人们能从中得到一些重要的启示，这也是我做每一个报道都采取的策略。我要走出去做好报道，我发现好的报道终究会胜出，事实也确实如此。人们会用他们的遥控器来投票。”

我对罗伯托·洛瓦托说的就是这么一些话。我们在纽约、佐治亚州和美国各地的学校里预映这部片子时我重复了这些话，我在派对上和各种集会上说的还是这些话。我不想浪费时间去争论，罗伯托的言论是不是引发或加剧了有关移民问题的分歧，还是让别人去讨论吧。我有我自己的参与方式，我有自己的工作要做，我急不可耐地要投入到工作中去，好像它在逼迫着我，事情就是这样。

我的父母从来不对我们多说有关他们移民的事情，在生活中他们是朝前看的人，不喜欢过多地去回忆往事。爸爸是家里八个子女中年龄最小的，妈妈是五个子女之一，他们两人都是家里兄弟姐妹中唯一离家出走的人。爸爸很清楚他为什么要离开图沃姆巴。

“图沃姆巴是一个死气沉沉的地方，”他说，“用澳洲土著人的话来说是一个沼泽。”在家里的时候，他和家人甚至从来没有遇到过一个土著人，他们比黑人还要少得多。“在那里人们不知道有谁是种族主义者。”他说。对他娶了我母亲这件事，他的家人没有任何异议，因为他们不知道有什么异议可发。他也没有想到过要和母亲一起搬回到澳大利亚。

“当我遇到了艾斯黛拉，我们在美国的生活就变得容易一些了。”他说。他们结婚时正好卡斯特罗夺取了古巴的政权，美国突然变成了他们的家，他们的未来。马里兰似乎并不欢迎这样一对混合人种的夫妻，但是在这块土地上你可以有许多选择。在马里兰有许多黑人，虽然这些黑人有时并不善待他们。“我太忙，没空去和司法部门纠缠。”我父亲说，“我们不可以在白人的餐馆里吃饭，但黑人餐馆总是对我们开放的。我觉得她的菜做得不错，所以我们有时就在家里吃。”

爸爸把种族主义看成是一种麻烦和不便，他认为种族主义对他选择在其中生活的国家来说是一种耻辱，但这个问题不是他单枪匹马就能够解决的。他不理解种族歧视，但他只是回避它。我父亲有一种超然事外的天赋，他不太容易生气，总是很沉着冷静，我几乎没有看见过他丧失理智，但是当他面对这里如此严重的种族歧视时感到很震惊。

“人们对于种族问题的看法很荒谬。”他说。他发现在马里兰，人们对混合人种的夫妻抱着一种敌视的态度，但是他并不很在乎这件事。这里有许多的黑人，不少人与他们的情况相似，他觉得自己改变不了现状。他在纽约长岛外斯托尼布鲁克的工程学院里找到了一份工作，他选择把家搬到斯密斯顿，因为这里离他工作的地方不远，而且有很好的学校。这里看起来是一个适合孩子成长的地方，但是他去找房产代理商时并没有带上母亲，他想避免麻烦，再说他本人也不是本地人。这是一个最适合这个年轻家庭居住和生活的地方，但是他相信没有人会把房产卖给黑人。

在美国革命发生之前，在长岛上的非洲裔美国人都是奴隶，但是这里的奴隶制度的寿命要比南方短一些，到1827年就完全终止了。大多数黑人成了白天的劳工或在白人家里做佣人，就像今天的拉丁裔人一样。到了十九世纪，他们在萨格港、艾米迪维尔和撒托凯特这些地方建立起了自己的社区，他们中有些人甚至与土著美国人结了婚，这里有些城镇就是以土著美国人的名字来命名的。

到了十九世纪中叶，几乎每个城镇都发展出了郊区，居民大多数是黑人。直到我父母移民到美国的那个时期才开始出现中产阶级的黑人，在此之前不存在形成黑人中产阶级的经济环境。我父母移居到长岛这个几乎全部是白人的地区，从某种意义上来说他们再次成为了移民，他们是一个陌生地方的新来者，正试图找到融入社会的途径。

我父亲来到斯密斯顿后，他告诉房产代理商他的妻子是黑人。代理商对此并没有说什么，但是我父亲没有找到合适的房屋。后来代理商把他介绍给当地一位富有的建筑师威廉·里德·亨廷顿。思想激进的亨廷顿在哈佛接受过教育，他在长岛湾入口的地方有一大片土地。比尔·亨廷顿是一位和平主义者和虔诚的贵格会教徒，我父母都很喜欢他。比尔在纽约上城的郊区管理着一个良心抗议者的营地，他有很多时间和那些传奇的民权活动家待在一起，他们也全都是白人。我父亲记得亨廷顿有关“黄金规则”航海的故事，他和他的船员一起驾着一条船去抗议1958年在南太平洋进行的核试验，当他们靠近火奴鲁鲁的时候被逮捕了。这样一种抗议行动催生了后来的和平组织如“绿色和平”等。在长岛，他在一大块土地上为“美国之友协会”建起了一个会议厅。

亨廷顿有一幢小屋，他把这幢小屋租给了我的白人父亲、黑人母亲和他们正在长大的混血孩子。两年后他把一大块土地卖给了他们，这样他们可以建造自己的房屋。“他给了我们好价钱，”我父亲说，“地块和邻居相隔的距离很远，他不顾人们反对做了这笔买卖。他在这块土地上建起了一座贵格教堂，还有我们的屋子，这样他自己的地产减少了。”爸爸为我们在这块土地上建起了一幢房屋，房屋和斯密斯顿的其他居民隔着很大的绿色缓冲区。

当我父母在他出售的长岛土地上抚养他们的混血孩子时，比尔·亨廷顿仍在世界各地旅行，他与各种各样的社会不公做斗争。他于1990年去世，直到他离开人世的那一刻他都是一名活动人士。他在参加第五十次哈佛同学聚会时，他恳请同学们在可能的情况下抓住改变世界的机会：

“当我走进剧院观看一部大戏时总会感到非常激动和紧张。当我坐下来观看最后一场演出时，我想象不出作者是怎样写成这个剧本的，但是在心里我知道剧情必须是这样的，总会有人因为某种原因用某种方法来推动时代大潮。我们已经有了孙辈，哈佛和整个世界会继续向前，但是在今天的现实社会中，我们不应该只当一名观众。当大幕落下时，我们带着愉悦和如释重负的心情鼓起掌来，我们也应该参与到剧本的写作和舞台的演出当中去。”

在美国历史上有许多像比尔·亨廷顿这样的人，他们不愿意在自己离开这个世界的时候，世界还是和他们到来的时候一模一样。他们的笔触往往很轻，但是他们以他们触摸世界的方式创造出了不同。他把土地出售给父亲，使我们有可能在这个有着许多美国历史故事的地方长大，是他使我今天有可能来报道这些有关种族的故事。比尔·亨廷顿在四十五年前做出的决定，我们今天还在收获着由此带来的红利。

“当时黑人是不可能在这里买到房屋的。”我父亲说。确实不可能，他没有一点夸大其词，就像他说的那样，在这个地区因种族歧视引起的麻烦不断。他正忙于筹建当地的大学而没有时间去参与政治，他只是想要为他的家庭找到一个能居住的地方。他不会过多地去考虑斯密斯顿在住房问题上的种族隔离，他从我们搬迁经历中得知的就是比尔是个好人。这就是他向我们介绍的美国，在这里，一个陌生人的善举往往就能改变一切。

在我父母安下家来的斯密斯顿有许多爱尔兰人、意大利人和犹太人的后代，他们中间有些人会回到故乡去寻根，他们遇到和自己不一样的人时不会有什么麻烦。这个国家不会自然而然地捧出一把生活方式来让你选择，我们的民主制度推动你走到社区以外的世界里去参与社会生活。在美国，如果你不建起桥梁就不可能胜出。我们有公立公园、公立学校和公共交通，这些都在不断地促使我们去从陌生人身上找到新的共同点。

斯密斯顿本来也应该如此。斯密斯顿对于“房屋八条”的抵制不仅剥夺了一些人改善居住条件和送孩子上好学校的机会，还剥夺了整个少数族裔社区的发展机会。我们本应该和来自不同阶层、有着不同种族背景的孩子一起上学，然而如果没有像比尔·亨廷顿这样的人，我的家人甚至不可能来到这儿。

我爸爸对于搬迁可能带来的对家庭的冲击抱有一种赞赏态度。他不是一个很喜欢政治的人，但是他感到自己的孩子应该对他们的种族有一种说法。父亲是白人没有关系，他们应该将自己的身份认同为黑人。

“我不用到处去对别人说我是白人，”他说，“对孩子来说，说他们自己是黑人更要紧。”这意味着他要我们能自立，能认同我们可能受到被别人嘲笑的身份，这是我父母的移民经历影响我们生活的方式之一。他们没有脱离自己的外乡人根本，并因为他们的小心眼而使孩子也变成心胸狭隘的人。美国给你重新定义世界的机会，你可以使一种不受人喜爱的身份获得重生。他们来到这里寻求一种能创造出不同生活的机会，一块能让他们活出真正自己的土地。他们没有因为远渡重洋而放弃了自己的文化，然后告诉自己不能融合到这块地方。爸爸曾经预言说他的孩子能够改变世界，是接受教育、自豪感和坚忍不拔的品质推动着我们前进。

我们为新来者应有的姿态做出了新定义，我们昂首挺胸为自己的种族感到自豪，并且像一个成功者一样来认同我们自己。我们达到了预定的目标，人们不再带着偏见，而是站在平等的立场上来看待我们。这就是美国的挑战。这个国家是由如此多的动态部分构成的。移民们来到了移民聚居区，他们常常会选择归化自己。但是假如我们略去不同，我们就都有着成为美国组成部分的潜质。被归化了的身份——意大利裔美国人、巴基斯坦裔美国人、非洲裔美国人等等，这些可以成为某种值得称颂和探索的东西，不应该成为分裂的理由。我们可以做出选择，建立起我们的联盟，齐心协力去面对我们共同的问题，而不是去为有限的资源争斗，我们不必藐视别人来抬高自己。

在我们都离开斯密斯顿许多年后，在长岛上的这块地方爆发了关于中美洲新移民问题的争论。这场争论与我无关，我出生在美国，是一名习惯于从多方面来分析每一场争论的记者。我的父母包括他们的亲戚都没有移民方面的遗留问题，尽管我认识一些人，他们的生活受到了移民身份的影响。在争论中，有些言论的尖锐刻薄使我感到悲哀，但是我尽量远离这场争论以使自己保持客观，但要我同为移民的父亲这样做却有点难。

"情况令人沮丧。"我父亲说，"在我看来整个事件都很荒唐，把人区分开来用不同的方式来对待，我不能忍受那些人受到这样的待遇。这肯定应该有更明智的政策，但我看不到有任何理由可以做出如此恶劣的反应。"他来自澳大利亚，在那里人们对美国移民很友好。他的口音已经很美国化，他在这个国家已经生活了超过五十年，他看上去完全像美国校园里任何一位退休的大学教授一样。但这一切对我父亲来说都无关紧要，这些新移民就像他和他的孩子，假如有机会他们希望加入到美国的大家庭当中来。

就在威廉·鲍德温法官在对德里克·唐恰柯和布兰登·皮卡斯基做出判决的时候，他告诉他们，自己做出的判决与非法移民无关。一群年轻的运动员将一个没有武器的人殴打致死，这些年轻人并不知道路易斯·拉米雷斯是否在美国有合法身份。对于非法入境的刑罚是"驱逐出境而不是判死刑"，这位法官说。但是他给予他们的判决只是七到二十三个月的监禁。而在同案中认罪的科林·沃尔什却被判九年徒刑，假如他在狱中表现良好的话，刑期可以缩短为四年。

鲍德温法官企图把他的判决与在庭外爆发的关于移民问题的争论分离开来，但在谢南多厄发生的一切已经和以前全然不同。一方面有像露·安·普莱娃这样的人，她以前是一名记者，她的祖父母从德国和波兰移民到了美国。她曾经为抚养孩子搬离谢南多厄，但后来她又搬了回来。她认为路易斯·拉米雷斯的死是由于人们对外部世界的无知——她本人也亲身体验过这个世界——而不仅仅是简单的种族歧视。露·安参与了疗伤的工作，她试图出力帮助社区恢复元气，但是她也因为呼吁人们自省而遭到了许多人的反对。

有一天她在门廊上接受我们的采访，突然她的邻居杰琳·迈克罗妮斯从自己的屋子里走出来，她看上去怒气冲冲的样子。迈克罗妮斯在本地的一家酒吧里做女招待，她感到关于路易斯死亡的争论玷污了她居住的小镇。她挥舞手臂大声吹着口哨直到引起了我们的注意。“我只是想让你们知道，这里有许多邻居，让一个人来代表我们说话不公平，”迈克罗妮斯说，“这不是有关种族歧视的罪行。”我们把镜头转向她希望也能了解她的观点，结果我们看到了谢南多厄冲突双方演出的一场活剧。

“对不起，我认识你吗？”普莱娃问道。

“我不管你是不是认识我，”迈克罗妮斯回答说，“不要说这里是一个种族主义者的城市。”

“我没有这么说。”普莱娃说。

“不要代表任何别人说话。”迈克罗妮斯这样要求她。

“我向你保证我没有。”普莱娃说。

“人们开始在地图上找到谢南多厄，因为他们认为这是一个腐朽的城市，但它不是，”迈克罗妮斯说，“当我和人们说话时，人们会说：‘哦是的，你从谢南多厄来，就是那个非法移民被打死的地方。’在你开始胡言乱语以前最好先把事情搞清楚。”她告诉普莱娃，“如果他不是非法移民来到这里，我想也不会发生这样的事情。”

普莱娃不理解她的邻居为什么要这样生她的气，她相信自己只是想从这场悲剧中吸取教训。我的团队已经十几次来到过谢南多厄，对路易斯·拉米雷斯为什么会死，我们每一次都听到了不同的解释。迈克罗妮斯指出，有可能路易斯正在强奸克里斯特尔的小妹妹，她还推测这件事与贩卖毒品有关。我的制作团队遇到过许多当地人，他们指责拉丁裔新移民使当地的犯罪率升高，但警察认为没有证据可以这样说。对于发生在路易斯和那些年轻人之间的事件，最有可能发生的情况是一场失控的斗殴。普莱娃坚持认为，事实被搞混是因为当地存在着一种无形的怒气，在谢南多厄有20%的人口生活在贫困线以下，人们认为必须有人为谢南多厄的经济不景气负责。有什么理由不去仇视那些经济前景看好的人们呢？

虽然德里克和布兰登被判单纯殴打罪和触犯酒类法律，但路易斯之死仍是引发谢南多厄争论的核心事件。他们两人还没有来得及被送进监狱，就有一个联邦大陪审团指控他们犯有仇恨罪，罪名是他们殴打路易斯致死，并且在实施殴打的过程中喊叫带有种族歧视性质的绰号。这些年轻人和谢南多厄小小警察局里的大多数警察也被指控图谋妨碍案件调查。这样的裁决有可能导致这两名年轻人被判死刑。

谢南多厄警察局长马修·内斯特、副官威廉·莫埃尔和警官贾森·海斯将面对篡改证据和对联邦调查人员撒谎的指控，莫埃尔和海斯据称在袭击发生的那个晚上曾在德里克的汽车间里辅导过这些男孩。他们三人因各自的妨碍公务罪可能会被判二十年徒刑，还要为图谋妨碍司法公正罪再加判五年。起诉书指控谢南多厄的警察在路易斯致死案发生之前就犯有腐败罪行，据称内斯特局长和杰米·基内利尼警长在2004至2007年期间从非法赌博生意中勒索钱财，然后他们又为这一案件的调查设置障碍，甚至有人指控他们为了索要钱财而扣押人质。

到了春天的时候，这两名年轻人仍被监视居住，而所有涉案的警官都已经辞职。他们的一位下属被提升为局长，尽管此举遭到了镇委员会一名成员的反对，而他正是一名涉案警官的父亲。一位能讲两种语言的拉丁裔战场老兵被选为镇委员会委员，在谢南多厄这样的政治融合秀还是破天荒的第一次。到了5月5日谢南多厄镇中心张灯结彩，拉丁裔社区的居民走到街上演奏起音乐，他们带着宽边帽和孩子一起跳起了欢快的舞蹈。这一天是墨西哥传统节日五月五日节，庆祝活动是由设在军团纪念公园的本地老年活动中心赞助的。有一幅壁画上画了许多国家的国旗，有一位老年活动中心的成员甚至制作了带有墨西哥国旗颜色的杯形蛋糕。2010年的万国大游行像往常一样准备在夏季举行。

当CNN公映《拉丁裔人在美国》的日子临近时，对于鲁·多布斯的愤怒情绪升级了。有几次在我的预映会场外面出现小批的示威者围成一个圈表示抗议，他们人数虽然不多，但却明确地表达出了他们的观点。在另外一些场合他们戴着徽章，上面印有“赶走多布斯”的字样。有趣的是当CNN的人员来到活动现场时，他们会停止抗议来欢迎我们，他们甚至为干扰了我的活动而感到有些难堪。他们反复告诉我他们很喜欢CNN，他们问我要签名和照片，显然这些好意都是因为我的缘故。他们觉得像CNN这样的新闻机构不应该容忍一个只会唱一个调子的主播，正是这一点使他们感觉不快。

即使在多布斯关于移民问题的报道到达顶峰时，我也难得看他的节目。那时我是《美国早晨》的主播，每天晚上他的节目播出时我正在忙我的四个孩子，接着我就上床睡觉了，后来我又在全国各地飞来飞去报道少数族裔。我知道他的节目在说些什么，我能理解他的节目引起的强烈反响。但是对于“赶走多布斯”这一场运动，我的看法是它并非完全来自于他每天晚上所做的节目造成的冲击，而更有一部分是来自人们为自己的失声而感到的沮丧。鲁·多布斯是唯一经常报道非法移民问题的记者，不管你对他的观点有什么看法，也不管他怎样来表达他的观点，他的节目是一个平台，在这个平台上讨论的问题对所有民族和人种的人来说都极其重要。假如你对移民问题有话要说，那么你除了多布斯的节目没有其他地方可去。那些同意多布斯观点的人为有这样一个舞台而激动，他们为非法移民影响了他们的生活而义愤填膺。而反对他的人要么在这档电视直播节目中去面对这个辩论大师，要么根本就没有说话的地方。在所有拉丁裔人当中，有40%是在国外出生的，有关移民问题的讨论关系着他们的人生走向。

《拉丁裔人在美国》这部片子不仅让人可以去追捧一名电视主播，更让有些人能有机会发出自己的声音，这就是在我们这个国家里保证每个人都有畅通的表达渠道是如此重要的原因。只有在有公开争论的情况下改变才有可能发生，只有集思广益才能找到解决问题的方法。我还没有听到有人说过美国现行的移民制度是明智的，公正的或人性化的，但是当一方朝着另外一方大喊大叫时，我们解决不了任何问题。我们正在创造出一个年轻人的国家，就像霍奇基斯中学里的那个孩子，他不能明白地说出来他到底为什么而愤怒。在这个国家里有人为宪法第一修正案而苦战，但却无关于言论自由。我们比以往任何时候都有更多表达自己的方式，光有线电视频道的数量就是三位数的，再加上互联网爆炸式的增长。现在的问题不是人们没有地方说话，而是他说的话没有人在倾听。信息流来势汹涌，但是信息的质量却不尽如人意。

多布斯是那种不容人们忽视的电视人，他的风格和表达方式都很有吸引力，他的愤怒和一边倒的言论很有挑衅性。他的谈话节目解决不了任何问题，但是人们在倾听。在开始的时候，他的反对者们只是要求参加进来，但最终他们要求在谈话中分享同样多的说话时间，他们想要的是让别人听见自己的声音。

《拉丁裔人在美国》与它之前的《黑人在美国》一样，是为了让人们有机会听见每一个人的声音，能够有区别地去探讨不同性质的问题。这就是为什么那些紧盯着多布斯的人们会毫不犹豫地说，他们应该去看一看《拉丁裔人在美国》这部片子，他们决不会放弃一次让别人看到和听到自己的机会。在拉丁裔人当中有许多人喜欢《黑人在美国》，他们当然也想要一部关于自己的片子。

第十一章　走向成功的机会

我带着对一位年轻女士的热切期盼写完《拉丁裔人在美国》这本书的主要部分，她是我在拍摄这部纪录片的旅行中认识的。“献给辛迪·加西亚和我们所有的人，”我写道，“我非常想看到她完成学业。”当我遇见辛迪·加西亚的时候她只有十七岁，在东洛杉矶的弗利蒙特高中读书，这时离她毕业只有四个星期了。我很喜欢辛迪，她告诉我许多关于学校里的事情。但是她也有可能会放弃学业，因为她有来自家庭的沉重压力，她要花很多时间打工挣钱帮助她生病的单身母亲。但我仍然希望她能依靠从学校里得到的支持和帮助来冲过毕业的终点线。

高中毕业是人们必须达到的最低标准，是取得未来成功的第一步，如果低于这个标准，你将会面对一个命运多舛的人生。在我们的经济体制中，哪怕你要在快餐店里找一份工作也需要文凭。在整个人生过程中，高中毕业生比学历低于高中毕业的人平均要多挣30万、40万以至50万美元，这些不同的数字来自不同的研究报告。（当然对大学毕业生和研究生来说，这个数字又会有很大的增加。）在美国，当事关教育的时候你是难以蒙混过关的，这是做任何事情的先决条件。一个没有良好教育背景的人如果能取得成功就是一件稀罕事，是一种特例，是打上星号标记的美国梦。然而据皮尔拉丁裔研究中心2010年发布的研究报告，在二十岁以上的拉丁裔成人当中，有41%没有高中毕业文凭。（而这个数字在黑人中是23%，在白人中是14%。）

对许多拉丁裔美国人来说，可恨之处在于他们离成功似乎只有一步之遥，但是当他们想要跨出这一步时就跌倒了。庞大的拉丁裔人口面对着如此多的社会弊病，他们只要犯一次错误，错失一次机会或遭遇一次失败就会让他们功亏一篑。这种情况开始于公立学校，为此我到洛杉矶去做实地调查。我在阳光灿烂紫罗兰盛开的时候到了那里，南加州的春天即将来临了。在加州这块地方的任何街区行走时，我总会想起在奥克兰的日子，透过种种城市弊端，你总能看见有真正美丽的东西在闪光。在东洛杉矶有许多色彩缤纷的涂鸦墙，墙上绘有拉丁裔人的城市传奇、毒舌嘶嘶的巨蛇、流血的心脏、带刺的鲜花，这些涂鸦带给人们希望的信息。电影《为人师表》就是以这个地方为背景拍摄的，电影有着故事书中能看到的那种期盼，任何一个普通人都有可能成为下一个被发现的数学天才。然而在所有种族的人们当中，拉丁裔学生的弃学率最高，达到22%，而白人学生的弃学率是6%。在有些情况最坏的学校里，毕业的学生只有同期全部学生的30%。

我访问了加菲尔德高中，电影《为人师表》中的主角詹姆·艾斯卡兰德（已于2010年去世）就是在这里辅导学生通过了AP微积分考试。教学楼的地板因上了蜡而光亮如新，学生的出勤率有90%。教室里坐满了学生，他们都很安静，课堂秩序良好。加菲尔德高中是全美最大的五所高中之一，它也面临着洛杉矶所有学校都面临着的学生人数过多的问题。在停车场上建起了临时教室，为了安排下每一名学生，学校白天倒三个班次上课。这里的学年比别的地方短十七天，但是学校在全年中的每一天都在上课，为的是让每一个学生都能上学。他们既没有足够的空间也没有足够的钱来教育所有的孩子，到年末的时候只有不到一半的学生能按时毕业。加利福尼亚在监狱方面投入的资金是全美最多的，而在学校方面的投入却落在最后一名。

我来到东洛杉矶是因为《拉丁裔人在美国》这部片子要表现拉丁裔青少年在接受教育方面的现状，他们有着庞大的人数，他们的命运也就是我们国家的命运。到了2050年，在全美国所有的学生当中将会有一半是拉丁裔人，而他们当中的84%是在美国出生的。由于在全美国的拉丁裔人当中有69%的人是墨西哥人的后代，在加利福尼亚庞大的学校系统里的那些孩子能反映出我们国家的未来。

据皮尔拉丁裔研究中心发布的报告，拉丁裔孩子最有可能进入到全美师生比率最高，学生最拥挤的学校里去上学。有一半以上的拉丁裔孩子在全美最大的公立学校里上学，这些学校里有着最贫困的学生。在加州，有40%的拉丁裔孩子在挤满贫困家庭孩子的大型公立学校里上学。在五名学前儿童中就有一名拉丁裔孩子，但是他们却最少有机会得到抢先一步的优势。到了后来他们会在上数学课和科学课的时候缺课，会无缘于各种优秀学生培育计划，尽管他们中的大多数人出生在美国，他们中有一半人还得花时间去学习英语。

在美国，语言以及如何使用语言经常是事情成功或失败的关键。我们总是在两种语言的环境当中生活。早期的移民来自世界上的许多地方，所以外国语言在移民聚居区或者在你家里的餐桌上保留了下来，对许多人来说，讲英语还不到一代人的时间。拉丁裔人改变了这一切，他们先于边界而存在，在美国的部分地方一直有人在说西班牙语：美国西南部、佛罗里达南部、大城市里的某些角落，还有波多黎各的全部。当边界被划定和重新划定之后，有更多讲西班牙语的人进入到美国，西班牙语也就在美国生了根。我们与讲西班牙语的国家有着共同的边界，这意味着讲西班牙语的人将会继续给这种语言注入新的生命力，尽管反对移民的浪潮在不断地高涨。据说有多达44%的拉丁裔人能讲两种语言，讲西班牙语的人在一些地区很集中，在许多地方你很容易做到不用讲一句英语。西班牙语决定了某些地方的文化，如迈阿密和洛杉矶。

在大多数情况下，当美国拥抱接纳变化时就会兴旺发达。然而有如此多的拉丁裔人不会说英语引起了人们的不满，这些人有着各种文化背景，遍布从东海岸到西海岸的全国各地。尽管皮尔拉丁裔研究中心的报告认为大多数拉丁裔孩子到成年的时候会说英语，哪怕他们的父母只会说西班牙语。但是，单为众多的拉丁裔孩子在学校里学英语就消耗了大量的教育资源，还加剧了种族间的矛盾。在美国的公立学校里，差不多有一半的拉丁裔孩子是第一次学英语，有70%的拉丁裔学生在家里说西班牙语。洛杉矶在每个学生身上花费8000美元，在这种情况下仍不得不辞退教师和增加班级的人数。有些英语老师的班级里有44名学生，物理老师的班级里有70名学生，而一位学生辅导员要“辅导”650名学生。人们为整个社区从我们国家的语言环境中脱离出来而感到愤慨，但是当学校面对着这样的数字时他们也无能为力。

在加菲尔德高中的教学楼里，你难以看出这种教育的窘境。学生们看上去很安静很守秩序，他们尊重老师并且在上课的时候注意力集中。在这一天里我遇到了许多学生，这是我第一次对一所美国高中进行采访，这些高中正面临着无法教育好学生的风险。在这幢教学楼里拉丁裔孩子和白人黑人的孩子一起上课，他们都要从这些教学楼出发走向成功。

康涅狄格州的教育家蒂文·佩里面对挑战建起了一所学校，在他的学校里有多种族的学生主体和相应的教育设施。在他位于哈特福特附近的凯普特尔预备磁石学校里，我与他会了面。他亲自在教学楼里巡视，要求学生穿上学校统一发放的校服，还要求他们放低声音说话。他告诉学生如果他们不想上大学，可以到别的地方去读书。他的学校所在的地区在全国范围内属于教育业绩不佳的地区，但是在他的学校里弃学率几乎等于零，他把每一位学生都送进了四年制的大学。他成功的关键在于对每一位学生都抱有信心，在这里没有学生会被认为是掉队的或失败的。他相信取得成功的根本在于在教育过程中每一个人都要对结果负责，包括教师和学生的家长。这就意味着你不要去相信“体制”这种看不见摸不着的东西会来对孩子教育面临的问题负责。在有些地方，责任要实实在在地落在个人的肩膀上，而不是落在体制上，哪怕让人们负责任时并不会让他们得到比他们想要的更多的东西。

使拉丁裔人与众不同的也许是他们生活在一种重视家庭的文化中。家庭是我们的出路、脊梁、力量的源泉，也是我们接受教育以至以后在人生道路上取得成功的驱动力，所以也许正是家庭帮助拉丁裔人克服了上学时遇到的挑战。我目睹有些家庭鼓励孩子去取得成功，见到他们是如何为把孩子送进好学校读书、为调换不好的老师、为反对教育经费的削减等做出艰苦努力的。他们有为孩子树立起高期望值的能力，当然也有相反的能力。我有两位当老师的父母亲，不用说我们必须好好学习。他们来到这个国家就是为了寻找学习的机会，而我们努力学习只不过是他们这次旅行的理所当然的副产品。

但是研究表明，在移民的第二代当中有些拉丁裔人不愿意学习。我不会允许我的孩子变成这样的人，但我有能力把孩子送进一流的学校去读书。有些家庭不仅要做出努力去教会他们的孩子懂得学习的价值，还要为他们孩子的学校得到改善而苦战，他们面对的是一个自己所不能掌握的世界。他们所能提供的只是基本的家庭结构，能赖以居住并保持自身体面的街区，以及能把孩子送进学校的基本条件，但是佩里也许会说他们至少应该能做到这些。当家庭遭遇挫折或因外界的压力而破裂时，孩子几乎肯定要受到重创。

在见到辛迪·加西亚的那一刻我就喜欢上了她，十七岁的她态度友好而热情。我在约翰·C.弗利蒙特高中的校园外面遇见她，这里离加菲尔德不远。她身穿T恤眼睛明亮，T恤在加州是典型的服装。她的嘴唇上戴着一个细细的唇环。虽然离她高中毕业只有四个星期了，她的功课却远远地落下了。在我问每个问题时，辛迪都在脸上堆起笑容，她的乐观驱走了她身上显而易见的伤感。我们谈到了她面对的生活压力，我们身边不断有车辆穿梭而过。她学校的教学楼里因为有太多的学生而声音喧闹，头顶上有飞机和直升机发出巨大的轰鸣，时而还有警笛声传来表明有警察正在追捕一名罪犯。

辛迪注意到今天是个好天气，尽管她离能从学校毕业还差三十个学分。她每天学习十二个小时，再加上星期六的时间，试图让自己赶上去，她很快就承认她之所以落下功课是因为在九年级的时候缺课太多。她见到那些辍学的人拿的是最低的工资，她感到这样很可惜。她的姐姐在还是一名青少年的时候就怀了孕，但是辛迪依然抱着希望。

在我们国家里有许多像辛迪这样的孩子，尽管他们面对着许多常人难以想象的困难，他们仍没有放弃努力。辛迪的学校弗利蒙特高中在四到五年的时间里毕业的学生只占全部学生的29%，这个学校的学生超员达三千名之多。在校外，吸毒、黑社会帮派和青少年怀孕等社会问题使贫穷的状况更加恶化。辛迪到目前为止都没有涉及这些问题，她仍行走在正常的人生轨迹上。但她逃避不了的是在她家里发生的事情：她来自危地马拉的母亲患上了狼疮症，而她来自墨西哥的父亲在与她母亲同居了几年后不知去向，她的继父因涉嫌非法持有枪支而被拘禁。她要陪母亲去看医生，要出席她继父的庭审，她还找了一份兼职的翻译工作，她经营着家里开的一家商店——卖的是服装和鞋子——因为她母亲生病不能来经营这家商店了。她还为姐姐的孩子和一位表亲的三个孩子做保姆。所有这些事使她难以正常去上学。

辛迪的家庭过着一种濒临破产的生活，她母亲的家、汽车和生意都受到了来自银行的还贷压力。辛迪整天都忙得脚不着地，但是她仍然想念着她选修的课程。她每天回到家里只想睡觉，但家里总是还有等着她去做的事情。

她最大的希望来自学校辅导员马奎斯·琼斯，他从来没有对她失去信心，总是想方设法来帮助她，他让辛迪在两个学期当中到他的办公室里打工。尽管他本人的工作也因为预算减少而有被裁减的危险，但他还是全心全意地帮助辛迪。正当辛迪需要一个像琼斯那样能帮助她的人时，洛杉矶削减了对“毕业文凭计划”投入的1000万美元的预算，为此有9000名教职员工失业了，使成千上万像辛迪这样的学生失去了得到辅导的机会。马奎斯·琼斯算是冗余人员，但实际上他正在做着更重要的工作。

辛迪要能够在将来捕捉到人生机遇，她的第一步在于得到高中文凭，但是她从来没有能够把这件事情放在首位。她觉得自己不能对母亲说她要去上学，因为总是有许多人在许多时间里需要她去帮忙。她想要闯出一条道路来，但是她肩负着比其他任何十七岁孩子都要沉重得多的责任。辛迪接下来做的一件事情使她所有的努力都付之东流——她怀孕了。孩子的父亲是她的男友，他是一个二十五岁的男人，长着棕色的眼睛，深色的短发和突出的黑色眉毛。他是一个不错的人，在辛迪母亲的商店里帮工。他照看着其他孩子，但也许这是辛迪最不需要帮忙的事情。她家里为她的继父请律师花光了所有的钱，最终他们失去了汽车、商店，还因为拖欠贷款而即将失去住房。辛迪不能去上她为毕业所需要补上的课，因为在上午她由于孕期反应只能待在家里。几个月后她生下孩子又重新拿起了书本，到现在她还没有从学校里毕业，这是一件多么令人心酸的事情。

《拉丁裔人在美国》于2009年10月播出，我写的同名的一本书也在此前不久出版。公众的反应大部分是积极的，人们想要看到更多有关的内容。有些人抱怨说片子里的故事太晦暗了，当他们了解到这些故事背后的统计数字时感到很震惊：有一半以上的拉丁裔妇女在二十岁之前就怀孕；在美国有四分之三的非法移民来自拉丁美洲；在短短三年的时间里，由仇视导致对拉丁裔人的袭击案上升了35%。我也有许多有关成功的美好故事，有关由我们家庭的文化背景所带来的优势，还有我们能适应新环境的信仰。但是我告诉人们，如果我无视我们所面对的挑战，对任何人都不会有好处。

有一件事情是肯定的，那就是我在有关移民问题众说纷纭的争论中发出了自己的声音。我们曾经访问过一座教堂，在教堂里我问教区居民，当天主教徒与新移民的信仰如此分道扬镳时，他们还能保持虔诚吗？我跟踪报道了一位女孩，她来到美国的时候还只是一个孩子，但是在二十年后她被逮捕并驱逐出境，她将离开自己在美国生下的女儿前往一个她已经记不起的国家。我还讲了“玛塔”的感人故事，当她动身前往美国的时候还是一个孩子，她希望与母亲团聚，她的母亲在她年幼时就离开了她。她穿过了灼热的沙漠，接着躺在一个充气内胎里渡过了里奥格兰德河，但就是在渡河的时候她被边境巡逻队抓获。我很钦佩她，她还只是一个孩子，她不知道边境或者有关边境的法律，她只是想去找她的妈妈。

玛塔栗色的头发常常遮住她哀伤的大眼睛，但她是一个敢想敢做的人，和我见到过的任何人都不一样。她被送到了在迈阿密的移民收容所，这个地方只是一个专门收容儿童的监狱翻版。我在她签署收容文件时开始追踪报道她的故事，后来她受到一位好心律师的救援，这位律师是来自佛罗里达移民辩护中心的米歇尔·阿巴卡。她帮助玛塔找到了成功获得签证的方法，一位法官把她送到一位非洲裔美国女士家里寄养。她是迈阿密世世代代引来的无数追梦者之一，在她之前来到这里的古巴人已经把迈阿密从一潭死水变成了一个文化繁荣的中心城市，我肯定玛塔也会在这里留下她自己的印记。她有时给我发短信向我报告学习成绩。在这场有关移民问题的争论中她是一个幽灵——她是奋斗者、梦想家，但也是一个不谙世事的孩子。她来到这里并不是为了抢夺别人的饭碗或藐视法律，她只是一个来找妈妈的孩子。当她找不到妈妈时，她开创了自己的生活。

在《拉丁裔人在美国》播出后大约一个月，鲁·多布斯离开了CNN。他说当一名记者远远不够，他要为解决这个全国性的难题贡献出更大的力量，他的话中流露出他将参加公职人员的竞选。他后来甚至告诉一家西班牙语电视台，他支持为非法移民取得国籍打通一条途径。CNN解除了他的工作合约，所以他可以到别的地方去继续高举他“倾向性新闻报道”的旗帜。

在《拉丁裔人在美国》拍摄完成后，CNN为我建立了一个新的报道组，他们把这个报道组命名为“在美国”，并为它配备了十四名人员，他们的想法是让我进一步培育“让无声者有机会发出声音”这样一个概念。我也准备记录那些社会边缘人士的历程，我要把他们作为“人”来报道，而不是仅仅把他们当作一个争论的话题。我把我的办公室搬到了另外一个楼层，这样我可以和我的新同事坐在一起办公。我到后来才知道我是坐在鲁·多布斯以前的办公室里。我为自己从来没有批评过他而感到庆幸，因为压力现在已经转移到了我自己的身上。

第十二章　海地使命

说起做新闻报道，有一个特点是你很难站稳脚跟。有时在前一分钟无所事事，到了后一分钟立刻有许多事情要赶着去做。2010年1月12日就是这样的一天，这天是“在美国”报道组的大部分新成员到岗后的第一天，刚刚进入角色的我们都感到有点找不到头绪。CNN仍在为我的报道组寻找一位执行制片人来管理这个小组，员工们在办公桌边工作，他们之间的距离隔得很远，他们在为我们下一步的大行动整理材料。制片人的头脑里装满了各种想法和主意。每个人都为自己的新工作感到紧张和焦虑。我没有什么想法可以告诉大家，我只知道我们得到了一个非同一般的机会，这对于我来说是一件大好事。我为我们将要前去探访的人群感到兴奋：同性恋者、守旧者、穆斯林、妇女等等。而就在此刻我们还无事可做。然后当我在下午五点走进新闻编辑室时，突然间一切都改变了。

设在纽约哥伦布圆环的CNN纽约分部新闻编辑室看上去像是一个剧院，里面有许多排连在一起的办公桌，这些办公桌都面对着前方一个小小的舞台区，舞台区的背后是由电视屏幕组成的背景墙。经理们在舞台上朝着大厅的方向，他们的背后是电视墙。这里有点像休斯敦航天中心的登月行动控制室，只不过人们面对的不是发射塔，在他们身后是纽约中央公园的壮观景色。当一件重要新闻通过有线网络传送进来后，终端上会发出柔和的信号声，每一个人都低头阅读新闻，然后投入行动并以最快的速度将最新消息送到电视上播出。这一次因为新闻特别重大，信号声响成了一片让人感到一种胁迫感，人们的眼睛睁大了嘴也张开了，有人喊出声来：“我们需要人员！”

人们很快就知道发生了什么：在海地首都太子港以西十五英里的地方发生了震级估计为里氏7.0级的强震。早期的报道说地震造成的破坏是如此严重，以致整个城市被尘土笼罩了足足有二十分钟的时间。地震的规模和位置意味着必定有伤亡发生，而这个岛国的贫困更意味着这是一场大灾难。这次震灾的严重程度可能相当于卡特里娜飓风或者印度尼西亚的海啸，也许会更加严重。海地是世界上最贫穷的国家之一，它的政府和基础设施已经被破坏殆尽。这个国家严重依赖国际援助，由联合国维和部队维持着治安。海地在过去的六年里已经遭受过两次飓风的袭击，岛上的房屋破烂不堪，在2008年的时候有一所学校建筑自行倒塌，有九十名学生因此丧生。无疑在我们的新闻编辑室里这是一件重大新闻。每当有重大国际新闻发生时，CNN比其他任何媒体都更快进入状态。每个人都在打电话，想方设法在第一时间把我们的记者送往海地。

我报道组里的新成员们很担心，我们报道组的名称是“在美国”，而今年最大的新闻却在美国以外发生了。“这就是CNN，每当有这样的事件发生时我们必须前往，因为人们在看着我们，观众们信任CNN，这就是我们在这里工作的理由。”我的一位制片人告诉我。我非常想去，在这样的时刻我在新闻编辑室里的职责弱化了。我是一名记者，对于怎样向人们讲述人世间发生的故事我有与众不同的理念，我不去做别人都能做到的事情，我会带给观众更多的东西。我必须到那里去，但是我怎样才能加入进去呢？

这时还没有人想到要请我去，他们正在设法把安德森·库伯和桑杰·古普塔医生送到地震灾区去。这样的安排自有道理，安德森擅长于报道灾难，他是突发性灾难的当然发言人；灾区也需要桑杰，因为在报道中必然涉及许多有关医学的问题。他们两人都有自己的节目。我是一名主播，我的报道组在二十四个小时前刚刚建立起来。到海地去对我很重要，但是这件事没有马上就轮到我的头上，我还需要做出一点努力。

我带着我的制片人从一个办公室走到另一个办公室，上司们摇着头好像在说：“我们知道了，你们待命吧。”我的副制片人打电话给他们认识的每一个能与海地搭上关系的人。关于震灾造成破坏的报道源源不断地涌进来了：总统府倒塌了，联合国使团驻地和大教堂倒塌了，据说联合国使团负责人和大主教都已经在震灾中丧生。CNN有一种名为iReport的报道服务，任何人可以用电子邮件将照片和视频发给我们，这样当我们不在现场的情况下人们可以帮助我们做报道。来自海地的iReport令人震惊，街道上到处是尸体和瓦砾，人们惊恐万状地尖叫着四处奔跑。

地震发生在大多数人还在上班的时候，孩子们还在学校里上学，商店里挤满了人。在地震发生后的第一个小时里，关于人员伤亡的数字只是一种估计并且往往是被夸大的。但就在此刻，在新闻编辑室里的每一个人都有着同样的不祥预感——最先估计的25万死亡人数并不是没有可能的。

这天晚上我回到家里时想对着苍天大声喊叫，在海地情况一定糟糕得难以想象。我想到那里去，以一个记者能做到的方式去帮助灾区的人们，我要把那里的人们需要什么的信息传播出来。然而我只是走在纽约积雪的街道上，与我的制片人互发短信商量进入海地的办法。我在拍摄《黑人在美国》时认识了音乐家和人道主义者韦克莱夫·吉恩，他可能是全美国最了解海地的人了，他也非常热爱自己的家乡。我提出建议希望我能和他一起到海地去，我联系了每一个能搞到飞机或直升机的人。上午十点安德森在纽约做直播时请来了吉恩做嘉宾，韦克莱夫·吉恩隔着播音台邀请安德森一同去海地，于是我的计划落空了。这天傍晚我为这件事生了半天闷气，直到疲惫不堪地睡去。

次日CNN在报道海地震灾方面已经明显超过了美国其他的新闻网络，CNN已经占据了海地唯一一家还能住人的旅馆，并已经运去了便携的卫星设备和物资。他们用一种名为BGAN的技术发回了视频，这种技术用一台与卫星设备连接的笔记本电脑来压缩和发送视频。当这些实地拍摄的镜头被播出时显得有点怪异，但这样一种粗糙感用在报道灾难的场合正合适。CNN综合报道突发新闻的能力极其强大，就在此刻这种能力显露无遗。安德森·库伯是第一位在海地做直播的美国电视记者，他的报道特别让人感到不安，从他的眼神中我能看到印度尼西亚和新奥尔良的情景。

作为一名记者要跨越一条情感上的界限。当你了解到被报道事件的严重程度时，你会感到一种稍带负疚感的兴奋，然后你又会在做报道的时候体验到心情的沉重。我在安德森的眼中没有看见激奋，我对他有足够的了解，我能看见他在颤抖。

我的沮丧情绪也感染到了家人，有几次索菲亚在晚餐桌上气呼呼地说：“他们最好把妈妈送到海地去。”比最后一分钟出发还糟糕的事情是根本就不出发，尽管索菲亚还小，但她也知道我不去海地事情就不会消停。这天晚上我哄孩子睡觉后还是在想着能让自己去海地的办法。

几天后，我和罗斯一起到CNN新闻采编高级副总裁南希·莱恩的办公室里，南希在CNN工作已经有多年了，是一位真正的新闻狂人。我又向她提出了我的要求："南希，你知道，假如你能把我们派去，你会得到和别人不一样的报道。"她点着头，好像我是在讲一件众所周知的事情。在不到二十四小时的时间里，我的另一位上司，节目高级副总裁巴特·范德为我们打开了绿灯，他要求我们把焦点放在其他人容易忽略的事情上，他要我们带回与众不同的报道。我们感到身上有了压力。我们就要去海地了。

在一个寒冷的早上我们离开了纽约。我们带着救生装备，还有足够多的杀虫喷剂准备对付那里成群的虫子。我们还带着十几罐治感冒的维克斯达姆膏，你可以在鼻子里多涂一些这种药膏以抵御空气中的尸臭，这是从伊拉克战地记者那里学来的窍门。我和罗斯被告知，有一位已经在太子港的摄影记者将加入到我们的队伍中来，于是只有我们两人飞往多米尼加首都圣多明哥，然后准备跟随一支为前方记者运送食品、水和发电机的车队连夜进入到灾区。没有人知道安全情况究竟怎样，警卫们看上去都很紧张。其中有一个人抱怨说本来说好要给他武器，但是最终这个诺言没有兑现。我们两人都不愿意乘他们的车，于是在圣多明哥落地后我们准备另想办法进入灾区。

好莱坞影星范·迪塞尔和他的妹妹也与我们同机飞往多米尼加共和国，他们协助多米尼加总统在该国资助了一个项目，以帮助多米尼加和海地的电影业人士。他们这次到那里去是探望那些年轻的电影工作者，看看他们是不是在震灾中遭受损失。范是一位外貌英俊体格强健的动作片影星，十年前我在做《周末今天》节目主播时曾遇见过他。尽管他的影片《速度与激情》和《极限特工XXX》等更适合青少年观看，我还是成了他的大粉丝。在这十年时间里，他已经成了一个大明星，但我们之间真正的联系在于我们的肤色——他也是混血人种，尽管我们从来没有说起过这件事。

范的妹妹是这样一类人，她利用他们的财富与名望在世界上传播他们的善意，她协助她的兄弟建立起慈善事业来帮助别人。她是一个讨人喜欢的人，她为她的哥哥在拍摄动作片之外找到了人生目标。他们两人问多米尼加总统，是否能在他的直升机飞往太子港的时候带上我们两人。这位动作片巨星果然采取行动了，这就是我喜欢他的原因。

几小时后我们乘坐一架军用直升机飞上了天空。我们很快就得知，海地这个国家在很大程度上是靠谣言而不是靠事实来运转的。只要人群中有几个人在交头接耳就会导致大批人涌向前去，甚至他们根本不知道自己要涌向哪里。人们经常散布危险就要来临的流言，尽管有些危险只是他们觉察到的或者想象出来的。这个国家平时就处于这样一种状态，到自然灾害发生时情况就变得更恶劣了。

我们离开圣多明哥时，飞行计划要求我们在边界城镇希马尼做停留，有谣言说那里已经有大量难民滞留。但是当飞机落地时，最大的骚动是有许多海地男孩争抢着想要得到范·迪塞尔的自传。还有一些正在前往太子港的国际救援组织，有少量的海地伤员已经被送到了多米尼加境内的医院里，除此之外这里没有其他特别的情况。我们在一条公路上空飞行，我们原计划就是通过这条公路乘车进入海地的。据说这条公路很危险，但我们看到的情况却是路面平整而且几乎没有车辆。在直升机旋翼发出的轰鸣声中我们无法交谈，我们只能相视用微笑来表示，太子港也许就是这么一回事吧。然后有一位多米尼加飞行员在一块留言板上用西班牙语写上了“灾区”这个单词，他用手指了指前方。

我感觉自己张大嘴巴倒吸了一口凉气，当你看到极其震惊的场面时，你的大脑需要更多的氧气来接纳你所看到的东西。太子港已经被夷为平地，在整个城市上空弥漫着水泥灰雾。地面上一片死寂令人毛骨悚然，似乎这种寂静随时会被一声凄厉的哭喊声所打破。地面上没有活动着的东西，不时可以看到一片刚清理出来的空地，空地上已经搭起少量的临时帐篷。直升机沿着海岸线低飞，这样我们可以有更好的视线，还能拍摄一些照片。在地面上有一些人，他们在直升机的轰鸣声中甚至连头也不抬，他们看上去就像是一些行走着的僵尸。地上到处可以看到防水布，盖着一些我们看不见的可疑东西。你可以看到有些人在瓦砾中漫无目标地翻找。有如此多构成日常生活场景的东西缺失了——交通、熙熙攘攘的人群、树木、灯光、儿童。有许多淡黄色的水泥块面朝着天空，把照向太子港的阳光反射了回去，光线如此强烈我只能不断眨着眼睛来继续我的观察。我不想看但是我必须看，我不能看但是我还在坚持着。直升机上的人们都不愿意互相对视，我在飞机降落前朝下看了最后一眼，然后就再也看不下去了。

在太子港的多米尼加大使馆有自己的直升机平台，考虑到这两个国家的关系史，我不用想就知道他们需要一条私下的逃生通道。我们到了那里后遇到了数量众多的警卫人员，还有CNN雇佣的司机，CNN在不了解当地局势的情况下总是做好应对骚乱、抢劫和暴力行为的各种准备。从我们走到街上的那一刻开始，我就清楚地知道我们以前不可能见到过这样的情景。人们看上去并不绝望和愤怒，他们只是显得痛苦、哀伤和疲惫，现在已经没有人有剩余的精力来实施暴力行为了。人们竭尽全力在废墟中寻找生还者，运送遗体，并且设法找到能让自己晚上睡觉或喝水的地方。开放的街道上几乎没有车辆，空气中弥漫着一股怪味，不像是尸臭，而是一种不自然不正常的味道，有点像是到了畜栏里。虽然我穿着建筑靴子，但似乎还不足以对付这样的街道，然而大多数人只是穿着运动鞋或凉鞋。

在CNN工作地点，我看到的情景与外面形成了鲜明的对照。当CNN报道这样的灾难事件时，会在前方设立一个像在本部那样的办公室，这是一件不可思议的事情。我常常想假如我们有足够的资源，我们这些人有能力去营运一个救援机构。人们已经用卡车运来了卫星设备、电脑网络、发电机、燃气和水，还有堆得像小山一样高的物资，其中从压缩饼干到卫生棉应有尽有。有五十名人员在广场饭店外扎营，这是一家老旧的假日饭店，饭店正对着总统府门前的巨大广场，而总统府真的已经倒掉了。在太子港找不到其他可以住许多人的地方，大多数其他新闻网络的记者挤在机场航站楼里，他们为CNN抢占了这么多地方感到愤愤不平。

我和罗斯把行李放在广场饭店一间肮脏的房间里，然后直接走到外面广场上去做报道，内容有关已经在市中心出现的帐篷城。整个太子港的居民似乎都已经住到了街道上，在大地震发生后又发生了几次强烈的余震，没有人敢住回到屋子里，即便有些人的屋子还没有被震倒。在饭店门外的大树上架起了一块防水布，三位身穿外科罩衣的男女医生用最有限的医药材料在这里办起了一家诊所。诊所里挤满了人但是没有一点喧闹声，有一个男孩手里紧抓住一个坏了的玩具，一个女人躺在地上，她的大腿上有一个怕人的伤口。没有人哭泣，在他们的眼神中只有极度的惊恐。有一辆垃圾车缓慢地开过，车上装满了垃圾袋，苍蝇在病人的伤口上嘤嘤嗡嗡地飞舞。

看到人们这样疲劳和颓丧，我不知道该问他们什么问题，在这种情况下你想报道什么，你能报道什么？人们看上去是如此伤感。和我们一起到处走动的有两名保镖、两名翻译、两名CNN工作人员，还有两名正在测试一架全新360度摄像机的摄像师。但是我们没有引起任何人的注意，因为在我们周围的每一个人都完全沉浸在自己的悲痛中。

我们向人群深处走去，因为我们不知道除此之外还有什么事情可做。有人从我们住的旅馆里拖出一根水管免费向人们供水，有许多人提着水桶来取水然后拿回到人群中去，他们当中大部分是妇女，似乎这些女人都在今天同时想到要为她们的孩子洗个澡。孩子们光着身子乖乖地站在那里，他们被涂上肥皂冲洗一番，虽然他们还是站在街上的废墟里，到处是瓦砾、垃圾和尿迹。有些人生起了火，但是似乎并没有许多可以烧煮的食品。大多数人只是坐着看管着自己的孩子，孩子们也被吓得不敢乱动。有一个人在出售可以用汽车电瓶充电的手机充电器，人群中还有一些人围着躺在地上受了重伤的亲人。

我们走近一个正在照看他父亲的女人，突然间气氛发生了戏剧性的变化，她从地上跳起来，把周围的人都吓了一跳。她开始用英语对我们大喊大叫，泪水从她脸上流过，“该有人来帮助我们，我在干什么啊？帮帮我们，来帮帮我们吧。”她大声喊道。在她身后有一个躺在地上的男孩正在抽搐，看样子是癫痫病发作了。我们赶紧招呼我们带着的一位警卫去帮忙，因为我们以为他懂得一点医道。他挤进人群去帮助这个女人，这时男孩也开始平静下来。当我们走出人群时这位警卫看上去有点恼怒，好像认为我们不应该让他卷入到这种麻烦事情当中去。

CNN的记者和制片人在最艰难的时刻到达灾区，他们身不由己地投入到救灾行动中去。安德森团队曾经遭遇到特别困难的局面，在一座倒塌的房屋前，压在房屋里的人需要被救出来，有人拦下他们请他们帮忙把重伤员送到临时医院去。有一个男人抓住桑杰·古普塔医生，这个男人正在照顾着一个五个星期大的婴儿。我们到达灾区早于任何实质性的救援队伍，在一些场合你会感觉到自己一定要伸出援手，尽管作为记者本应该是中立的观察者。这里的现状比我见到过的任何情况都更加挑战常规的界限，每个人都需要帮助，这个国家受到了重创。

人们在遭灾的情况下仍尽可能地保持着自己的尊严，我对此颇感惊奇。有一个女人在街上的一块地方铺下了一块蓝色的塑料布，她把食物放在塑料布的一个角上，把孩子放在另一个角上，而在第三个角上放的是衣物。然后她清扫了周围的街道，在塑料布四周扫出了一块干净的地方，尽管在她周围有几千个人，到处是瓦砾和垃圾。她就是用这样的方式在面对巨大恐惧的时候来保持自己的生活规则、卫生习惯和风度。

人们常说海地人是适应性最强的，因为在他们的国家里有太多的政变和可怕的暴力行为，还有贫困和极度的社会不公。但是我今天看到的情景和我在印尼海啸和卡特里娜飓风时看到的一样，人们骄傲地展示出了人性的尊严，以及人类在面对巨大悲剧时所具有的感人肺腑的生存能力。人们的文化背景不同，但是基本力量却来自同一个地方。山上没有藏着会赶来救援的骑兵队，明天不会比今天更好，也许只会更坏，他们只能依靠自己和其他的幸存者，他们有着团结一心的力量。有一幢房屋倒塌成一片废墟，但是一位母亲把建筑残骸一块块翻开直到她找到了自己亲爱的孩子。一个男人找不到他的妻子，但是他不睡觉不喝水地继续独自寻找，因为他还抱有一线希望，他要一直找到他的希望彻底破灭为止。孩子们在危险的街道上到处游荡，因为没有人来照看他们了，他们希望能找到好玩的东西。我们可以埋怨政府或责怪老天，但有时候更大的力量来自我们的内心。

我们来到了一座丑陋的纪念碑前，它比城里最高的建筑还要高出许多，据说这座纪念碑是为了迎接让·贝特朗·阿里斯蒂德总统回国，他在一次政变后有几年时间流亡在国外。水泥碑体已经倒在金属扶梯上，纪念碑的残骸十字交叉地指向天空，整个废墟就剩下一架裸露在外的大楼梯，这架楼梯不能通往任何地方。我们决定走到楼梯顶上去，因为我们当中还没有人能在这样一个市中心的制高点上俯瞰过这座城市。到了顶上，我们都站在那里喘不过气来，开始时是由于攀登楼梯，后来却是因为我们所看到的景象。就像我们在地面上看到的那样，总统宫已经倒塌了，大石块散落一地像是散开的扑克牌。我们看到了总统宫周围有大片无家可归的人群，有一部吊车在政府税务大楼边作业，里面埋有人员和金钱，有大火烧过后的烟雾和水泥的尘雾升起到空中。

我们在高处拿出设备来做直播。我眺望着太子港，火辣辣的太阳照射在一片尘雾中，天际线因而变成了一片橙黄色，海地让我有唯一的机会目睹了丑陋的日落景色。在地面上有成千上万的家庭住在帐篷里，在酷热的天气里他们恐惧、无助和震惊，他们无处可去。我把镜头转向他们开始了我的直播。

天气闷热，空气中就像是盖着一条大毯子。我脸朝天躺着，感到炎热重重地压在我身上。我睡在广场饭店里一张潮湿的床上，饭店门外的中心广场上已经建起了帐篷城。我身上的大部分衣服没有脱去，鞋子和手电筒就放在床边。这家饭店设计得像一家汽车旅馆，房门外面就是庭院和停车场，我们觉得如果要在外面露营，这里就是最安全的地方了。

前一天夜里我和罗斯为CNN网站发了稿，我们传送视频，做直播，驱车经过可怕的废墟，走到帐篷城的深处去做报道，那里的幸存者都已经没有食物了。我们都累垮了，在结束这些高强度的工作后我们和摄像师奥兰多一起回到了广场饭店。安德森、桑杰和一些记者、技术人员分散在一个废弃的水池边上，他们用发电机发出的电能在笔记本电脑上写稿。CNN带来了成箱的压缩饼干和饮用水，而这家饭店还做出一些闻上去很香但样子难看的食品。饭店里有用发电机发出的电力和水，但是我们没有人去碰淋浴龙头。安德森和桑杰看上去面容憔悴心事重重，我们互相轻轻拥抱了一下，然后各自设法释放我们的紧张情绪，当然，与我们周围的海地人比起来这些都不值一提。

我们都沉浸在悲痛中。我们的报道引来了更多的救援队伍，在救援工作中涌现出了许多英雄行为，有些行动甚至是我们自己的人员所为。但是所有这些并不能减轻我们走过这座城市时感到的压抑，城里到处散布着尸体，人们承受着巨大的悲痛。我已经记不清我们今天走过了几所学校，这些学校都已经被彻底摧毁了，在瓦砾中不时可以看到小小的课桌椅和散落的练习本，有许多人的孩子就在这些学校里上课。就在我们旅馆门外有带家携口的人睡在肮脏的水泥地上，他们没有食物，没有水，更没有平静的心境。这样一种悲剧是我们所有人都从来没有经历过的，尽管我们作为各种新闻机构的记者报道过世界各地的灾难。在我们的院子里，有一个男人带着一个伤口在流血的孩子在等待救援，一个女人拖着一条伤腿在四处挪动。有一位酒吧服务员失去了大部分的亲人，他问我们是不是有多余的材料可以让他搭一个帐篷。

我上床前试图不去想任何东西，让自己的情绪平静下来睡上几个小时以便有精力去面对可怕的明天。旅馆的房间都住满了，所以我们都是合住房间，事实上我们当中也没有人敢独自一人睡觉。罗斯坚持要在已经暗下来的房间里淋浴，但是我却不敢走进又脏又潮的浴缸。我用婴儿湿巾擦了身子，用瓶装水刷了牙。我们在包里放上手电筒和食物，把包放在随手能拿到的地方，然后关上一只大手电，下定决心要让自己睡一会觉。

但是我们发现我们两个人都没有睡着。有一只老鼠在咬压缩饼干，罗斯把一件东西扔了过去。我管不了那么多，但我不能让自己的呼吸逐渐变深进入睡眠。我们给家人发短信，这是能让我们知道现在是二十一世纪的唯一事情。我们到了一个没有食物和水的地方，在我们周围有25万具尸体，但我们自己还算平安。我时睡时醒直到我的头颈感觉酸痛，到了凌晨五点我们终于还是起来了。我们谈论着有哪些报道应该去做，当我刚把一句话说到一半时，罗斯突然呼吸急促地打断我说：“那是什么？”

“快跑。”我尖叫起来。

我们光着脚跑出门外，我感到自己是在一张水床上奔跑。我曾在加利福尼亚住过，所以我知道地震时的感觉，但是我从来没有遇到这样强烈的地震。罗斯把我推出门外后跟着我跑出来。

“快跑，快跑。”罗斯拼命地大叫，她想让仍在睡梦中的人们听到，我也跟着大声叫喊“快跑”。墙壁在移动，树木在摇晃，窗玻璃在碎裂。一扇扇门打开了，半裸着身子的人们从屋里跑了出来。“快跑，快跑，快跑。”我们的门厅外就是一个户外的院子，但是我们必须再经过另外一个门厅才能跑到停车场上。

就在我们跑到外面去的时候，我身后有一个男人跌倒在地上，他因疼痛而尖叫起来。我稍微犹豫了一下就转过身子去看是不是能帮上忙，余震还没有停止，我几乎站不直身子，也难以走到他身边。我心里突然闪过了一条类似新闻报道的东西：我死于在地震发生时试图回到屋里去拿东西。我不相信自己竟然会有这样的念头，但这种感觉是真实的，就像事情已经真的发生了一样。这个男人的头上流出血来，有一个身穿医生罩衣的女人来到他身边，她同时对每个人高喊着要大家快跑。我还没来得及跑到停车场地震就突然停下了，谢天谢地。

没有人说话，远处传来了哭声，海地人似乎被吓坏了，外国人也受到了惊吓，甚至没有人注意到CNN的卡尔·潘豪尔只穿着三角裤就走到了外面。我钦佩摄影记者，他们中有许多人在这样的时刻也不忘带着自己的相机。CNN占用了一个平台，在平台的二楼上有一间水泥屋子，我们就在这间屋子里做直播，要进入这间屋子只有走一部螺旋形的金属扶梯。这时离我第一次的播出时间只有几分钟了，安德森·库伯已经在屋子里，还有记者贾森·卡罗尔和他的制片人贾斯廷·戴尔，他在我报道卡特里娜飓风时做过我的制片人。在这间屋子里的危险难以想象，我的心脏激烈地跳动，余震真的停止了吗？我和罗斯慢慢地往回走，我们走过那个倒在地上的男人。

“他是绊倒的吗？”有人问。“他跳楼了。”有一个女人答道。有医生在为他包扎流血的头部，他呻吟着，他在余震发生时因为害怕从二楼的阳台上跳了下来。我们走过他身边来到了CNN的工作区，有人正在焦急地清点人数。有胆大的人从那部螺旋扶梯上下来了，告诉大家在那间直播间里的五六个人都被吓坏了，但他们都没事。有一位旅馆经理打印出一张带房号的CNN人员名单，我们大家都开始去逐间敲门核对人员。

当人数清点完毕后我和大家围坐在一起等待下一次余震的发生。桑杰在早餐桌对面看着我说：“现在我们该走了，但是走不了，对吗？”我完全同意，我没有胆量，不想死在这里，就像那些在光天化日下陈尸街头的人一样。这样太不人道了，我不想死得这样惨，我根本不想死。

我跳上了一辆面包车，车上有摄影师、制片人、警卫和司机，在海地我们不带上一大批人就哪里也去不了。面包车在这个僵尸城市里缓慢地开动，城市被破坏的程度惊人，没有一个街区看上去是完整的，成堆的建筑垃圾覆盖了街道。我现在要去的地方是海地的孤儿院，这个国家因为孤儿院而闻名于世。这些孤儿院设在房屋或楼宇里，穷困潦倒的人们会把他们的孩子送去。虽然他们被称为孤儿，但从技术层面来说却并非如此，他们的问题是父母没有钱来抚养他们。有人估计在海地有380000名这样的孤儿，没有人知道在地震发生后还会增加多少。去年美国政府批准美国家庭领养的海地孤儿只有330名，如今希望领养海地孤儿的美国父母们正在促使美国政府简化领养程序。

我先到了一个坐落在斜坡上的地方，陡峭的山坡上房屋好像一幢幢叠了起来。考虑到这里是一个地震多发的地区，选择这样的地方建造房屋实在是一件很可怕的事情。大多数孩子都坐在屋外的阳光下，他们看上去肮脏而饥饿。各种年龄的婴儿或睡觉或哭泣，他们身边有成群的苍蝇在飞舞，有些婴儿看上去骨瘦如柴像是有病的样子。有一个女人用针筒反复去戳一个很瘦的孩子想要找到静脉，边上的一名护士对这个婴孩发出的微弱的哭喊声充耳不闻。

“如果我们不给她输液她就会死去。”她说，她的话音里没有丝毫的怜惜。我试着帮助按住孩子，后来我们的警卫也过来帮忙，但他也做不了。这个孩子看上去微弱得不能去动她的样子，但最终我们还是把她按住了，这样的场面简直惨不忍睹，时间似乎停止了。最后还是那位护士过来接手，她第三次试着给孩子输液。

我似乎是在悲惨世界当中旅行，我探访了另外一个地方，这家孤儿院的名称是“上帝的孩子之家”。孤儿院的房子没有倒塌，但是孩子们不敢回到屋里去。孩子们光着脚满身尘土，他们都挤在一大张防水布下面。大多数孩子都很安静，但有几个孩子笑着用双臂抱住我们的腿。孤儿院里到处是臭虫，食物也很少。在这个星期里已经两次有武装盗贼翻墙进来，但是他们发现这里没有东西可偷，于是只能空手而归。院长皮埃尔·亚历克西斯告诉我，假如他们不能很快就得到救援，恐怕孩子们就会死去。尽管美国人在对国务院施压要求美国政府开放领养，但是每天都有十几个海地人把孩子送来，这里的孩子正变得越来越多。孤儿院的房屋看上去很坚固，员工也很多，院长得到了美国慈善机构的资助。我们和孩子们一起玩了一会，还拍了一些录像。

然后我们见到了一辆卡车，有二十五个年龄在一岁以下的孩子躺在车厢里的硬纸板上。这家孤儿院里已经没有婴儿配方奶粉，所以他们只能用普通奶粉加水来喂养这些孩子。当我们和一位护理员说话的时候有一个女孩拉稀了，这个女人用另外一个孩子的衣服来擦干这个拉稀的孩子。有一个婴儿呛住了，还有些别的孩子在回吐。天气炎热，孩子的头上脸上都停着许多苍蝇，这些孩子都已经岌岌可危了。我们所有在场做报道的人都有自己的孩子，所以我们都懂得一些带孩子的事情。我们小声说着这些孩子很快就要脱水了，他们会发烧，会被蚊子叮咬等等，皮埃尔·亚历克西斯院长自有他担心的理由。

我想起了在卡特里娜飓风时，新奥尔良超级穹顶里的情景，那些绝望的人们被困在美国土地上这个湿漉漉的地狱里。在海地我并没有任何预期，然而有大量的救援人员开着租来的卡车来到这里，有人空投了瓶装水。人们成群结队从世界各地赶来，其中有很多人不属于任何救援机构，他们比起我们的政府在新奥尔良任凭自己的灾民受苦受难更加难能可贵。我觉得来到这里的美国人就是那些往路易斯安那州运送物资的人，他们意识到要完全依靠政府来完成这个任务是不可能的。他们当中有善良的传教士，有左翼或右翼人士，有工会人士和休假的警察，有寻找人生意义的富人，还有那些一直在伺机帮助别人的人。

看起来，美国人对在这个邻近国家里发生的灾难所做出的反应与他们在卡特里娜飓风时做出的反应相似。在这块土地上居住着另外一个需要帮助的黑人群体，人们好像是在做着同一类的事情，这样做似乎有一点赎罪的意思。我们在关注，救援已经在路上，只要我们知道哪里需要救助。

这天晚上，我站在这辆装着孩子的卡车前用发电机发出的电力做直播，我告诉人们这里的情景是多么悲惨。有些已经接近完成领养手续的父母给我的办公室打电话。领养是解决海地困境的许多方法之一，但是你不要以为排队等候就能把孩子领回家。在美国的时候，有一位领养孩子的母亲要我去看看她的儿子，我找到了这个孩子。当我告诉他我愿意和他说话时他的神色开朗起来，他问我是不是能为他读一段圣经。我翻到马太27:46读了起来：“我的上帝，我的上帝，你为什么要抛弃我？”我停下来看着他疑惑不解的眼神，我开始哭了起来。他不能理解这是为什么，我受不了这样的追问。这天晚上我在孤儿院里做直播，作为主播，有人问起我这里的情形，我把灯光转向孩子们，他们有些在呕吐，有些在喘息，有些由于缺少婴儿配方奶粉而病病歪歪地躺着。整个世界都在观看，我也愿意让整个世界都看到这里的情景。

次日如果再去孤儿院采访我们都会受不了，于是我建议去海地的文化首都雅克梅勒看一看，雅克梅勒在加勒比海海岸线上。整个旅程需要一天时间，我们要从一条弯曲的道路驱车经过本次地震的震中莱奥甘。我们的皮卡吃力地爬上山坡，山坡上到处散落着石块，有蛇在石块间游动，海滩终于出现在我们的视线中。我开始估计这次地震对海地带来的无形损失，沙滩艺术和海滨生活是海地文化的组成部分。海地唯一的电影学校在地震中倒塌了两幢建筑，为嘉年华制作的大型彩车损毁了，地震发生时离嘉年华节开始只有十天的时间了。在一条名为迷宫的街道上散落着大量音乐学院上课用的乐谱。估计在雅克梅勒的全部居民中有10％在地震中丧身，人员损失也使电影节、音乐工作室、绘画和脸谱等艺术活动受到重创，正是这些文化生活把游客和海地人吸引到这个有四千居民的海滨城市来。

在地震中肢体和脑部受伤的人员都被送到了一个户外的临时医院，这是用来代替原来医院的。在地震发生前已经有古巴医生和海地医生在一起工作，现在他们在户外继续合作。“只要生活在继续，就有希望。”古巴医生希尔达·德尔·托萝说，她正在抢救一个时而昏迷时而清醒的四岁女孩。德尔·托萝说在现在这样的条件下头部创伤很难治疗，这些病人也许会落下残疾。在户外工作的医生们也担心有些事情已经超出了他们的能力范围，他们不是整形医师或麻醉医师。有些肢体受伤的病人得了坏疽病，等着要做的手术有太多。

雅克梅勒离震中只有一小时的车程，它有一个机场和一个港口可供游客使用。但现在大部分国际救援机构都把救援工作的重点放在了太子港，几天来，这里的居民主要依靠自己的力量来救出被困者，但是勇敢的雅克梅勒居民用网络、短信、Facebook和Youtube等手段来向外界求助。电影学校已经变成了瓦砾场，但年轻的电影工作者们从废墟中抢救出了自己的设备，把它们送到机场附近的一幢房子里。他们用发电机为笔记本电脑供电，然后向海外传送出震灾的画面以求得帮助。“我们只是向外界传播信息，我们的电影工作者走到外面去拍摄，然后把拍摄到的画面传送出去，尽管他们自己的家人也遭了灾，他们自己的家也被毁了。”电影学校校长戴维·贝尔说。

他们发出的求助声音被外界听到了。哥伦比亚救援队一赶到就从废墟中救出了一个孩子，智利派来了医生，斯里兰卡送来了安保人员，一对父母在废墟里挖掘自己的孩子没有成功，法国人在废墟附近建起了一个诊所，加拿大人送来了大炮——他们派来了一艘军舰和武装直升机，军舰上有技术人员和物资。“我们带来了轻型工程设备、钻探机、救生叉，还有任何便携的东西。”来自哈利法克斯新斯科舍的海军指挥官罗伯特·布朗说。美国也加入到救援行动中来，他们宣布要用C130运输机运送物资到雅克梅勒机场，以帮助加拿大把雅克梅勒机场建成海地南方省份的援救中心，这些地方现在还没有得到救援。在这场大灾难面前，整个世界走到了一起，美国强大的救援能力得到了展示。当各个国家像朋友一样走到一起时，这一切是可能做到的。

但除了即时救援，这个城市还需要更多的东西。在等待救援的日子，人们的心理受到了伤害，这种伤害影响了救援行动的展开。“如果这些人早点来，我们本来可以救出更多的人。”一个电影学校的学生看着法国人支起帐篷开始为伤员治疗时这样说。在不远的地方，有一位少年音乐学校学生在他家的废墟中寻找他的短笛。有这么多色彩缤纷的屋子倒塌了，这么多让雅克梅勒变得别具一格的艺术活动停止了。

但是雅克梅勒居民也有着极强的适应能力。这场地震带来了大规模的破坏和巨大的悲痛，但是每条街道上都有人在清扫和整理，甚至已经有人开始在重建家园。这座城市比起大城市来要小许多，所以救援工作者做出反应的速度也就相对比较快。未来的电影工作者们虽然失去了家人和房屋，但是他们在城里四处奔走，拍摄记录这场灾难，他们要把震灾中的痛苦和希望保留下来，他们还向国外关心海地的人士传送信息。在他们面前我觉得自己很卑微，他们向我提供了关键时刻的录像带，我们还交流了做报道的小技巧。我为他们的乐观精神流连忘返，但是我们必须在日落前动身，否则我们将要在车上过夜。对于这些孩子我想得很多，我在海地的日子里，是他们的精神每天早上把我从床上催起来。

第十三章　灯塔

乔纳森·奥林杰很年轻，他几乎像我弟弟小时候一模一样，他还没有进大学，还不能算是成年人。他是加利福尼亚的一名虔诚的基督教徒，如果他不从事电影拍摄的话，他有可能成为一名专业的滑雪运动员。乔纳森的母亲塔妮在十九岁时就怀孕了，他的父亲离开了他们，她母亲独自在科罗拉多州的斯廷博特·斯普林斯把他抚养大。乔纳森患有一种罕见的名为房室动脉病的心脏病，治疗这种疾病需要动十一次手术，其中有三次手术是在心脏上。然而他离开了他居住的滑雪小镇，他游历了十三个国家，因为他的心被其他地方的孩子遭受的苦难所牵动。他从来没有很多钱，也不期望自己会变成富人，然而他把自己奉献给了他人。

乔纳森有远见，他认为年轻人应该为美国的未来做出自己的贡献，他相信自己拍摄的影像能把世界变得更美好。他不顾自己的身体状况来到一些闭塞、可怖而贫穷的地方，把那里的孩子的状况带到世人的视线中来。他胆子很大，他和几位朋友一起创建了一个小型的非盈利机构“发现旅行”，这些朋友当中包括他的女友兼摄影师琳赛·布兰汉姆，他们已经为拍摄影片一起去了刚果、乌干达和伊拉克等地方。我发现他本人和他的信念都很有感召力，我真的相信从年轻人身上我们有许多东西可学。

我在海地遇到了乔纳森，他一直在拍摄“灯塔”，这是一所由基督教传教士管理的孤儿院。他从2004年就开始拍摄这所孤儿院，记录着他们这些年来的成长。他得知地震发生的消息后立刻赶回到海地。他是一个属于未来的新闻记者，不受许多陈规陋习的束缚，他把他的新闻报道和救援、基督教传播等工作结合起来，他与许多像他一样崇尚社会公平正义的朋友们保持着良好的私人关系。我正在寻找一种摆脱某种消极心态的方法，这种心态来自我们所做的报道，来自那些不可预知、不可把握和无解的难题，这是又一场把人们抛入到无底深渊中的卡特里娜飓风。

我来到灯塔孤儿院的那一刻，就发现自己为来到这里后一直困扰着我的问题找到了答案——在这样一场大灾难中，任何个人怎样才能创造出不同？萨塞特和比尔·马纳塞罗夫妇在他们大女儿阿丽娜的要求下来到了海地，阿丽娜当时只有九岁，她一直在用节省下来的硬币帮助海地儿童。她很想到海地来亲眼看一看，马纳塞罗夫妇就在他们到海地旅行时把她也带来了。他们对当地的贫困、妓女偷运和遗弃儿童等社会问题感到震惊，这样的状况在全世界范围里也可以算得上是最恶劣的。他们见到了许多被虐待的儿童。他们原来只是到海地来做一次普通的旅行，但是他们做出了一个戏剧性的决定，这样的决定是我们许多人难以想象的——他们变卖了一切家产，带着他们三个幼小的孩子举家搬到了海地。

马纳塞罗夫妇在海地建立起来的一切令人瞠目结舌：他们拥有一家男孩孤儿院和一家女孩孤儿院，有一项儿童喂养计划和一批牧师，还有一家诊所和体育健身项目。围绕这些项目中心的是一家客舍，乔纳森曾经在这里待了很长时间来拍摄影片。基督教的志愿者们来到这里后生活在灯塔孤儿院里，他们带来了技能和热情，带回家的是灯塔孤儿院的口碑和募集资金的承诺。志愿者们来到这里的动机是暂时抛开他们乏味的生活去寻找人生的意义和追随上帝的荣耀，最近到来的一批志愿者因为遇上了这场地震而使他们的海地之行变得更有意义。

罗伯特·泰勒自愿到这里来做家具。艾米丝·库比茨基把她的继女带到这里，这样可以让她们暂时避开洛杉矶桔县浮华平庸的生活，以利于塑造她们的个性。当我到达灯塔孤儿院的时候，罗伯特正在诊所里帮助照顾重伤员，艾米丝在照料受伤的儿童，而马纳塞罗夫妇在管理孤儿院的同时，还指导着这些没有受过救灾专业训练的志愿者们。他们刚关闭了一家对公众开放的诊所，几天来各种年龄伤势各异的伤员们已经让志愿者们应接不暇。虽然有救援工作者前来协助，但是人手还是大大不够，像罗伯特和艾米丝这样的志愿者甚至在帮忙做截肢和上夹板，这些事情已经远远超出了他们的经验范围，孤儿院已经难以应付这样的局面了。

乔纳森一直在拍摄记录着孤儿院的困境。有四十七个孩子睡在屋外的一块水泥游戏场地上，因为还有余震，他们不敢进到屋里去。女孩孤儿院的围墙已经倒塌了，所以很容易引来盗贼的光顾。有许多孩子安静得出奇，有些孩子坐在志愿者或者大孩子的膝盖上。当我们来到孤儿院时，孩子们立即把我们包围起来，他们好奇地看着我们的摄像机很想亲自来玩一下。有一个女孩名叫塞恩迪，在克里奥尔语中的发音是“塞恩兹”，她带着微笑，用她那带有挑衅性的眼光在远处看着我们。人们把抱着的小孩子传来传去，男孩们笑着跑过来要我们为他们拍照，虽然他们睡在户外，但是每个孩子看上去都很干净整洁。

比尔和萨塞特身负着这么多责任但看上去却很平静，尤其是考虑到他们的食品和水都快要用完了。在最坏的情况下，比尔还保持着快乐爸爸的个性，他留着灰白色的大胡子，身上穿着卡其布的服装。他总是在行动：做管理工作、为发电机加油、搬家具、在各个机构之间开车奔忙，他会在短短的时间里去摸许多孩子的头。萨塞特也总是忙个不停，她镇定自若地对志愿者、员工和大孩子们发号施令，让他们感觉到对自己很有信心。萨塞特面对着这一切：屋外的温度有华氏一百度，一场地震刚刚摧毁了半座城市，他们缺少所有的必需品，并且不知道何时能得到救援。她的眼线画得堪称完美，再配上美丽的首饰。她是一位古巴裔美国人，有着拉丁裔人特有的敏感，能使每个人感到自己是大家庭的一员。我立即喜欢上了他们。

我们一到那里就好像被卷进了他们的旋风里，我只是跟在他们身后，如果你不跟上他们的脚步，你就根本无法与他们说上话。我们架起摄像机想报道阿丽娜的感人故事，就在我们给她佩上麦克风请她坐下的时候，她还在和她的弟弟忙着孤儿院的事情。我还没有问上几个问题，萨塞特就为另外一桩救援行动把我打断了。马纳塞罗夫妇把危机当作自己的责任，我对他们充满敬畏。

直到这一刻之前，我一直觉得卡特里娜飓风的情景重现在我脑子里：政府反应迟缓，而公众的力量却被剥夺了。我并不对海地政府抱有任何期望，同样对我们的政府也没有很大的预期，尽管从美国到达海地的海岸线只有很短的航程。但现在我和这位像能量兔一般的古巴女人一起坐在吉普车里，我好像突然来到了另外一种境界里。萨塞特紧了紧她的鞋带后走到了街上，就像行走在密西西比皮尔林顿的安吉拉一样。

我喋喋不休地诉说着，事实上人人都是这样。城里到处是尸体，还有大大小小的余震，你无法知道余震有多大，会在什么时候发生。食物和水都不够，供电根本就没有，所以在这种情况下开车经过太子港就像是在经历一次绝望之旅。我已经记不清到过多少地方，每个地方都有急需帮助的人们。尽管萨塞特只有很少的物资，但她还是带着成箱的罐装食品加上面包和水去分发给灾民。我们到了另外一家孤儿院，孩子们都安静地坐在门外。院长说他已经绝望了，他在美国没有赞助人，也没有人为他呼吁救援，他们已经没有食物了，孩子们都在挨饿。萨塞特把所有带着的面包都送给了他们，孩子们立刻狼吞虎咽地吃了起来，但是她能救得了急却解决不了长远的问题。

我们走进了一条山谷，有人在山谷里搭起帐篷。人们吃喝拉撒都在一块地方，像这样的居住方式难以维持长久。我不懂克里奥尔语，但是没有沟通上的困难，我几乎不用我们带着的翻译。在危机中人们总有办法让别人理解自己的意思，这是一件令人惊奇的事情。我用我懂得的几个法语单词加上西班牙语再加上手势来对付他们说的法语，接着你只要跟在他们后面就能看到一个受伤的孩子或一幢倒塌的房屋。每个人都想把自己的故事告诉我们，他们想让美国人知道他们需要帮助。

隔壁有一座学校已经被夷为平地，据说当时学校里挤满了正在上课的孩子。人们背着口袋走过，袋子里装着从废墟中找到的物品。有汽车隆隆开过，车上装满了受伤和饥饿的人们，不知要把他们送到哪里去。有时能见到带枪的人，但他们大多是漫无目的闲逛着的普通百姓。我们走到了一个山谷里，里面密集的房屋已经被地震所摧毁，人们就在废墟中生活。我们和萨塞特一起去探望她以前的洗衣女工，她的手臂在地震中受了伤。她有五个孩子，住在一个铁皮屋顶的水泥小屋里。她最大的孩子丹尼尔曾经为萨塞特打过工，现在已经上了大学。丹尼尔是家里唯一的支柱但是他在地震中失踪了，她把丹尼尔的照片塞进我手中痛哭了起来，我此时无须翻译。

这一切好像都是在顷刻之间发生的，但实际上延续了一天的时间。我坐在萨塞特的吉普车里，在太子港破损的街道上颠簸着前进，车子开得很快好像是在送急救病人，尽管我们只要到几个街区以外的地方。我们很快到了最后一站，没有窗口的大铁门已经打开，我们进入到了圣母大教堂里。在大草坪上已经有几家孤儿院搭起了帐篷，帐篷很少只够员工和一些大孩子使用，我们看到大多数较小的孩子都在树下的婴儿栏里。

当我们下车时能听到孩子像小猫一样的哭泣声。阳光灼热让人头晕目眩，空气中弥漫着草地和孩子们呕吐的气味。我们奔跑起来，好像是要赶着把一个孩子从开过来的火车前推开。然后我们停下了脚步，保育员开始在婴儿栏上面盖上毡布以遮挡阳光，热量不能散发出去，孩子们都热得蔫掉了，我从来没有见到过这样安静的孩子。这里也没有足够的水和食物，萨塞特的脸色变得冰冷，当我在婴儿栏之间走动时她在远处站着。我不止一次揭开毡布，让一股热空气吹进婴儿栏里。有几只苍蝇停在一个男孩的眼睑上，但是他已经太虚弱难以自己把苍蝇赶走。有一个女孩拼命想翻过身来，她看上去有五岁的样子。

我在一些大约两岁的男孩前停下脚步，我了解这个年龄的男孩，我自己也有过这个年龄的男孩。他们的眼睛中缺失了一些东西，没有白色，只有红色。他们的睫毛下垂好像分量很重的样子。他们的嘴唇干涸到已经与周围的皮肤混为一体。他们的皮肤上没有水分，在华氏九十度的炎热天气里流不出汗来。我一个接一个地抚摸他们的头部，有一个男孩的非洲式头发上满是尘土像是一个鸟窝。

有一个光头孩子的头皮上看得到蓝色的静脉血管像是一幅地图，他突然站起来迎向我，我也跪下身子来回应他。他几乎承受不了他身上的尿布重量，像一个醉汉似的站在那里。我在他的背上轻轻拍了几下，他朝前依靠在栏杆上，他的头朝我抬起，嘴巴半张着。我直视着他的眼睛，但是里面空无一物，我不能再看了，站起身子准备走开。男孩突然哭出声来，似乎他还有一点眼泪为像我这样的人留着。他小小的胸部起伏着，他的头在他细弱的头颈上摇晃着。我又蹲了下来，“不要哭，不要哭。”我几乎是在恳求他了，但他却毫不理会。

突然我感到再也受不了了，我体内的热量像周围炎热的天气一样快速上升直冲头部，一股情感激流冲进头脑里，我再也控制不了自己，我也开始哭起来。我和孩子两人的前额碰在一起，他的皮肤是干燥的，而我的却是湿润的，我们两人的额头都滚烫。他小小的身体在颤抖，我直不起脊梁，我的背脊弯成了弓形。在这个星期里有些孩子就会死去，在这个可怕的地方，这些婴儿栏里的孩子即将死去。他们将死于炎热，死于无助，无论我是否报道他们，是否把他们需要救援的信息传递出去，他们都将凋零。即使在地震发生前，他们的状况也好不到哪里去，即使现在有大批救援工作者和记者来到他们的国家也无济于事。孩子的痛苦压倒了我，但我却帮不了他，现在帮不了，明天也帮不了，除了哭泣我束手无策。

我最终离开了这个孩子，同事们把目光投向我，萨塞特站在不远的地方等着我。“耶稣啊，在这个国家里有太多的苦难，你怎么办，你怎样才能坚持下去？”我对她说。

在海地，萨塞特是第一个告诉我海星故事的人，这个故事来自美国哲学家洛伦·艾斯利的作品，他写过许多发人深思和富有人性意味的书。他写的散文《投掷星星的人》被救援工作者奉为珍宝，他们的人生使命就是去帮助那些不幸的人们。故事说到有一个人在退潮的时候走在海边，在阳光的暴晒下海滩上有许多海星正在死去。他遇到了一个男孩正在把海星扔回到海里去，他问男孩为什么要去救海星，有这么多的海星将要死去，他不可能救起它们全部。

“这样做没有意义。”这个男人告诉男孩。

“对被我救起的那一个就有了全部的意义。”男孩答道。

萨塞特和比尔从这个故事中得到了极大的启示，在他们面对着的巨大悲剧中，他们把目光收窄到他们能够救助的男孩女孩上。我们在黄昏时回到了孤儿院，这是一个墙面刷白的水泥建筑大院，有发电机供电的灯光照明。孩子们围拢在大人们的身边，有些志愿者在为孩子们唱歌和祷告。我们一走进孤儿院，有一群孩子就把我们簇拥起来，孩子在受到如此惊吓的情况下他们还能脸带微笑，真是一件不可思议的事情。

关于为什么要来到海地，萨塞特有很明确的想法，她来到这里是为了抚养这些漂亮的孩子。她并不去帮助人们办理领养手续，尽管她赞同领养的理念并且自己也领养了两个孩子，到海地来对她来说是一种终身的承诺。她说早先有些孩子对她说如果遇到困难她会离开海地，她向孩子们保证她永远也不会离开他们，这种承诺更加坚定了她的决心。比尔和她两人都因为太忙，他们之间似乎没有很多交流，但是他们的行动如此协调就像一部有许多零件的机器。比尔开始演奏乐器，他想让孩子们提起精神来，因为夜里肯定还会有许多余震。

我问几个年龄大一点的孩子对于被美国家庭领养有什么想法，在孤儿院里他们学过英语，因此他们的英语都说得很好。这些孩子都热爱孤儿院和马纳塞罗夫妇，所以这个问题使他们感觉有些难堪，没有人说他们不愿意被领养，因为他们不知道这个带着摄像机的女士为什么要问这样的问题。有几个孩子谈到了海地的重建，谈到了大家的互相帮助，他们梦想着能逃离贫困和破败的环境。然后他们开始以一种让人心碎的哀伤谈起了领养的问题。

“这里的一切都被损毁了，我们一无所有。我会想念家人，但是他们会为我高兴。”在夜色变得越来越浓重的时候有一个男孩这么说，“我会很伤心。”

当我们的夜晚就要结束时，比尔带来了一批刚到达的志愿者，他们是基督教的牧师，自己乘飞机到了多米尼加共和国，然后租了卡车来到了灯塔孤儿院。他们带来了食物、水，同时还带来了希望。他们并不认识马纳塞罗夫妇，也没有预先的策划和政府的支持，他们有的只是伸出援手的愿望。每个人都拥抱欢呼，萨塞特转过身来——我不会看错她简直是喜出望外了，“奇迹发生了，”她说，“你看，他们也听到了海星的故事。”他们开始忙于卸车，把物资运到地下室去，孩子们唱着“哈利路亚”，歌声回荡在海地炙热的夜空中。

那天晚上我们每隔几小时就在余震中醒来，每次我们都跑到停车场上去，我们都感到疲惫而虚弱。食物让人倒胃口，现在我们都靠吃压缩饼干度日，我从来没有喝过这么多的瓶装水。前一天晚上我们忙于发稿和传送图片，一场为海地募捐的马拉松式电视节目正在同时播出，我们为节目提供了影像资料。安德森和桑杰在节目中的显著时段都有自己的特辑，他们正想借着这个机会大干一番。

我正和大家一起坐在旅馆的酒吧里吃着烤面包，杰克逊牧师突然不知道从什么地方冒了出来，他是乘坐他的私人飞机来到这里的。他与我们每个人都打了招呼，但是我们当中没有一个人还有精力去报道震灾以外的事情。我和桑杰心领神会地交流了一下目光，要离开海地像进入海地一样困难，机场已经关闭了，走公路需要找到汽车、汽油和胆量。余震让我们时刻都生活在恐惧中，杰克逊牧师有私人飞机，我和桑杰的眼神就是表达了这个意思，我们很想请求他让我们搭乘他的飞机，但是我们最终还是留了下来。有大半夜的时间桑杰在照看着一个受伤的女人，这并不是他作为一个记者的工作，但是他是一名医生，不能对这样的病人袖手旁观。我正在关注着孤儿院的事情，安德森目睹了最近从废墟中发掘出来的幸存者。我们正在报道一场非同寻常的人间悲剧，城里弥漫着悲伤的情绪。

罗斯建议我们把行李收拾起来放在汽车里，我们也许会在某个时候离开海地，但是从昨天夜里起，我们就知道海地的工作还没有结束。我们还要报道比尔和萨塞特·马纳塞罗夫妇，我们要把海星的故事讲给美国人听，其中有一部分原因是帮助我们自己走出卡特里娜的阴影。没有人期待在海地这样的地方会有政府来组织救灾，实际上这里根本就没有政府。我们对美国政府也不抱很高的期望，他们不会出大力气来帮助这个国家，事实上他们对自己国家里的灾难也没有很多作为。剩下的力量只有一种，那就是那些把救援海地震灾当作自己责任的人，他们拿出自己的慷慨和勇气，以力所能及的方式来帮助这里的人们，这就是我要报道的故事。

我们又重访了“上帝的孩子之家”孤儿院，想看一看他们的日子过得怎样。我曾经在那里做过几个小时的直播，拍摄了那些睡在卡车上的病孩子，当这个报道在美国播出后人们对这些孩子的遭遇表现出了极大的同情。当我们再次到达那里时，他们已经将小孩子装进了一辆面包车，而大孩子坐进了一辆大巴士。孤儿院的职员显得很忙碌的样子，说他们正准备去美国大使馆。他们相信有一百多个孩子是符合收养条件的，他们以为孩子必须被大使馆看过后才能办理收养手续，他们要想方设法把孩子们送出海地去。他们用记号笔在所有孩子的手上写上“FHG”——上帝的荣耀收养服务。

我们和一些来自丹佛的志愿者医生一起上了一辆巴士，车上的孩子大部分都病了。职员们领着孩子唱起“哈利路亚”，他们要孩子们拍手和祷告。巴士开到破损的街道上，外面天气炎热尘土飞扬。车上没有安全带，大人们也无法扶住所有的孩子，所以有许多孩子都被撞痛了。我的膝盖上坐着三个孩子，其中有一个孩子开始呕吐了。有职员不断地打电话给已经在美国大使馆的同事，但是他们似乎也不太清楚是不是要把孩子送来。路上到处是垃圾，道路颠簸不平，天气酷热，气温超过了华氏九十度。孩子们都萎蔫了，有更多的孩子开始呕吐，这样的情景让人看了心里难受。有一位记者要一个孩子服用泰诺片，他们不断提醒活动负责人塔尼娅·康斯坦丁诺，他们很为孩子的健康担忧。

“我也不想伤害孩子，我是为他们好。”她说。

我特别担心那些健康状况已经岌岌可危的孩子。有一辆皮卡开过，我一下子还没有明白过来，车厢里的油布下面装着的是尸体，我把目光转开去。我的摄影师塔万达·斯科特和罗斯一起站在巴士前部，他们在一路上拍摄录像和向孩子们提问。突然巴士朝侧面颠簸了一下，他们朝前倒去，前面有几个带着小孩子的大人，她们都是一些健壮的妇女，所以这一下撞得很厉害，有些孩子哭喊了起来。巴士继续往前开，我们是在行进过程中遇到了一次余震。

“要是我弄错了该怎么办呢？”塔尼娅哭喊道。然后开在巴士前面的面包车停了下来，有一位职员下了车走到我们的巴士上来。“我们刚接到大使馆的电话，不要把孩子送去。”这位职员报告说。塔尼娅和他争了起来，她要司机继续往前开。当我们到了离大使馆还有两个街区的时候她终于决定停车，孩子们从闷热的巴士上下来走到人行道上，他们虚弱不堪地哭泣着，有十几个孩子在小便，还有些孩子在呕吐。

“孩子们不想回孤儿院，他们想到美国去。”塔尼娅固执地对她身边大大小小的孩子们说。志愿者医生们都很焦虑，他们认为这不是一个好办法，塔尼娅终于让了步，他们决定回到孤儿院去。我们用卫星电话给CNN通了话，请他们帮忙咨询一下大使馆，结果他们告诉我们说，大使馆从来没有要求把孩子带去，他们认为这样做是不必要的。他们有许多书面文件要做，领养的手续无法加快，他们不能让孩子在不合法的情况下离开父母，因为在海地存在着严重的儿童色情问题。塔尼娅听了这个消息后变得垂头丧气。

我带着罗斯和塔万达回到了CNN的汽车上，我们决定去机场，因为我们听说有一些孤儿已经被允许离开海地。这次旅程开始时有点像电影《卢旺达饭店》里逃亡的疯狂场景，涌向机场的人流似乎望不到头。当我们到达机场时，见到了二十一个已经由领养机构完成了全部手续的孩子。有一批来自犹他州的救援者们租用了一架直升机，他们把这些孩子从孤儿院送到机场，并把他们交到美军士兵的手里。人高马大的美军士兵们围在这些小小的孩子身边，他们用清洁的冰水来喂这些孩子。

有一批与孤儿院没有直接联系的美国有钱人，他们都是一家高科技公司的雇员，他们自己买下了一架私人飞机并在飞机上装满了物资赶来救援。他们自告奋勇地把这些孩子送往佛罗里达的劳德代尔堡，那些收养孩子的成年人将会到那里接他们回家。我们当场做出决定搭乘他们的飞机回去，这样我们可以报道这些孩子的故事。我们运走了坐在我们膝盖上的孩子，没有向任何人出示过护照，在眼下海地是没有任何秩序和规则可言的。当飞机刚开始滑行时有人在敲飞机的门，有一个人在外面恳求飞行员带上一位美国妇女和她领养的孩子，他们说着都哭了起来，两位飞行员交换了一下目光就发了善心，我们起飞时飞机上装了二十二个孩子。

有时候你只要去做你能做到的事情。收养是一个非常复杂的过程，事实上收养并不能解救出全部受难的海地儿童。找不到这么多需要领养儿童的父母，更不用说，在海地几乎所有的父母都希望有人来领养他们的孩子。但是就在这一刻，在飞机上的这些孩子开始了他们的新生活，这些完全陌生的人们挺身而出，他们买下了一架飞机前来救援。眼下在现实中发生的事情并没有触动任何人，直到我们飞上了天空，这时有许多人开始激动地在过道上走动，似乎他们的人生获得了新的意义。他们慷慨的善举不仅救出了这些儿童，也使自己的精神得到了升华，所以说，他们现在翱翔在蓝天上还有更加多的一层意思。

CNN派了一辆直播车到劳德代尔堡，当飞机降落的时候我们要在电视屏幕上展现出难以想象的动人场面。“我们刚刚降落在劳德代尔堡国际机场，”我在对全国播出的电视镜头中说，“那些领养孩子的父母就在附近的飞机库中等待。”

但实际情况是这些孩子们必须先办理手续，他们经过了移民局和海关，然后他们再回到飞机上，飞机滑行到飞机库里，那里有他们的美国养父母在等待。

“这是怎样的一天啊。”我对另外一名主播感叹道，好像我们降落到了另外一个星球上。就在我说这些话的时候，飞机上的孩子终于可以下来了，孩子们的养父母冲到了跑道上，他们挥舞着双手高声喊叫着。有一个小男孩微笑着叫“妈咪”，他认同养母的那一刻就奠定了他们之间的关系。有些孩子看上去慌了手脚，有些甚至被吓着了，养父母们都掉下了眼泪。在劳德代尔堡机场，我看着这些海地孩子的脸，他们即将跟随他们大多为白人的养父母前往美国各地。每一张小脸背后都有一个不平常的故事，而在他们的面前都会有一段充满风险的旅程。我在海地的工作还没有完成，我现在只是回家一趟。

我的报道组名为《在美国》，但是我打算制作一部有关海地的纪录片。这看起来似乎没有道理，但是我对于这部片子充满了期待，我的上司们终于签字批准了我的计划。我招募了乔纳森·奥林杰，就是这位年轻人介绍我认识了马纳塞罗夫妇。乔纳森有许多地震前拍摄的灯塔孤儿院的影像资料，虽然他拍摄的影片没有特别集中的关注点，但是中心是围绕着马纳塞罗夫妇拯救海地儿童的基督教使命。乔纳森对人很有感情，他是一个真正懂得谦卑的人，是一个值得把重要工作托付给他的人。

我很喜欢他给我讲的那些故事，但这些故事还不是我们共有的东西。我们看了他拍摄的影片，试图从中找到与我们的工作有关联的东西。我们不断回看两个引人注目的形象，其中一个是六岁的小女孩塞恩迪，她还是个幼儿时就生活在孤儿院里。她是那位洗衣女工的侄女，洗衣女工曾要求我们帮助她寻找失踪的儿子。乔纳森记录过塞恩迪被遗弃的伤心事件，他还拍摄过她的父母来领她回去的动情场面。这是一个伤情的故事，她与基督教牧师生活在一起会对她更有好处，他们来自美国加州，但是另一面是她的亲生父母。乔纳森还拍摄了关于马克·凯恩森·奥利布里斯的片子，他在街道上乞讨时被马纳塞罗夫妇救了回来。乔纳森拍摄了他到海地角去探访马克的父母，其中有一个特别动人的镜头，马克用双臂抱住遗弃他的父亲，他在整个村庄的人面前开始祈祷。

这两个孩子都在地震中幸免于难，他们现在都和马纳塞罗夫妇生活在一起。我们决定回到海地去拍摄一部名为《拯救》的纪录片，我准备在全世界呼唤慈善事业的背景中讲述这两名孤儿的真实故事，以及他们的人生是怎样由于比尔和萨塞特·马纳塞罗夫妇的善举而得到了改变。

这些只是这个故事中的一个方面。在我们离开海地后的那个晚上，盗匪袭击了灯塔孤儿院，乔纳森抓拍了劫后余波，萨塞特和比尔都几乎完全失去了冷静的头脑。罗伯特·泰勒，就是那个来帮助修理家具，结果成了实习医生的志愿者此刻当上了安保员，他们在黑暗中惊恐万状地收拾起残局。到第二天太阳出来的时候他们报了警，海地警察是一支颇能吓人的队伍，他们武装到了牙齿，人数也越来越多。围墙一时还不能修好，所以他们把孩子们集合起来，要他们搬回到屋子里去。一个曾经被埋在废墟里的女孩歇斯底里地大哭起来，她害怕余震会再发生。萨塞特和比尔硬把孩子们赶进屋里，把床垫衣服等东西都搬进屋子的地下室去。“不管怎样，基督教传教士手册上的这一部分我还没有遇到过呢。”比尔说，他试图用开玩笑来缓解自己的紧张情绪。

罗伯特四处打电话发电子邮件，他想为每个人都找到一条出路。志愿者们以各自的方式离开了，罗伯特找到了愿意派直升机，甚至包租飞机的赞助人。他们不能带上孩子，但也许他们不得不离开了。人们一再对萨塞特说要她为自己的家人考虑，她被吓坏了，她的精神十分紧张，她不知道自己该怎么办。他们曾经打算把所有的孩子都带到山上去，只要跳上一辆巴士就可以把他们用一生心血建立起的孤儿院抛在身后。在某个时候，罗伯特还在美国找到了一个可以让他们去居住的农场，他问萨塞特能不能放弃在海地的一切。她不能把海地的孤儿带去，“我不知道，也许可以，我不知道。”她说，她也许还在想那个关于海星的寓言故事。

第十四章　拯救

我们第二次的海地之行不像第一次那样富有戏剧性，现在已经是二月中旬，机场已经开放了，CNN已经有了充分的物资供应，但是余震还在不断发生，整个城市的情况看上去更糟了。人们仍睡在户外，他们因为在街道上生活而被折磨得灰头土脸。基础设施还是老样子——根本就没有，孤儿院里仍是挤满了孩子。我们雇了乔纳森·奥林杰拍录像，他拍摄了一段令人心酸的片子：有一位母亲恳求萨塞特收下她的孩子，尽管她的孤儿院已经满员了。萨塞特最终还是发了善心，但是她发誓再也不能收别的孩子了，在她的孤儿院门外有这么多需要救援的孩子。

我和罗斯、塔万达一起到达海地，我的临时雇员，年轻的基督徒电影工作者乔纳森来接我们。乔纳森在拍摄片子时几乎是遁形的，他是我们团队里的好帮手。他的伙伴琳赛·布兰汉姆拍摄静态图片，她也有让自己消失在背景中的本领。他们还与一个名字叫乔希·牛顿的摄影师合作，他也拍摄那些让人感动的静态图片。乔希是一个高大英俊、肌肉强健的人，他红色的嘴唇很饱满。突然之间在我的任务团队中出现了这些年轻可爱的基督徒新闻工作者，他们的信仰和献身精神给了我很大的鼓舞。在美国的时候我们已经做出决定，“在美国”报道组的第一个报道对象是两位同性恋者，他们请代孕者为他们生了一个孩子。从基督教牧师到同性恋父母，这就是我新建立起来的报道组涉及的报道范围！

我来到灯塔孤儿院的时候不敢肯定自己能看到什么。比尔和萨塞特并没有离开，孩子们也仍在这里，同时这里还有了警卫。乔纳森报告说，所有女孩都睡在马纳塞罗夫妇家的地下室里，在地下室上面有两层水泥楼房，每当余震发生时他们便惊恐万状，就像今天早上余震发生时的情况一样。我们准备拍摄的对象塞恩迪总是很害羞，她的姑姑玛迪莉，也就是那位洗衣女工在她两岁时就把她带到了比尔和萨塞特身边，因为她的父母遗弃了她，她独自一人在贫民区里到处乱跑。在很长一段时间里，她一直是孤儿院里最年幼的孩子，比尔·马纳塞罗设法打开她包裹在心扉上的坚硬外壳，她总是不断哭喊，逃跑和躲藏。当比尔说到有一天她终于向他伸出手来时，他流下了眼泪。“我不知道在这个小女孩身上发生过什么事情，有谁能抛弃这样可爱的小美人？”他说。

两年之后，当塞恩迪到了四岁的时候，乔纳森开始记录她充满戏剧性的生活。她的父母在没有事先通知的情况下来到了孤儿院，他们想领回自己的女儿。塞恩迪躲到萨塞特的怀里，她被吓坏了，每当她的母亲向她伸出手来碰触她时，她就拼命往回躲，她只认识马纳塞罗夫妇。萨塞特同样也很伤心，虽然她和比尔是所有孩子的合法监护人，但是孩子的父母有权把孩子领回。“假如他们要把她领回去，我们就只能放弃。我们有铁丝网和高墙来阻挡坏人，但是阻挡不了他们的父母。”她说，“父母有权领回自己的孩子。”但当时的情景确实让人心碎。

塞恩迪的父母终于没有带走她，他们得知自己的女儿在这里一切都好。她的父亲有时会回来看望她，但是她母亲后来再也没有露过面。我遇到塞恩迪时，她从来不说这些事情，她的头发被剪短了，这样她那让人难忘的眼神就显得更尖利了。塞恩迪从一开始就不喜欢摄像机，她总是在和我们玩躲猫猫的游戏，甚至我送给她一个傻瓜相机让她自己拍照也不奏效。她身材瘦长肤色很深，有光泽的黑色皮肤几乎像黑巧克力那样可爱，她还有一双大眼睛。她和阿丽娜·马纳塞罗手牵手一起走出来，正是阿丽娜帮助海地的梦想才造就了今天的一切。阿丽娜有着栗色的皮肤和蜷曲的长发，她像是这个家庭里的一位先知，她对塞恩迪的见解很能给人启示。

阿丽娜只是一个十几岁的青少年，她并不是理疗师，但她特别有眼光也非常务实。塞恩迪在生活中是孤独的，她有着令人心酸的遭遇，她总是与人保持着距离，因为人们也曾经抛弃了她。在这个世界上，塞恩迪没有一位单独对她负责的成年人，也没有一位她能完全信赖的人，所以不可能找到其他可替代的治疗方案。孤儿院给了她教育、食物，使她在残酷的外部世界中有了一个庇护所。阿丽娜相信大爱的力量能治疗精神创伤，虽然并没有医生开过这样的处方，但是她为塞恩迪做出的计划是让她每天都沐浴在关爱中，让她感受到爱的力量，也让爱在她的心灵中滋长起来。孤儿院的全体员工和许多年龄大一点的孩子都采用这种方法。

塞恩迪每天都会有几次独自沉浸在她的悲伤情绪中，这时总会有人来打断她。我们拍摄的影片中有许多这样的画面：来自一个陌生人的温情出现在塞恩迪阴霾的天空中。在我们这次旅程中，我已经有十几次见到过这样的情景，我总是为我所看到的感到惊奇。个人所具有的力量使我感到欢欣鼓舞，我得到的感悟是我们不必被这巨大的灾难所击倒，我们可以站起来为自己找到一条出路。让萨塞特和比尔关闭孤儿院离开海地的想法是不可接受的，如果这样的话，对像塞恩迪这样的孩子造成的后果将是灾难性的，她根本不知道人们有过这样的想法，更不会想到这种情况有可能真的发生。

如果马纳塞罗夫妇离开海地，马克·凯恩森·奥利布里斯也将失去很多。他来到灯塔孤儿院的时候已经有十四岁，现在他已经当上了客舍的管理人。他在孤儿院里得到了教育和食物，他现在正忙着为发电机加油，过滤饮用水，因为害怕盗贼，他帮助把所有的用品搬进屋里。他有自己独住的房间，他很有自豪感。他从生活在街头到今天已经走过了很长的一段路，他已经建立起自己的生活。

马克·凯恩森带我们去了女孩孤儿院，有一队志愿者正在那里帮助修理房屋。他在承受着巨大压力的情况下仍保持着平静，我对此深有感触。马克·凯恩森有着这样一种容貌，即使在他悲伤的时候他依然看上去很快活。他的眼睛大而明亮，脸上总是带着灿烂的笑容。他看上去像是一天要洗两次澡，他的衣服熨烫得很平整。他显然是一个有信仰的人，他对基督教的皈依是把他破碎的人生黏合起来的胶水。

我们谈起了他在海地角的悲惨童年，他的父母亲难以养活他，当他说起家里的贫困潦倒时总是压低了声音。然后他告诉我们一些他人生中的关键信息，他父母把他当作一名童奴卖掉了。“你是一名‘莱斯塔维斯’？”我问他。在克里奥尔语中这个单词的意思是“同住”，这是在海地合法的童奴市场上对童奴的称呼。他垂下目光低声说道：“是的。”很难分辨他对于自己的这样一种经历是感到羞耻还是仅仅是伤感。他被卖给了一位女士，她要他和他的妹妹叫她“姑姑”。

“那个女人买你花了多少钱呢？”

“一百二十海地元。”

“那是多少钱呢？十到十二美元吗？有人只花了十二美元就把你买去了，你想过这样的事情吗？”

“没有，我只是感到很开心。”

“你没有为这件事发疯吗？”

“没有。”

“生气吗？”

“没有。”他说。他的父母很穷，他表现出的谦卑和沉静让人感到不安。他怎么竟然会不生气呢？随后他说的一些话使我对这个年轻人刮目相看。他受过的教育很有限，他有太多的理由来对他周围残酷的世界表示愤怒和鞭挞。然而他实事求是地说：“我很高兴这一切都已经过去了。”他解释说，在海地有许多人一无所有，即使是最肯吃苦的年轻人也很难找到一份工作，有太多的人靠上街乞讨或做小买卖来维持生计。在这种情况下，他的父母没有钱来养活他，他又怎么能够对他们生气呢？他们把他和他妹妹卖掉了，这也意味着他们能来到太子港，说不定能碰上好运气，也许能被美国人收养过上好日子。把自己的孩子卖给陌生人也给他们带来了希望，他对于他父母的困境有着深刻的理解。

我要马克·凯恩森乘上一辆吉普车带我一起去探访他当童奴时生活过的地方。我想要理解为什么海地会有五万名合法的童奴，而一位有着童奴痛苦经历的年轻人在面对着最近发生的这场大灾难时，又是怎么能做到如此心情开朗，善解人意和内心坚强。我们开车来到了拉萨莱恩，这是在海边的一个贫民区，这个地方本来就破败凋敝，已经很难区分出哪些是地震造成的破坏了。在住房周围的阴沟里，污水上面漂浮着垃圾，黑色的母猪在垃圾堆里翻找着食物，赤身裸体、骨瘦如柴的孩子们永远是母猪觅食的竞争者。拉萨莱恩的房屋都是由废弃的铁皮、硬纸板、木板和箱子建成的。在一场自然灾害中这里已经没有东西可以失去，因为这里已经失去了一切。

马克·凯恩森带我走过棚屋间狭窄的小巷，塔万达拍摄记录着我们的行程。我们走过一些没有人看管的孩子，他们有些还不会走路。他们中有许多光着身子在哭泣，有些显然已经生病了。马克·凯恩森就曾经是这样的一个孩子，他们在白天的时候到街上去乞讨，如果讨不到东西回家就会遭到毒打。乔纳森和乔希·牛顿拿着相机把身子探出皮卡的围栏外面，他们这些穿着旧T恤的白人大家伙面对着成群尖叫着的孩子。“拍照！拍照！”孩子们高叫着，乔希抢拍下了那些看着他的大眼睛。周围那些认识马克·凯恩森的邻居们见到他时简直不敢相信自己的眼睛，他带着摄影记者乘着汽车回来，他看上去吃得好穿得好，脸上带着热情的笑容，孩子们很崇拜地簇拥在他身边。乔纳森在我们前面潜入到棚户区里面，在长大成人的过程中他是一名竞技滑雪者，但是在这些日子里，他的能量在第三世界里发挥得很舒坦。唯一让乔纳森分神的事情是他不断地停下来与孩子们交谈，对于这一点我真的很羡慕他。我像许多美国人一样，只是把注意力集中在自己的工作上，但生活不是工作，生活就应该是生活。停下脚步来欣赏一个孩子的笑脸，然后向他回上一个笑脸，这样的小事会使我们的生活变得丰富多彩起来，哪怕我们身处在这场大悲剧当中。乔纳森会把这些动人的场面用影像和记忆带回去，这些东西会变成他追求社会公平正义的动力。当我看着他的时候，我意识到当我离开这里时能带走比一个报道更多的东西。眼珠碧蓝的乔希吸引了贫民区里的许多女孩，她们发出了咯咯的笑声，在这样的场面当中有着一种奇妙的愉悦感。

我们遇到了一个女人，她从那个买下马克和他妹妹的女士那里租了一块地方。那位女士已经不在了，但是这个女人让我们看了马克·凯恩森曾经住过的小屋。小屋里很热但很整洁，堆放着世界粮食组织装食品用的大桶。乔希走到小屋里拍了照片，马克把手搭在女人和她丈夫的肩膀上，他们看上去好像是一个重新团聚的家庭。我受不了炎热、气味和恶劣的环境，马克汗流浃背但脸上仍带着微笑。我难以相信这个简陋的小屋里会收拾得这么干净，这使我想起了在太子港广场上为自己清扫出一块场地的女人，这有关于人的尊严。“你来到这里后有什么想法？”我问马克。

“我感谢上帝，”这位感恩的年轻人说道，“我感谢他。”

然后他做了一件令人惊奇的事情，他感谢我带他来到他曾经生活过的地方。“我独自一个人永远不会到这里来。”他说。

“为什么不呢？”我问他。马克对我微笑着，然后看了看四周。他的意思很清楚，他有一个值得讲述的故事并且带着一个摄制组回来是一件很有面子的事情，他在故地重游时没有感到悲伤，而是在向人们显示他的好运气。

马克·凯恩森告诉我，他在生活中经历了如此多的苦难，所以他并不把这场地震看作是一件很可怕的事情，他只把它当作一个需要努力工作的理由，他相信自己能为建设一个更好的海地出力。马纳塞罗夫妇对他的抚养和教育使他相信，有一天他能为海地人开一家自己的孤儿院。他计划中的孤儿院里还包括了他的妹妹莫娜，她也是被一家孤儿院从街上收养的，这家孤儿院离灯塔孤儿院不远。马克·凯恩森会经常去看他的妹妹，他显然很爱他的妹妹。她是他真正的家人，是他人生旅途上唯一的亲人。

我们提出要和马克·凯恩森一起到莫娜的孤儿院去，看看她现在过得怎样，这时我第一次看到笑容从他脸上消失了。因为我们在拍摄他的纪录片，所以比尔和萨塞特·马纳塞罗打电话给莫娜的孤儿院，想问一下她的情况。他们得知有一个来自美国得克萨斯州的家庭想领养她，由于发生了地震，领养手续加快了，所以她没有来得及对马克说再见就走了，马克因为领养而失去了他唯一的亲人。在地震发生后他忙于灯塔修道院的工作，所以也没有及时去看她。尽管知道她已经离去，在走进莫娜孤儿院的大铁门，见到人去楼空的情景时他仍然感到心情沉重。

院长哈尔·纳恩格斯特带领我们在孤儿院里四处参观，他还给我们看了电脑里莫娜的照片。马克·凯恩森的眼睛浏览着照片，好像她随时会从屏幕中跳出来。她睡的是双层床的下铺，床铺已经整理好了，床底下塞着一只破旧的行李箱，床铺上放着的几个绒毛玩具看上去孤零零的样子，他显然很想念她。哈尔的使命是把孩子送去收养，马克·凯恩森的心却因此被撕碎——他失去了妹妹，所以当时的气氛显得有点紧张。“这是她的选择，我为她高兴。”马克·凯恩森这样说，但是他也为建设新海地少了一个年轻人而感到可惜。我问他是否会坚持留在海地，他坚定地点了点头。“我即使离开一段时间，也会重新回到海地来，”他说，“我的国家需要我。”

当我向马克·凯恩森提问时哈尔在一旁听着，他的脸色涨得通红。“有些人说要把孩子送回到家里去，我感到很生气。就像马克·凯恩森，他还不能照顾好自己，就更不用说照顾他妹妹了，他生活在孤儿院里根本不能自立。我们是从警察局里把莫娜找来的。”

“那么你是怎样找到莫娜的呢？”我问。

“她被警察逮捕了，她在街头流浪，她是一个只有十二岁的小孩。她的全身上下有许多被烫伤的疤痕，现在人们知道她受到了怎样的虐待，因为她在海地的时候不敢说，现在到了美国她把这一切告诉了自己的家人。”

哈尔说，他不认为像马克·凯恩森和莫娜这样的孩子在海地会有好的前途，因为这里的失业率已经高达80%。“现在挨饿的人们其实在地震前就已经在挨饿。现在由于互联网和国际社会的加入使海地人有了食物，我们为此很感谢他们。但是当他们离开后这里又会发生什么呢？我们又会回到以前的老样子。”他说。哈尔还说莫娜梦想着能到美国去，她希望自己能进入到一个新的家庭里，能有机会接受教育。孤儿院里教她学英语以便她为收养做好准备。哈尔称赞了马克·凯恩森想留在海地建设国家的想法，“我不觉得他很天真，我认为他代表着海地的未来。我相信假如我们有更多像他这样的年轻人，我们还是能够做成一些事情的，而不像现在这样只是在绝望中自生自灭。”

采访这家孤儿院后我感到头绪杂乱，在有些孤儿院里，你很难分辨出到底是贫困造成的结果还是地震带来的错位。所有的孩子都睡在屋外，他们的东西都放在身边，好像他们是在参加一次周末的露营。孤儿院的建筑在地震中没有受到影响，但是里面看上去脏乱不堪，家具被推到了墙边，物品乱七八糟地散落在地上。哈尔的妻子出门旅行了，在任何时候，这座孤儿院里都有多达125名的孩子。纳恩格斯特夫妇也收养不符合领养条件的孩子，所以在前屋的一个大起居室里有一些病怏怏的孩子待在一个尺寸过大的婴儿栏里。有一个孩子的头部水肿得厉害似乎胀满了整个婴儿床的宽度，哈尔说现在做手术已经太晚了，他只能大剂量用药直到死亡让他得到最终的解脱。

自从地震发生后，海地的整个孤儿院体系赤裸裸地暴露在世人的目光下，它的现状触目惊心。孩子们在电视屏幕上哭喊着呼唤救援，人们想要伸出援手，但不清楚究竟应该怎么做。“孤儿”这个名词在海地包含着许多种意思，每个人都会争相告诉你它不只意味着父母死去了的孩子。有些孤儿与他们的父母一起生活在孤儿院里；有些孩子被父母送到孤儿院，但到将来的某一天父母会把他们重新领回去；还有一些父母因为贫困把孩子送到孤儿院，其实这些父母并不想失去他们的孩子。在海地有一百家有执照的孤儿院，每个孤儿院收养着几十个孩子，另外还有六十七个收养托儿所。但是据当地政府说，在每个社区里都有几个没有执照的儿童之家，其中有许多是由美国传教士开办的。

我们把马克·凯恩森送回到他自己的孤儿院里，他继续为这家孤儿院工作。马纳塞罗夫妇所做的贡献远远超出日常照顾这些需要帮助的孩子，马克·凯恩森就是一个活生生的例子，他是一个年轻人，他想要把他的人生奉献给他所热爱的国家。这是爱心传递的力量，当我们到达孤儿院时亲眼看到了这样一种理念的充分的展示：场地上响亮地播放着青少年音乐，有克里奥尔语也有英语的，音乐时而被孩子们的欢声笑语打断。这家孤儿院刚刚开始从震灾造成的损失中恢复，院长还在考虑是否要关闭它，但是在这样的情况下还会有人在开派对？

我们走进孤儿院里，发现萨塞特穿着篮球运动衫和网球鞋在和大孩子们一起打一场全时篮球赛，比尔在一旁帮助一位调音师挑选更多的音乐出来播放。塞恩迪的脸上第一次露出了发自内心的笑容，有一些志愿者跟在她身后奔跑，她正和一群女孩子们在做赶鸭子游戏。马克·凯恩森在水泥场地上的另外一块地方玩足球游戏。有几个欢笑着的男孩在放风筝，乔纳森爬到屋顶上去帮助他们引导方向。孩子们已经习惯了乔纳森，他们已经不再注意到他的相机镜头了。有一件事情显而易见，就是萨塞特和比尔哪儿也不会去。

“假如你们走了，塞恩迪和马克·凯恩森该怎么办呢？”我问她。

“他们也会离开吧，我不知道。这就是为什么我们不能走的原因。”她说。

“你对塞恩迪的希望是什么，你认为怎样才对她最好呢？”

“我希望她成为一个自信的孩子，她会爱自己，爱他人，爱上帝，能坦然面对真正的自己。她要用上帝赋予她的一切去努力做好自己的事情，不管她在做什么，也不管她的志向在哪里，我们只是想帮助她疗伤。坏事发生了，地震发生了，这里有孤儿，有贫困，我希望我们不一定非要生活在这里，但是我们来到这里是因为我们感到应该来。塞恩迪和我们在 起，我们尽最人的努力来帮助她。没有绝对的事情，也没有完美的事情。”

次日，萨塞特和比尔做了一件与离开海地背道而驰的事情——他们开了一所学校！只有一半的海地孩子见到过学校里的教室是什么样子的，而这场地震摧毁了海地四分之三的学校。马纳塞罗夫妇决定自己开一所学校。在开学第一天的上午，阿丽娜把塞恩迪带到了教室，一位神情严肃的海地先生开始教她阅读，他管自己叫“莱文斯基先生”。他坦率地说海地永远也不会从这场震灾中恢复过来，塞恩迪的奶奶娜维听了表示同意，她在这场地震中失去了十个亲人。娜维和莱文斯基先生不管发生什么情况都每天到校，他们掌管着学校里的事务。萨塞特和比尔还有志愿者们的目标是单纯的，他们不认为自己能拯救整个海地，但是他们确信自己能挽救五十个孩子。他们是真正的把海星扔回大海里的人，他们在做着相当于难民营的工作。

孩子们的读书声回荡在新建起来的教室里，萨塞特给孩子们送来了水壶、纸巾和点心。一些会做木工的志愿者们做出了漂亮的课桌椅，看上去像是教堂里的座席，教室里充溢着木材和油漆的气味。发电机的轰鸣声儿乎压过了老师的讲课声，但也使教室里有了灯光和风扇。萨塞特忙于为他们在马路对面建立起来的帐篷城提供食物，她告诉我们，也许已经有十次有人劝说她不要分散目标，不要把摊子铺得太大，所以他们在采取每一步行动前都要计算好自己还有多少物资，她优先考虑的事情是食物和安全。比尔过来了，我们一起在这个新建的学校里走了走。我请他回顾一下塞恩迪在孤儿院里的生活，她经历过的所有曲折坎坷，直到今天她坐进课堂里读书识字，而这个学校正坐落在震灾的中心地带。“我爱她。”他脱口而出，突然哭了起来。

这天晚上，夕阳的余晖照到水泥场地上，给场地涂上了一层橘红色的光泽。比尔和阿丽娜在演奏吉他，他们还给来自邻近街区的孩子们分发食物。孩子们被一种精神所感召，他们抬头唱起赞颂上帝的歌曲。马克·凯恩森似乎被这样的情景深深吸引，塞恩迪则是一副心境平和的样子。萨塞特站在一边，她完美的眼线没有因为炎热的天气而打上丝毫折扣。

几个星期后，海地最著名的音乐家韦克莱夫·吉恩为我们的纪录片写了一首歌，歌曲的题目是《拯救》，拯救的意义在这块水泥场地上完美地表现出来。“愤怒两字最能表达我的心情，假如你在听，我告诉你我们要更好的政策，”他用吉他伴着他的歌声，“他们来拯救我们，而又有谁会拯救他们？”

拯救并不仅仅是在暴风雨袭击时政府像骑兵一样赶来施救，我在报道卡特里娜飓风时知道政府有时连这一点也做不到。海地教给我们的是，拯救是你作为一个个人去奉献他人，当你抓住了帮助别人的机会时你也帮助了自己；拯救是洪水泛滥时你跳上小船去把人从屋顶上救出来；拯救是你得到升华的心灵和精神克服了颓丧和私利；拯救是你决定把克服困难当作自己的责任，你拿起电话代表那些不能行动的人去投入行动；拯救也是你对着当局大声疾呼请他们采取行动，是你选择去为一个不是自己造成的难题承担责任，是你走到外面去帮助一个素不相识的人。这就是拯救发生的时刻，你把你自己从消沉挫败、无动于衷或缺乏动力的状态中解救出来，跨出一步前去帮助他人。

我到六月中旬才回到海地，我制作的纪录片在五月份播出了，我开始忙于其他事情。我很想回到海地来，我决定带着我九岁的女儿索菲亚一起来，她为此激动万分，我也是一样。我把这次旅行看作是一次机会，我可以和她分享我在海地学到的东西：一个人就可以改变世界，哪怕只是改变世界的一点点。当飞机降落时她深深地吸了一口气，不是由于飞机的颠簸而是由于心情激动。我为能带女儿来到海地感到非常高兴，飞机落地后机上的乘客们鼓起掌来，她也鼓掌了。

我喜欢看见她在我身后拖着行李走出机场，喜欢看见她学我的样子。我欣然向她解释一架到地震灾区的飞机肯定很拥挤，因为有太多的人想要提供帮助。有一半的美国人说他们愿意为帮助海地捐款，已经有超过十亿美元的资金汇到了海地。索菲亚带着铅笔和文化用品，她还为比尔带来了扑克牌和奶油花生糖，她为能帮助孤儿院做事而心情愉快。她的头发束成了马尾辫，穿着一件印有“我很快乐”字样的T恤。在酷热的阳光下地面闪耀着光斑，在地震中被震坏的玻璃窗已经修复了，我上次来到这里时看到的混乱景象已经有所好转。机场上停满了军用直升机，跑道边上的草地搭起了帐篷，我们两人走出机场时的样子看上去也许有点怪怪的。

有一位CNN的警卫到机场来接我们，在我上次到海地来的时候他就和我们一起工作过。他看上去像一个特工，做起事来也颇有特工风度，他朝入境处的官员眨眨眼睛我们就过了关卡。我们和许多人站成一排，天气热得像烤炉，但是每个人都很安静，我们上次来的时候坏了的行李机又转动起来了。我们早到了三十分钟，所以机场里安静得出奇。到了外面后，我们迈着轻快的步伐走出机场大门，索菲亚熟门熟路似的走得很快，她为能来到这个陌生的国家，能遇到这个像特工一样的家伙，以及看见各式各样的新鲜事而变得劲头十足。我们来到了帐篷城，这里的帐篷更多了，看上去也更固定了。帐篷城里开出了“蛇人”商店，棚屋里挂着各种簇新的美国商品。他们好像打算在这里永远住下去了，环境看上去也比以前干净整洁，至少看得出有人在管理了。

我们的车经过了罗伯特·杜瓦尔的足球营，他是海地人，在CNN的一档特别节目中担当过男主角，我在拍摄我的纪录片时遇到过他。他拥有一块足球场大小的场地，场地边上有母牛在吃草。他曾经开办了一个足球营，他自己给孩子们当教练。现在，他的场地上搭起了由意大利志愿者们捐赠的帐篷，这些帐篷占据了球场的一角。杜瓦尔担心帐篷城会蚕食了他的足球场，但是他想方设法使事情变得两全其美，既搭起了帐篷也保留了他心爱的足球场。这些帐篷看起来一时半时不可能被拆掉，在足球场上找不到可以遮挡阳光的地方。

我们经过了太子港的索莱伊区。“山羊！山羊！”索菲亚喊道，“还有猪。”她看见猪羊在铁皮建成的棚屋区里奔跑，在这些棚屋区里同时还生活着成千上万的居民。她是一个在城市里长大的孩子，所以当她乘车经过这个海地最大的棚屋区时注意到了 头猪。在一些屋子的墙面上还留有弹孔，有些地方建起了一些市场。垃圾和塑料瓶堵塞了水渠，水渠里没有干净的水，只有太多的空塑料瓶。我知道有许多人认为不应该把一个小女孩带到这样的地方来，但是我觉得我为她，坦率地说同时也为我自己打开了一扇门。我这次来的目的不是做报道，并没有肩负着危险的使命。我这次来是想教会我的女儿，我们永远不要远离周围人们的快乐和悲哀。在这个杂乱无序的地球上有许多人和我们一起居住，他们的能力各有大小。我们生活在一块充满机遇的土地上，我们既要让自己去抓住这些机会，也要为他人创造出机会。

我们经过了一座座土山，事实上这是一些垃圾堆。街上已经有了许多在工作的工人，市场里有水果、糖果和姜块出售。马路的尽头是一个码头，碧蓝的海水像是要把我们引下海去畅游一番。街上有小猪崽在游逛。“那是什么地方？”当我看见一幢房屋时我问，这幢房屋粉刷成明亮的蓝白两色，像是新建起来的样子。在索莱伊区的中心位置新建起了一座警察局，我猜想有许多东西正在建设中。我们走过了一些理发店，有些女人头上戴着巨大的金属筒正在烫发。到了主要道路上，我很惊奇地看到整个格局没有很大的改变。我直视着索菲亚的眼睛，这一切对于她来说是多么的新鲜。

我们来到了灯塔孤儿院，孩子们围住了索菲亚。塞恩迪出现了，但是她突然又躲了起来，因为我想多给她拍一些照片。索菲亚很使她入迷，她对我和索菲亚的关系表现出很大的兴趣，因为索菲亚会玩我和塞恩迪玩过的所有游戏。索菲亚像她父亲一样是白皮肤，所以她的皮肤已经被太阳晒红了。她蹲下身子伸出手掌玩一种很紧张的游戏——你能在别人拍你手掌前把手缩回来吗？塞恩迪记起我也和她玩过这样的游戏，她朝我看了一眼后立即和我的女儿玩起来，这种场面像是一场令人陶醉的舞会。索菲亚看过我拍摄的纪录片，她知道塞恩迪被遗弃的故事，我很想知道在这样的时刻这两个小女孩的心中会想些什么。男孩们也参加到游戏当中来，“下一个是我，下一个是我。”他们争先恐后地喊着。索菲亚玩得很投入，她的脸上有了光彩，她已经知道作为一个陌生人应该怎样去打开局面，她为自己感到自豪。

萨塞特的拥抱是我在海地第一次受到的真正的欢迎，现在我才感到真的到家了。她看了我一眼就把我们有两个月没有见面的时间空缺给补上了，我们甚至不必去细说我的纪录片对她和她的事业有多么重要。这部纪录片用一种非结论性的人道主义眼光，记录了基督教传教士们所做的慈善事业和两名孤儿的生活。这部片子不想提出引发争论的话题，也无意去讨论基督教、收养、人种或政治等种种社会问题。片子中没有喋喋不休的说教，是属于我自己的新的声音，是一种适合表现人性故事的报道风格。你只要讲述一个人的生活故事，记录他的人生旅程，然后让观众自己去做判断并从中得到他们想要的东西。

萨塞特仍在继续着她的个人使命。她今天的工作内容有关一个孩子，他们试图把他送出海地去治疗他的心脏病。她拉着我一起去，我看了一眼索菲亚，看她的样子像是愿意留下。灼热的阳光在水泥地上洒下点点光斑，有笑声在墙壁之间回荡，还夹杂着孩子们开心的喧闹声。马克·凯恩森也还在这里，他满面笑容，为自己能见到一个认识韦克莱夫·吉恩的人感到特别激动，韦克莱夫是海地的大明星。游戏场上生气勃勃一片欢乐的景象。索菲亚沿着马路来到了女孩们的宿舍里，她和大女孩们一起做手工。塞恩迪跟在她后面，这样她们能待在一起。这样的情形真是疯狂，我把我九岁的孩子留在海地的一家孤儿院里，但在此时此刻这里似乎是世界上最安全的地方了。

我们到外面去找一位医生，想请他来检查一下萨塞特和比尔想送出去的孩子。我们走过一条房屋倒塌了的危险马路。在这个城市里有许多地方仍保留着地震发生后的样子。有一幢楼房倒在那里，萨塞特说在地震发生时，所有在人行道上贩卖水果和蔬菜的女人都被这幢房子压死了。但我现在担心的是那些伸在外面的钢筋会把我们的汽车轮胎刺穿，甚至我们自己也会被刺痛。我们的司机在瓦砾中慢慢地开车，现在所有的海地司机都知道怎样在废墟中开车。

我们与维妮萨见了面，她管理着“天使使命”机构的海地分部。她给我看了一张照片，上面照的是她的十七个孩子，其中有两个是她亲生的。她向我们解释，要把一个孩子送到宾夕法尼亚去做手术需要哪些文件：他们需要经过公证的合法文件，要有医院和做心脏手术的医生签发的承诺书。维妮萨是一个身体健壮的女人，她剪着短发，皮肤被太阳晒得很黑。她穿着色彩鲜亮的短袖衬衣和短裤，打扮得像一个在加勒比海滨度假的人。她的脸上冒出了汗珠，她把办公桌搬到了户外，因为她办公室的网线坏了，她借用了邻居的网线。这样一来她就得受热，她在她周围挂上床单来遮挡阳光。

有一家在宾夕法尼亚的医院答应免费为孩子做手术，但现在棘手的问题是人道主义临时入境许可的期限已经结束了，持有这种美国政府发出的入境许可，相关人员可以免签证进入美国。这个孩子有一双大眼睛，手上用胶布黏着一根输液管。孩子有六个月大，重七磅，他的孪生妹妹要比他长得好，他们的母亲一直在喂养着他的妹妹，但是没有喂好他，因为她觉得他很难活得下来。现在他们知道孩子的心脏有问题但是可以做手术，这种心脏病和乔纳森的一样，手术很简单，但是在海地做不了。这个孩子的名字叫阿德里亚诺。

我回到灯塔孤儿院时发现索菲亚在下午的时候遇到了沟通上的困难，有许多孩子不会说英语，她也不懂克里奥尔语。她和马纳塞罗夫妇一起去分发食物，那些住在附近的饥饿的孩子们会来领取食物。她看上去很伤心，于是我也伤心起来。她告诉我她不知道怎样才能去帮助那些住在帐篷里的人，我告诉她说，她来到这里就已经做了她能做的事情。于是她回到孤儿院里去照顾那些小女孩，她把粘贴纸分发给她们，和她们一起做游戏。男孩们被她迷住了，他们都很喜欢她。有一个名字叫理查德的男孩说："你真漂亮。"我对他说谢谢，但是他却说："不，我不是说你，是索菲亚！索菲亚真漂亮。"他们在她身边时显得有点手足无措，但是她的心被打动了。我想这样能帮助她快快成长，她能看到在她周围有一个很大的世界，而她能通过自己的努力来让这个世界变得更好，尽管用的只是一种小孩子的方式。我把相机交给她，我告诉她用相机能使她与孩子们的沟通更方便。她为孩子们拍了照片，他们也拍了她的照片。

有七个男孩和三个女孩表演了一个节目，天上正好有乌云飘来挡住了阳光。当电线拉到水泥场地上的时候孩子们都咯咯地笑着，一台电脑打开了播放出"蹬、蹬、蹬、嗒"的节奏声，他们听到这种人人都能听懂的节拍后大笑起来。孩子们看上去是如此可爱，他们在街舞音乐伴奏下开始跳舞，"嗯、嗯、嗯、嗯，我是无罪的。"这是基督教的饶舌音乐，当音乐结束时大家都喝彩起来。

下一个节目是年龄更小的孩子表演的，人们的喝彩声更响亮了。塞恩迪穿着夏天的连衣裙，裙子是淡紫色的，轻薄透明带着花边，她的头发上束了一根新的束发带。她不理我但很爱索菲亚，其实在上次旅行时我们为拍片子到处找她，那时让索菲亚来帮我事情就好办了。安静、自闭、害怕镜头和畏缩不前的塞恩迪竟然要和其他九名孩子一起跳舞了！来自加利福尼亚的志愿者凯蒂一直在帮助塞恩迪，她领着孩子们唱起了一首歌：

"有七……大……洲，七……大……洲……"

塞恩迪跟着音乐的节奏踏着拍子，她非常可爱。

观众们喊出了孩子们的名字：凯索、马肯迪……我把我儿子查理的邮箱给了马纳塞罗夫妇的儿子伊莱，我对他说："我希望能在将来再见到你。"我给查理和西莉亚发过一张照片，他们发回的邮件写得很伤感，说他们很想念我和索菲亚。在美国，杰克逊和布拉德这时该在一起看世界杯了，我们也回到了屋子里。给屋子装上纱窗要花1000美元，所以他们用的是苍蝇拍。他们要伊莱去拿一个苍蝇拍来，他今年十岁，身体长得很壮，苍蝇在他手下无路可逃。马纳塞罗夫妇现在住在一幢高大通风的新房子里，这幢房子比他们的老房子要大得多。老房子已经被涂上黄色的标记，表示这幢房子已经有裂缝，不安全了，他们要么修理，要么搬出去，于是他们就选择搬了出去。在新房子的一楼有一间很大的起居室，里面有电视机，我们住在楼下的客房里。楼上有三间卧室，里面放上双层床给孩子们睡。在楼上的阳台和屋顶上能看到美丽的景色。

次日早上，索菲亚醒得比我早，有人告诉我她在楼上参加一个茶聚。到了吃早餐的时候，孤儿院里的每个孩子都有了动物形状的橡皮筋，这种橡皮筋最近在美国的孩子当中很流行。有一个名字叫范范的男孩在他的右臂上戴了七根，从手腕一直戴到胳肢窝。他就要去上学了，索菲亚把她所有的恐龙形橡皮筋都送给了他。肯尼的左臂上戴了三根，右手腕戴了一根，他喜欢龙虾和鳄鱼形的。而来自纽约的美国女孩索菲亚戴着NY字样的，这在孩子们看来很酷。我看见索菲亚在观察着那些小孩子，他们毫不费力地在英语、法语和克里奥尔语之间转来转去，这时我感到我所有教给索菲亚的外语都很失败。

这天是学校上课的最后一天，所以有冰淇淋招待大家。长着红褐色头发的惠特尼来自加州，她在学校里当老师，她在来到学校的第二天就被升为校长。现在她要走了，和在诊所工作的阿什利一起走。萨塞特说她有这么好的志愿者，他们有些来自教堂，有些来自网络，有些则是被我拍摄的纪录片吸引过来。索菲亚感到了热浪的侵袭，现在的气温不会低于华氏九十五度了。她脸色涨得通红，最后终于同意把她的头发盘到头顶上去。在上午的一部分时间里，她帮忙招待邻居的孩子，她先问我要水喝（但是我没有水），然后去为孩子们拍照。她仍然沉默寡言，只是用点头或摇头来表示“是”或“不是”。

阿德里亚诺病得很厉害，孤儿院还是在为他的事情而奔忙。我把他放在膝盖上，他不像他同龄的孩子那样扭动得厉害，这也反映出他的健康状况。但是他身上有好闻的婴儿奶香味，他的眼睛里怀有希望。我突然感到我的心境很平和，我已经有很长时间没有这样的感觉了。在忙碌的工作中我当然不会有这样的感觉，甚至当我每天和布拉德和孩子们生活在一起，在体验幸福生活的时候我也没有这样的感觉。现在我正在海地，有二十五万人死于一场骇人听闻的大灾难，他们的政府四分五裂，从他们的历史中找不到重生的希望。美国人的慷慨对救灾起了很大的作用，但是这种作用很短暂。这里的孩子也许永远不会知道，隔着短短的一段航程之外那里的人民过着怎样的生活，他们又有着怎样充满机遇的人生。现在在我的膝盖上有一个病了的孩子，我想我能帮上一点忙。我来到这儿，在孤儿院里的人们为救援他而忙着谈判的时候，我把阿德里亚诺放在我的膝盖上。我可以把他的故事告诉世人，我还可以告诉我的女儿，她今天为这里的孩子们带来了粘贴纸和微笑，她的心智会因此得到成长，这种成长能帮助她远远超越在海地的这个阳光灿烂的下午。

第十五章　回家

我难得回到斯密斯顿去，尽管我父母的家仍在靠近海边的地方。但今天我开车巡航在长岛高速公路上，这是一条讨厌的公路，把我的诞生地长岛切为两半。我现在去探访我的老家，在那里曾经有六个黑孩子在白人孩子的包围中长大，他们感觉自己是完完全全的美国人，但却有点游离在主流社会之外。

在斯密斯顿的前一个出口是帕乔格，在这里有一个人被指控杀害了一个厄瓜多尔人，理由是他“恨外国人”，但他自己却与黑人和拉丁裔女孩约会。我感到我要通过我的报道去找到犯罪的原因，但是我也知道我永远不可能找到全部的答案。杰弗里·康罗伊今年十九岁，在几个星期前第一次庭审时我遇到过他的父母。现在他被判有罪和二十五年徒刑，尽管他对法官眼泪汪汪说对不起也无济于事。他是七个青年人之一，据说他们是到外面去跳一种名为“比纳”的街舞，然后他刺死了一个名叫马塞洛·鲁赛罗的人。美国司法部现在正在调查在长岛上发生的对于拉丁裔人的攻击，这里正是我的家乡。康罗伊的父母对这样的判决感到很气愤，但是这一天他母亲在法院的走廊里走到鲁赛罗的兄弟身边，她哭着告诉他她对发生的事情感到很痛心。她儿子身上有纳粹标记图案和闪电图案的文身，这些都是白人力量的象征。康罗伊告诉法庭，他确实在鲁赛罗被害的现场，但拿刀刺死他的是他的一个朋友。我又一次感觉到了愤怒以外的东西。

今天我已经到过许多像帕乔格一样的城镇，它们都因为对移民问题的激烈争论而分裂开来，我不知道长岛在什么时候也成了引发新移民问题争论的导火索。在有些城镇里居住着许多富人，但是他们似乎对那些到这里来寻找低工资包工活的人感到很不放心。在一些蓝领居住的小城镇里，人们害怕有人来抢走了他们的饭碗。这是一场错综复杂的争论，但是我希望有一天能进入到这场争论的核心当中，我肯定这场争论会成为我报道的下一个重大事件。

但是今天我是去寻找我的青年时代，我想去看看我老家的现状，当你去触动童年时代的记忆时总是会带有一定的风险。我走过了安吉拉·辛克玛尼的家，我相信她是我学校里除我之外唯一的拉丁裔人。我面前呈现出的景象让我感到有点滑稽：她小小的白色屋子上长满了藤蔓，好像要坍塌下去的样子，屋子缩在一块大场地的边角上，而在这块场地的其余地方建起了一座巨大的豪宅，高大的砖砌外墙上有着《黑道家族》影片里的那种建筑细节。这座大宅看上去已经完成了九成，但里面显然空无一人。我在安吉拉的屋前敲门喊叫，因为她的小屋里有亮着的灯光。

过了好一会才出现了早已长大成人的安吉拉，她立刻认出我来。我告诉她我在写自己的故事，对斯密斯顿有着五味杂陈的回忆。在我没有向她提出要求的情况下她就开始讲起了自己的故事，她说她在学校里混得很惨，因为她长着大嘴巴和丰满的胸部。她神秘兮兮地告诉我她现在很有钱，她显出很骄傲的样子。“我缺了一百零八节英语课，因为我早上要睡懒觉。”她说，她的语音中带有浓重的长岛口音。我们在学校里从来没有说过这么多话，所以我感到自己好像是初次认识她。天上开始下起雨来，她显然想把谈话继续下去，但是她却不让我进到她任何一间屋子里去。

这时她母亲走到了一扇前窗旁，她穿着一件透明的睡衣，她开始用手杖敲击窗玻璃。“安、安、安、安吉拉，闭嘴，你可以闭嘴了，给我滚回来！”她说，听她的口音你会感到她就是长岛口音的发源地。

“来了，妈妈，”安吉拉一边回应着她母亲一边继续说下去，“我的胸很大。”她说她在三年级的时候就已经戴C罩杯了。“副校长说我是危险分子，我被拘留过。我是一个患有白化病的女孩的最好朋友，我也许还有过另外一两个朋友，但是她们勾引了我的男朋友，所以我没有毕业就离了校。”

“进来，不要说了，现在就进来。”她的母亲大声喊道，她又在用手杖敲玻璃窗了。我准备转身离开了。

“来了，妈妈。”安吉拉也对她母亲喊道，她向我投了一个因谈话而距离拉近的眼神。

我脱口说出了我来到这里的目的，我想要知道她的观点，我问她作为一个拉丁裔人对斯密斯顿有什么看法。我告诉她我们虽然不是好朋友，但我们是学校里仅有的两名拉丁裔人。“拉丁裔人？”她温和地大笑起来，“我是喜欢异想天开的意大利人。”她快步走回到屋子里去，我也开始大笑起来，主要是为了我的记忆的缘故。

我本能地知道怎样去找希弗埃·昂莱的单层小屋。我走到那里坐了一会，睁大眼睛看着这个曾经盖有一幢小屋的地方。现在这里已经建起了一幢漂亮的两层楼郊外住宅，在斯密斯顿所有的郊外住宅中它可以算是最漂亮的了。我走到屋子前去敲门，想问一问屋子的主人是不是知道希弗埃现在去了哪里。是希弗埃自己出来开的门——她也早就长大成人了！我们互相看着对方尖叫起来，然后拥抱在一起，我走进了她崭新漂亮的屋子里。她在老房子的土地上建起了新房子，她曾经和父母一起住在那幢小屋里。我以前在她家过夜时住的前屋现在成了一间游戏室，她已经有了一个十八个月大的儿子和一个五岁的女儿。希弗埃的丈夫用这样一种眼光看着我，好像我是从希弗埃过去生活中走出来的一个幽灵，我想我也是。

希弗埃回到这里是为了抚养她的孩子，这表明她和斯密斯顿都已经发生了很大的变化。希弗埃看上去还是老样子，我们说起年轻时代的种种趣事来。我告诉她我在写斯密斯顿的故事，她大声笑起来。我问她是不是还记得人们是怎样对待我们的。“我不在乎人们怎样对待我们，因为我们互相拥有，”她说，“我知道我们与别人不一样，但是妈妈会说：‘你还是操心你自己的事情吧。’”希弗埃能回想起许多我年轻时的开心事情：我在她家里过夜时两个人痴笑个不停，我们开心地在草地上做游戏。然而在所有回忆中，最珍贵的是我们两人在学校大厅里的对视，我们从目光的交流中分享着各自的力量。来自朋友的友谊能把坏事变成好事，这是一件了不起的事情。“孩子们会评头论足，我知道我的情感受了伤，但我不知道为什么。”希弗埃回忆道。她后来到儿童保护中心去工作，在那里她遇到了她的丈夫，他是一位半白半黑混血的厄瓜多尔人。

希弗埃的父母也是移民，他们从百慕大到美国来寻求新的机遇。她的姑姑嫁给了一位美国人后搬到了斯密斯顿，她在广场草地上和安全的街道上把自己给了他。希弗埃在学校里看见我和我的弟弟奥莱斯特时感到很惊奇。“我们至少有三个人了，我们之间好像可以互相替换似的。我们都遵守规则，我们不会为任何东西去和任何人打架，我们知道自己与别人不一样，不会去冒不必要的风险。我们很清楚没有人会来约会我们，但你对这个好像一点也不在乎。”

她的回忆再次把我带回到了我的青年时代，然而我一点也没有感到不适。我们两个人现在在这里，我们已经长大成人，并且抓住了父母给我们创造的机会。她在父母小屋的土地上盖起了这幢大房子，单从这一件事情你就可以看出她的日子过得怎样。“对于我的父母来说，我得到的已经超出了他们的预期。”她说。她开始带我参观她的大屋子，屋子里有足够多的壁橱和宽敞的起居室，她的草地看上去很开阔。她的孩子和相同肤色的孩子一起去上学，她们不在乎她们的父母在学校里的日子过得怎样。学校里的孩子大部分是白人，但也有了印度人、拉丁裔人和黑人。有时人们会认错她，以为她是其他孩子的母亲。有些人告诉她，她女儿的肤色较浅像她父亲。但是她骄傲地告诉人口统计员，她的孩子是黑人，也是拉丁裔人和白人。最终她赢了。

我没能在斯密斯顿采访到考利妮·瓦格斯，她没有申请到联邦政府发放的住房券，所以她也失去了搬到斯密斯顿来住的机会。斯密斯顿最终以和解结束了这场官司，但是镇上的有关人士坚决否认他们对任何人有过歧视。到了2009年考利妮和其他原告终于得到了“八条”所规定的住房券，当她开始申请的时候她的女儿五岁，现在女儿已经十一岁了。她去寻找可以租住的房屋，但是在多年来只接受白人房客的情况下，房东拒绝了她。“我有六十天的时间在这座大宫殿里找一个小洞穴，但是他们连一个洞穴也不愿意租给我。”她大笑着说。

在过去的那些年里她付出了很大的代价，有一年，她在一家收容所里度过了十个月。她出生在脚踏实地的工人阶级家庭，但是她最终租到的住房却在她完全陌生的环境里。她的父母是勤劳而热爱家庭的波多黎各裔美国人，他们一起生活在长岛的奥克代尔。她后来在三个不同的公寓楼里租住过，有很多毒贩在附近出没。

“我住进了贫民窟里，周围充满了危险和噪音。有些人虽然很穷，但是他们有尊严。”她说，“但在我周围住的不是这样的人，我被吓坏了。我女儿在屋子里只能走几步路，我很想把她领到外面去，但是我甚至不敢把她领到游戏场上去。”在她住的地方发生过一次火灾。她经常搬家，一个单身母亲带着一个完全残疾的孩子搬来搬去不是一件容易的事情。

她清楚地记得那一天她收到了来自斯密斯顿的信件，她觉得自己像是在读彩票上的数字，想着自己一定会赢。她走到镇政府办公室时还想象着自己能带着女儿住到斯密斯顿来，那里有很大的游泳池和美丽的海滩。但就在这一天，他们在她的申请表格上写上了“不合格”几个字，她顿时感到自己泄了气。

像斯密斯顿这样的地方不仅有好学校和低发的犯罪率，它还能给成长中的儿童一种心理上的安全感，他们可以放心地走出后门去观看阳光穿过树顶上的绿叶洒下点点光斑。当你因为害怕门外的世界而被关在屋子里，当你不知道有什么人能来帮助你的时候，这样的困境带来的情感折磨是难以衡量的。考利妮和她的女儿没有遇到像比尔·亨廷顿这样的好人，是他把土地卖给了我父母，让他们可以建起自己的房屋。她甚至没有机会在斯密斯顿租到一处住房。也许她能给斯密斯顿带来很多，她的天赋和精神能使她周围的环境变得更加丰富，但我们永远也不可能知道了。她的美国故事是被机会拒绝的故事，其中的教训在于为什么这个国家没有去做她应该做的事情。

“我为我打的官司感到自豪，”考利妮说，“假如我能改变一个人的生活就是一种胜利，这无关金钱。我要告诉他们不能再这样做下去，不能再对另外一位母亲去做这样的事。我只是一个人，但是一个人能打开一扇门。在斯密斯顿有许多机会和可能，但这些机会不属于我。”

最终，考利妮在离斯密斯顿不远的波西米亚找到了一处住房，这是一个很好的社区，人口的构成也更多元化，现在她女儿能整天待在户外的阳光下了。考利妮在屋子门前安装了一个微型的六洞高尔夫球场和一个塑料游泳池。“我知道我的孩子不必去经历在斯密斯顿会遇到的那些事情，这很好，”她说，“有些事情从外面看很完美，但里面却不一定是这样。”她住的地方属于商业地段，所以她几乎没有邻居，但是到了晚上这里很安静，她喜欢安静，现在她又有了一个两岁的儿子。她为自己赢得了公平，她有了属于自己的斯密斯顿。她很陶醉地看着自己的新宝宝长大，他将来一定会得到她所得不到的东西。

我享有许多考利妮得不到的机会，我决心要让自己意识到这样一种事实：不让自己陷入到类似的困境中去，同时我要同情和见证像考利妮这样一些人的遭遇。我有幸在斯密斯顿度过童年，那里有能让我在将来的人生道路上取得成功的一切资源。但这也意味着我有反馈社会的责任，这个道理看起来浅显，但并不是每个人都会这样做。我并不能改变整个世界，但是我能做出自己的一点贡献。我至少可以为那些苦难不为人知的人们发出声音，确保他们的声音在激烈的争论中能被人们听到。我能深入到城市美丽的外表下面去发掘出内部的真相。我能以我自己的方式去帮助别人，这是我们每个人至少能够做到的。

我不必跑到很远的地方去就能看到我有多么幸运。我那斯密斯顿的老屋看上去和我离开它去上大学时一模一样。我们都不打算搬回到斯密斯顿住，但是我父母也从来没有想到要将这里的房屋出售。屋子周围有宽阔的草地，屋前的树木遮挡了外面的世界，空气中充溢着野草的清香。贵格教徒的会议厅和马棚仍然关闭着，附近的街道上一片寂静，很适合骑自行车，河口的沙滩上有许多马蹄蟹，我许下一个愿，要把我的孩子们带到这里来。自从我的小小部落来到这里寻找美国梦到今天，我已经走了很长的路。生活有时就是去把可能做到的事情变为现实。

答谢

本书中记录着我一生中的回忆和所得到的经验教训，所有这些都超出了我的想象。我感谢那些帮助我准确回忆起往事，给予我所有人生机遇的人们。

没有朋友和导师的忠告而要写自己的事情是很困难的，我要感谢吉姆·邦迪、珍妮·布莱克和鲍勃·巴兹尔，他们是我的良师益友。

我要感谢我出色的代理人莉萨·奎恩，富有远见卓识的编辑伊恩·杰克曼和出版人雷·加西亚，他们对本书的出版充满信心，并且在我繁忙的报道工作中见缝插针地完成了有关的工作。我还要感谢本书的联合作者罗斯·玛丽·阿斯，她不仅是我不可多得的写作伙伴，还是我的保护人，在海地的余震中，她发誓在我睡着的情况下一定会把我叫醒。我还要感谢她的合作人梅弗和她的女儿露娜，他们也为本书的完成贡献了大量的时间。

我要感谢乔恩·克莱因和巴特·范德，他们能理解这本书对我有着重要的意义，正是因为他们我才能在CNN取得成功，他们给了我难得的机会，让我去报道那些不为人知的故事。我的新上司杰拉尔丁·莫利巴也是我的新朋友，我们将共同制作讲述美国人故事的纪录片，我们会让失声者的声音被人听到，在这方面我们有着广阔的前景。在这本书的写作过程中，玛丽安娜·斯派塞·乔斯林、芭芭拉·莱文、戴维·博曼和贾斯廷·戴尔给了我很大的帮助。没有CNN摄影记者的帮助，我的报道不可能结出丰硕的果实，特别是那些和我一起前往海地、泰国、智利和新奥尔良的记者们。我的报道得以播出是因为有了编辑们的辛劳，像卡尔·格拉弗和阿尔·迪桑蒂，还有我《在美国》报道组的制片人团队，特别是我得力的助理罗伯特·范范、高级制片人迈克尔·罗萨和制片人阿普·巴迪特，他们都在《黑人在美国》和《拉丁裔人在美国》这两部片子的拍摄中起到了重要的作用。我感谢我两位年轻的实习生萨拉·玛姆德和安迪·马托斯为我写书提供了帮助。我还要感谢CNN国内部和国际部的许多同事们，他们安全地护送我们的报道团队出入飓风和地震灾区。我感谢我报道团队的同事安德森·库伯、桑杰·古普塔、德尔玛·古提尔莱兹、罗兰·马丁、迈尔斯·奥布莱恩、凯蒂·库瑞克，还有其他许许多多的人，他们亲眼见证了我们经过共同努力给世界带来了客观真实的新闻报道。

我还要感谢希弗埃·昂莱，她从小就是我的好朋友，她帮我回忆起许多美好的往事。考利妮·瓦格斯让我们分享了她的悲情故事，这个故事对我们大家都是一种人生教训。还有谢南多厄、宾夕法尼亚的人们，东洛杉矶的辛迪·加西亚，迈阿密的玛塔，迈克尔·埃里克·戴森，蒂娜·史密斯和她的家人，肯尼斯·泰利，萨塞特和比尔·马纳塞罗夫妇，塞恩迪·杰妮，马克·凯恩森·奥利布里斯，以及许许多多向我打开了自己心扉的人，我因为有机会听到他们的人生故事而成了一个更称职的记者和一个更完美的人。

对于本书做出最大贡献的是我的父母，他们给我讲述了我童年时代的故事，使我有兴趣去探索长岛和民权运动的历史。把他们的人生旅程呈献出来是我的特权，我感谢他们给予我的所有的人生机会。我感谢我的兄弟姐妹玛利亚、塞西莉亚、托尼、艾斯黛拉和奥莱斯特，他们与我有着共同的经历，他们是站在我身后的支持者。我也感谢我的姻亲和侄子侄女们对我的支持。

我要把深深的感激之情献给我的丈夫布拉德，还有我的孩子们：索菲亚、塞西莉亚、杰克逊和查理。正是因为他们做出了很大的牺牲我才能从事我的事业，我为他们和他们的未来献上我写的这本书。